Das Master Key System

Dein Weg zu einem bewussten und erfolgreichen Leben

Charles Francis Haanel

Aus dem Original: „The Master Key“ - © 1916
Übersetzung & Satz: Helmar Rudolph
Design & Layout: Monika Roming, mota-design.de

2. Auflage, Juli 2021

ISBN: 978-3-945688-19-9
Inspired Mind ist ein Imprint der Südost Service GmbH

www.inspiredmind.com

Gesetzt aus der Fairfield & Trajan Pro & Argumentum
Erstellt mit Serif Affinity Publisher
affinity.serif.com

Die deutsche Nationalbibliothek – CIP – Einheitsaufnahme
Die deutsche Nationalbibliothek verzeichnet diese Publikation in der Deutschen Nationalbibliografie; detaillierte Daten sind im Internet unter http://dnb.d-nb.de abrufbar.

INHALT

ÜBER DEN AUTOR

Charles Francis Haanel wurde am 22. Mai 1866 als Sohn deutschstämmiger Eltern in Ann Arbor, Michigan, USA, geboren und verbrachte sein Leben in St. Louis, Missouri.

Als Autor von Büchern über Philosophie, Psychologie, Ursache und Wirkung, Persönlichkeitsentfaltung, Lebens- und Geisteswissenschaften veröffentlichte er The Master Key System (1916), Mental Chemistry (1922), New Psychology (1924), A Book About You (1927) und, mit Victor Simon Perera, The Amazing Secrets of the Yogi (1937). Charles Haanel trug eine Ehrendoktorwürde vom National Electronic Institute; Doktor der Psychologie, Metaphysik, vom College of Divine Metaphysics, sowie Doktor der Medizin vom Universal College in Dupleix, Indien.

Er war Mitglied in diversen Verbänden und Gemeinschaften, u.a. dem London College für Psychotherapie; Mitglied bei der Autorenliga von Amerika; der Amerikanischen Gesellschaft für Psychische Forschung; Mitglied bei den Rosenkreuzern; der Amerikanischen Gesellschaft für Suggestivtherapie; der Wissenschaftsliga von Amerika; Pi Gamma Mu Fraternity; spekulativer Maurer im 32. Meistergrad (Sublime Prince of the Royal Secret – Ritter und Prinz des königlichen Geheimnisses) des AASR (Alter u. Angenommener Schottischer Ritus), Keystone Lodge No. 243, A.F. & A.M.

Charles Haanel wurde am 27. November 1949 im Alter von 83 Jahren zu höherem Dienst in die ewige Loge abberufen und verließ seinen Körper, welcher auf dem Bellefontaine Friedhof in St. Louis beigesetzt ist.

ANMERKUNGEN DES ÜBERSETZERS

Als ich 2007 zum ersten Mal aufs Master Key System stieß, brauchte es nicht lange, bis ich mir seiner Bedeutung für meine persönliche, berufliche, gesellschaftliche und spirituelle Entwicklung klar wurde. Dabei spielte es keinerlei Rolle, daß es bereits 1912 veröffentlicht wurde. Der Inhalt ging direkt vorbei am sonst zweifelnden und analysierenden Verstand und berührte eine Stelle tief in mir, die nur darauf zu warten schien, endlich von mir berührt zu werden. Weder damals in der Schule noch in den folgenden Jahren fühlte sich etwas so stimmig an und war gleichzeitig auch so praktisch – es war wie für mich geschaffen.

Dieses Werk kann in seiner Bedeutung für die individuelle wie auch gemeinschaftliche Entwicklung der Menschheit gar nicht hoch genug eingeschätzt werden. Vielleicht zum ersten Mal überhaupt wird uns auf eine logisch nachvollziehbare und verständliche Weise dargelegt, wie der schöpferische Prozeß funktioniert. Es wird uns erklärt, wie der Mensch durch seine bewußten Denkvorgänge vom aufrichtigen Wunsch zum garantierten Erfolg kommt – und dadurch vom Glauben zum Wissen. Es wird uns erklärt, wie das Bewusstsein auf das Unterbewusstsein prägend Einfluß nehmen kann und durch den Akt der Gedankenbündelung (Konzentration) die wunderbare Fakultät der Intuition (Eingebung) schult und zum Vorschein bringt. All das geschieht aber nicht durch eine übergroße menschliche Anstrengung, sondern durch das Erkennen seines wahren – göttlichen – Wesenskerns. Wenn dieser seitens des Individuums nicht erkannt wird, kann er von ihm auch nicht in Anspruch genommen werden, und das, wonach nicht verlangt wird – still oder mit Nachdruck – kann sich auch nicht verwirklichen.

Um etwas zu verlangen, bedarf es Selbstbewusstsein, Selbsterkenntnis und Selbstbefähigung. Es dreht sich hier ausschließlich um Dich und deine Entwicklung und Entfaltung. Wenn Du dann erkennst, daß Du nur ein Kanal bist, durch den sich das Göttliche Ausdruck verschaffen möchte, dann fällt auch das selbstherrliche Ego ab, und Du wirst zu einem bewußten Diener unter Dienern.

Beim Master Key System dreht es sich um ein tiefes und gründliches Verständnis der Wahrheit. Diese gilt es zu erkennen und anschließend zu verwirklichen. Wo Wahrheit besteht, kann es keinen Fehler geben. Wer das wirklich verstanden hat, dem kann es an nichts mehr mangeln, da alles im Überfluß vorhanden ist. Alles entsteht durch geistige Inanspruchnahme – unsere eigene oder die anderer Menschen oder Wesenheiten.

Der Mensch erkennt erneut sein göttliches Erbe und besinnt sich darauf. Dafür müssen unweigerlich Gedankenformen aufgegeben werden, die niederen Ebenen anhaften. Mit ‚Gott' bezeichnen wir das Absolute, Allgegenwärtige und Allmächtige - das unfehlbare, leitende Prinzip der Schöpfung; das, was sich im unendlich Kleinen genau so wie im unendlich Großen Ausdruck verschafft. Ebenso verhält es sich mit der Wahrheit; auch diese ist unfehlbar. Sie währt ewig und ist auch noch dort gültig, wo das beschränkte Verständnis oder die fehlende Vernunft des Menschen den Schöpfungsabläufen in ihrer Komplexität und ihrem Umfang nicht mehr folgen können.

Das Studium zielt darauf ab, durch stete Konzentration die intuitiven Fähigkeiten zu erwecken und zu entwickeln. Das führt dazu, daß der Student immer weniger von den Launen und Unabwägbarkeiten des Lebens abhängig ist und sich zunehmend auf sein inneres Wissen verlässt – seine innere Stimme, sein Bauchgefühl.

Wenn Du Dein Unterbewusstsein durch richtiges Denken entsprechend programmierst, stellt sich eine Souveränität und Leichtigkeit ein, die mit kaum etwas zu vergleichen ist. Dinge geschehen wie von selbst, und Du siehst das Leben in einem neuen Licht. All das bedarf Disziplin und Beharrlichkeit, Ausdauer und Geduld. Daher ist das Master Key System auch kein Buch im ursprünglichen Sinne, sondern eine Lehre, die Dich für mindestens sechs Monate beschäftigen wird. Sie wird Dich im Anschluß daran aber ein Leben lang begeistern und begleiten.

Es bedarf geistiger Arbeit und dem zuvor genannten Ablassen von niederen Gedankenebenen. Es ist somit kein ‚Quick-Fix' für ein unterentwickeltes Ego oder selbstsüchtige Wünsche. Das Ziel des Studiums ist, eine höhere Bewusstseinsstufe zu erreichen und dieser im täglichen Leben Ausdruck zu verleihen. Es geht dabei um Liebe, Harmonie, Schönheit, Vollkommenheit und Fülle – für alle, durch alle.

Wir sind nicht allein hier. Wir alle sind Teil einer Hierarchie von Wesenheiten, die sich ebenso wie wir entwickeln. Die Entwicklungsrichtung ist dabei vorgegeben: vom Primitiven zum Erhabenen. Wenn wir in der Entwicklung unseres Bewusstseins fehlschlagen, behindern wir nicht nur die Wesenheiten unterhalb von uns, sondern auch die oberhalb von uns – und damit die gesamte Schöpfung. Daher ist es offensichtlich, daß unsere Verantwortung weit über uns als Lebewesen hinausgeht.

Zu allen Zeiten wandelten Meister auf Erden, die die Menschen daran erinnerten, welch großartiges Potential in ihnen steckt, doch wurden diese oft mißverstanden, gar verfolgt und getötet.

Nun aber haben wir erneut die Gelegenheit, nicht nur die heiligen Schriften von damals mit neuen Augen zu lesen, sondern auch auf anderen Wegen zu erkennen, daß es an der Zeit ist, daß der Mensch zu einem neuen Bewusstsein kommt – dem Christusbewusstsein. In der Tat sind wir die, auf die wir gewartet haben. Folgendes gilt es dabei zu beachten, und Teile davon werden auch im Master Key System behandelt:

Es gibt nur ein Prinzip – ein Bewusstsein – und somit eine Einheit von Wesen. Alles ist verwandt; alles ist verbunden. Trennung ist Illusion. Widerstand richtet sich gegen sich selbst.

Es gibt drei Körperfunktionen oder Ausrichtungen auf das Universelle hin: körperlich, seelisch/mental und geistig. Alle drei gilt es zu harmonisieren und bei der Schöpfung bewußt einzusetzen.

Es gibt sieben entlang der Wirbelsäule angeordnete Energiewirbel („Chakras"), die kosmische Energie für das Individuum herunter transformieren und nutzbar machen. Sie decken die gesamte Bandbreite der menschlichen Entwicklung ab, vom Überleben, der Familie und dem Stamm (Wurzel), bis hin zur Heilung, zum Dienst und der Anbindung ans Universelle (Krone). Diese finden sich in den sieben Planeten wieder, in Farben, Tönen, Tarot Karten, Schüssler-Salzen, Tierkreiszeichen, in Hormondrüsen, alchimistischen Vorgängen etc. Nutze sie zur Harmonisierung Deines Wesens und somit deines Lebens.

Schließlich gibt es noch 12 Disziplinen, die sich auf den drei zuvor genannten Ebenen ‚entsprechend' darstellen. Auf der Ebene der Seele sind es Fasten, Studieren, Meditation, Gebet, Unterordnung, Dienst, Abgeschiedenheit, Einfachheit, Verehrung, Leitung, Bekennen und Zelebrieren. Auf der Ebene des Geistes sind es die 12 astrologischen Tierkreiszeichen.

Das drückt sich durch die Zahlenreihe 1 • 3 • 7 • 12 aus. Wann immer sie auftauchen, halte kurze inne und erinnere Dich. Mehr dazu findest Du auch in Charles Haanels Büchern ‚Ein Buch über Dich' und ‚Die erstaunlichen Geheimnisse der Yogis' sowie der Rosenkreuzer Literatur.

Möge sich für Dich von nun an in prächtiger Fülle all das offenbaren, worauf Du Dein Augenmerk richtest. Mögest Du den Schlüssel des Lebens weise einsetzen, ausschließlich Gutes, Schönes und Liebevolles erschaffen und zu einem bewußten Mitschöpfer werden. Mögest Du vor allen Dingen Freude haben und frohen Herzens selbst die herausforderndsten Aufgaben mit zunehmender Leichtigkeit meistern.

Falls Du noch tiefer eintauchen möchtest, findest Du auf meiner Webseite, www.mrmasterkey.com, umfangreiche Unterstützung sowie weltweit einzigartige Produkte und Dienstleistungen. Ich freue mich auf Deinen Besuch!

HELMAR RUDOLPH
Kapstadt, Südafrika

TIPPS FÜR EIN ERFOLGREICHES STUDIUM

- Nimm Dir ausreichend Zeit und Ruhe zum Lesen und für die Übungen. Mache nie etwas in Hast oder Eile.

- Die Übungen sind das A(lpha) & O(mega) des Master Key Systems. Ohne diese ist es eine tolle Bereicherung Deines Intellekts, aber mehr auch nicht. Erst die Übungen verleihen Dir neue Fähigkeiten, nämlich die der Körper- und Gedankenkontrolle und -entspannung, der Visualisierung und Konzentration.

- Schau, daß Du immer im selben Zimmer auf demselben Stuhl und in dieselbe Richtung übst. Das schafft eine Routine, die auch Deinem Körper zu verstehen gibt, daß jetzt Zeit zum Üben ist.

- Es mag nicht jede Passage auf Anhieb ins Gesamtbild passen. Das ist vollkommen normal, vor allem dann, wenn Dir die Thematik noch neu ist. Manche Zusammenhänge ergeben sich erst durch das wiederholte Lesen vergangener Kapitel. Meine im „Master Key System Übungsbuch" verfügbaren Kommentare und Anmerkungen werden Dir in dieser Hinsicht jedoch eine große Hilfe sein.

- Dein Verstand mag mit den in Kapitel 2 erwähnten Gegenargumenten zu Beginn Probleme haben. Das ist aber nur deshalb der Fall, weil diese Vorgehensweise eher ungewohnt ist. Sie ist aber nicht nur sehr einfach, sondern auch äußerst wirksam. Mit der Zeit wird sie Dir viel Freude bereiten, da diese Methode zu unmittelbaren Lösungen von Problemen führt und Dich richtig gut fühlen läßt.

- Bei allem Neuen, was Du angehst, ganz gleich wie fern oder unmöglich es scheinen mag, bekräftige immer wieder, daß Du gut genug bist, Du nur das Beste verdient hast und Du es auch erreichen kannst, willst und wirst. Der Boden muß gründlich vorbereitet werden – auf dem Feld in der Natur wie auch auf dem Deiner geistigen Entwicklung.

- Rufe Dir immer wieder ins Gedächtnis, daß Denken schöpferisch ist und daß nirgends geschrieben steht, wie oder was Du denken mußt. Dadurch kannst Du Dein Leben in die von Dir gewünschte Richtung lenken. Die Resultate sprechen anschließend für sich.

- Versuche ein Vertrauen dafür zu entwickeln, daß die Schöpfung Gesetzmäßigkeiten unterliegt und Dir das nur zum Vorteil ist. Die Natur und vieles von Menschenhand geschaffene liefert dir dazu ausreichend Beispiele.

- Falls Deine Umgebung Deinen neuen Anstrengungen und Interessen ablehnend gegenüber steht, suche Dir einen ruhigen Ort (vielleicht sogar in der Natur), wo Du ungestört lesen und üben kannst.

- Richte Deine Aufmerksamkeit zwischendurch immer wieder auf etwas in der Natur und erfreue Dich der Vielfalt der Schöpfung. Dadurch entwickelst Du ein Bewusstsein auch für kleine Dinge, vor allem aber eine Wertschätzung für den Überfluß, an dem Du im Begriff bist teilzuhaben.

- Das Studium soll Dir Freude bereiten. Überhaupt geht es darum, durch dieses neue Verständnis Deiner selbst, Deiner Fähigkeiten und Rolle im Leben zu einer Wertschätzung von allem zu kommen, was besteht. Auch das scheinbar Schlechte oder Negative hat eine Daseinsberechtigung, was aber nicht bedeutet, daß Du es Dir zu eigen machen oder behalten sollst. Es geht hier um Transformation, Transzendenz und Transmutation - um das Erschaffen von etwas Neuem aus dem Raum der universellen Substanz.

- Es geht beim Studium um das Erkennen der Wahrheit. Das Resultat dessen ist eine Entwicklung von Wertschätzung und Dankbarkeit. Diese führen zu Harmonie und Glückseligkeit. Halte Dir das stets vor Augen, denn die Wahrheit ist es, die Dich frei macht.

- Erschaffe Dir jeden Morgen ein geistiges Bild des Tages, so wie Du ihn gerne hättest. Rufe Dir jeden Abend den Tag noch einmal ins Gedächtnis und gib Dank für all das Schöne, das diesen Tag passiert ist.

- Schaffe Dir immer wieder Momente der Ekstase, der reinen Freude über Geschehnisse oder einfach nur hinzugewonnene Erkenntnisse. Das erhöht Deine Lebensqualität enorm und schützt Dich gleichzeitig vor negativen äußeren Einflüssen.

- Denke stets große Gedanken, denn der Dienst an anderen ist auch ein Dienst an Dir selbst – zum Wohle aller Beteiligten.

VORWORT

Das hier vorliegende System befaßt sich mit Auswirkungen anstelle von Ursachen, mit Darstellungen anstelle von Theorie, mit dem Praktischen anstelle des Abstrakten. Es ist für all jene gedacht, die weise genug sind, zu verstehen, offen genug, die Beweise abzuwägen, standhaft genug, ihrem eigenen Urteilsvermögen zu folgen, und stark genug, die erforderlichen Opfer zu erbringen.

Aufgrund seiner großartigen Einfachheit und dadurch, daß es eine Erklärung für viele bis dato unbekannte Fakten und eine denkbare Erklärung für viele weitere liefert, erfreut sich die wissenschaftliche Philosophie zunehmender Beliebtheit.

Es ist eine Kraft, die mit solch einer Schnelligkeit und Gewißheit an Momentum gewinnt, daß die Verfechter von Tradition und Reaktion zu verzweifeln beginnen.

Das ist zugegebenermaßen wahr, weil sie Theorie, Spekulation und Abstraktion jeglicher Art vermeidet und sich auf das Funktionieren natürlicher Gesetzmäßigkeiten beschränkt.

Diese Gesetze funktionieren mit wissenschaftlicher Genauigkeit, und diejenigen, die darin erfolgreich waren, ein praktisches Verständnis dieser Gesetze zu erlangen, sind in der Lage, die Begrenzungen ihrer Umgebung zu durchbrechen, elementare Kräfte zu steuern und von den Möglichkeiten der Unendlichkeit Gebrauch zu machen.

Über viele Jahre wurde der breiten Öffentlichkeit gar nichts oder nur wenig über die esoterischen Lehren offenbart, Innerhalb der letzten 25 Jahren (Anfang des 20. Jahrhunderts) gab es diesbezüglich jedoch mehr Freiheit, und bis jetzt bilden diese Lehren einen wichtigen Teil nahezu aller Bücher und Lehren, welche die ultimative Wahrheit zum Thema haben.

Weltweit sickerte vage die Idee durch, daß es einen Lernprozess gäbe, denen die Menschen hier und da gefolgt sind und der zum Erwerb einer höheren Art von Wissen führte, als man es gewöhnlich in Büchern oder durch Lehrer gelehrt bekommen würde.

Es wurde aber festgestellt, daß dieses Wissen mit großer Sorgfalt bewacht wurde und Studenten zu absoluter Geheimhaltungspflicht verpflichtet wurden, was Ihren persönlichen Lernfortschritt anbelangte. So war es unmöglich, sich etwas Unwahrscheinlicheres als eine nicht authorisierte Offenlegung dieser Informationen durch Studenten der großen Schulen esoterischer Philosophie vorzustellen.

Das ist deswegen wahr, weil diejenigen in Führungspositionen Angst vor den Resultaten vorschneller Offenlegung dieser wichtigen Prinzipien hatten. Sie hatten Angst davor, daß die unvorbereitete, breite Masse nicht in der Lage sein würde, die außergewöhnliche Kraft, die eine Anwendung dieser Prinzipien mit sich bringt, verantwortungsbewußt einzusetzen.

Die Annäherungen bezüglich des wissenschaftlichen Verständnisses stehen jedoch allen offen, und durch ein dauerhaftes Studium offenbarten sich die versteckten Passagen, die zu den größtmöglich vorstellbaren Ebenen der Erleuchtung führten.

Für eine Zeit lang war es möglich, die allgemeine Öffentlichkeit mit der Idee zu verführen, daß die Umwandlung von Elementen nur auf der Ebene der Materie stattfände, und Sie blieben weiterhin blind gegenüber der Tatsache, daß diese lediglich Entsprechungen waren und daß die höheren Formen der Alchimie auf der mentalen und spirituellen Ebenen stattfanden. Es war auf diesen Ebenen, wo die praktische Kunst der Manipulation der Naturkräfte entdeckt wurde, und es ist die Anwendung dieses Wissens im täglichen Leben, die dem Studenten solch außergewöhnliche Kräfte verleiht, daß die Ergebnisse geradezu an ein Wunder grenzen.

DER MASTER KEY

I

Bevor irgendeine Umgebung erschaffen werden kann, ganz gleich ob gelungen oder auch nicht, ist eine Form von Handlung erforderlich. Bevor Handlung möglich ist, muß es Gedanken in irgendeiner Form geben, entweder bewußt oder unterbewußt. Da Denken das Produkt des Geistes ist, ist es offensichtlich, daß der Geist das schöpferische Zentrum ist, aus dem jegliche Handlung hervorgeht.

Es wird nicht davon ausgegangen, daß eines der vererbten Gesetze, welche die moderne Geschäftswelt gegenwärtig regeln, durch eine gleichwertige Kraft aufgehoben oder widerrufen werden kann. Es ist aber selbstverständlich, daß ein höheres Gesetz ein niederes überwinden kann. Das Leben eines Baumes führt dazu, daß die Säfte nach oben steigen, aber nicht durch das Aufheben des Gesetzes der Gravitation, sondern durch das Überwinden desselben.

Um Umstände zu steuern, ist ein Wissen bestimmter, wissenschaftlicher Prinzipien erforderlich. Solch ein Wissen ist ein überaus wertvolles Gut. Es kann schrittweise erlangt werden, und so schnell wie es erlernt wurde, kann es auch in die Praxis umgesetzt werden. Macht über äußere Umstände ist ein Ertrag; Gesundheit, Harmonie und Wohlstand sind Posten auf seiner Bilanz. Es bedarf lediglich der Ernte dieser großartigen Ressourcen.

Der Naturwissenschaftler, der einen Großteil seiner Zeit damit verbringt, sichtbare Erscheinungen zu beobachten, erschafft ständig neue Kraft in dem Teil seines Gehirns, der für den Akt der Beobachtung zuständig ist. Als Ergebnis dessen wird er zunehmend fähig und geschickt in dem, was er sieht, und kann in einem Augenblick eine unendlich größere Anzahl von Details wahrnehmen als sein nicht beobachtender Freund. Er hat diese Leichtigkeit durch das Trainieren seines Gehirns erlangt. Er hat bewußt die Wahl getroffen, seine Denkfähigkeit in Bezug auf seine Beobachtung zu erweitern, so daß er diese spezielle Fähigkeit mit zunehmender Aufmerksamkeit und Konzentration wieder und wieder trainiert hat. Nun haben wir als Ergebnis einen Mann, der gelernt hat, weitaus besser zu beobachten als seine Kollegen. Auf der anderen Seite kann man auch durch stoische Untätigkeit der zarten Gehirnmasse erlauben, zu verhärten und zu erstarren, bis das gesamte Leben karg und erfolglos ist.

Jeder Gedanke hat die Tendenz, sich zu materialisieren. Unsere Wünsche sind eine Gedankensaat mit der Neigung zu sprießen und zu wachsen und zu blühen und Früchte zu tragen. Jeden Tag säen wir diese Saat. Wie sieht dann die Ernte aus? Jeder von uns ist heute das Ergebnis seines vergangenen Denkens. Später werden wir das Ergebnis dessen sein, was wir jetzt denken. Wir erschaffen unseren eigenen Charakter, unsere Persönlichkeit und Umgebung durch die Gedanken, die wir hervorrufen oder hegen. Gedanken suchen nach ihrem eigenen. Das Gesetz der geistigen Anziehung ist in genauer Übereinstimmung mit dem Gesetz der atomaren Zugehörigkeit. Geistige Ströme sind genau so wirklich wie elektrische, magnetische oder Wärmeströmungen. Wir ziehen diejenigen Ströme an, mit denen wir in Einklang sind. Doch wählen wir auch jene aus, die unserem Erfolg dienlich sind? Das ist die alles entscheidende Frage.

Wege des geringsten Widerstandes werden durch beständige, geistige Handlungen geformt. Die Aktivität des Gehirns reagiert in dem besonderen Bereich, der im Gehirn gebraucht wird. Die ruhenden Kräfte des Bewusstseins werden durch dauerhafte Übung entwickelt. Jegliche Form seiner Aktivitäten wird durch Übung vervollkommnet. Übungen für die Entwicklung des Bewusstseins präsentieren eine Vielzahl von Motiven, die in Betracht gezogen werden können. Sie umfassen die Entwicklung der wahrnehmenden Fähigkeiten, die Kultivierung der Emotionen, die Beschleunigung der Vorstellungskraft, die symmetrische Entfaltung der intuitiven Fähigkeiten, welche ohne in der Lage zu sein, einen Grund anzugeben, Wahlmöglichkeiten ausschließt oder vorantreibt. Schlußendlich kann die Kraft des Bewusstseins auch durch die Entwicklung des moralischen Charakters kultiviert werden.

„Der großartigste Mensch," sagte Seneca, „ist derjenige, der die richtige Wahl mit unbezwingbarer Entschlossenheit trifft." Die größte Kraft des Bewusstseins hängt somit vom Training seiner moralischen Kanäle ab und macht es erforderlich, daß jede bewußte, geistige Anstrengung ein moralisches Ende (im Sinne von ‚sittlich') nach sich zieht. Ein entwickeltes, moralisches Bewusstsein ändert die Beweggründe von Motiven ab und erhöht die Kraft und Nachhaltigkeit von Handlungen. Daraus ergibt sich, daß ein wohl entwickelter symmetrischer Charakter gute körperliche, mentale und moralische Gesundheit erforderlich macht und diese Kombination Initiative, Macht, widerstandslose Kraft und gezwungenermaßen Erfolg entstehen läßt.

Man wird feststellen, daß die Natur stets bestrebt ist, Harmonie in allen Dingen auszudrücken; daß sie auf ewig versucht, eine harmonische Lösung für jede Unstimmigkeit, Wunde und Schwierigkeit herbeizuführen. Wenn somit das Denken harmonisch ist, beginnt die Natur damit, die materiellen Umstände herbeizuführen, deren Besitz notwendig ist, um eine harmonische Umgebung entstehen zu lassen.

Wenn wir verstehen, daß das Bewusstsein die großartige schöpferische Kraft ist, was alles wird dann möglich werden? Mit dem Wunsch als der großartigen schöpferischen Energie, ist es dann so schwer zu sehen, warum der Wunsch in unserem Leben und unserem Schicksal (im Sinne von Zukunft) kultiviert, kontrolliert und gesteuert werden sollte? Männer und Frauen mit starkem Willen, die andere Menschen in ihrer Umgebung – aber auch solche weit entfernt – beherrschen, strahlen wirklich machtvolle Ströme aus, die bei Kontakt mit dem Bewusstsein anderer Menschen dazu führen, daß die Wünsche der letzteren in Übereinstimmung mit dem Bewusstsein solch eines starken Individuums sind. Großartige Meister besitzen diese Macht zu einem herausragenden Ausmaß. Ihr Einfluß wird nah und fern spürbar, und sie sichern sich dadurch die Erfüllung ihrer Wünsche, daß sie andere ‚willens' machen, in Übereinstimmung damit zu handeln. Auf diese Art und Weise können Menschen mit starkem Wunsch und ausgeprägter Vorstellungskraft einen machtvollen Einfluß auf das Bewusstsein anderer ausüben - und tun es auch, so daß letztere auf den erwünschten Weg geführt werden. Diese magnetischen Personen ziehen an, verlocken und fesseln. Sie sind gefühlsbetont und erobern den Willen anderer.

Kein Mensch wurde jemals ohne diese in ihm vererbte Kraft – sich selbst zu helfen – geboren. Die Persönlichkeit, die ihre eigenen intellektuellen und moralischen Eroberungskräfte versteht, wird sich gewiß zu behaupten wissen. Es ist diese Wahrheit, nach der sich eine ausgehungerte Welt heutzutage sehnt. Die Möglichkeit, diesen schlummernden intellektuellen Mut, der klar unterscheiden kann, sowie diesen moralischen Mut, der Großartiges unternimmt, zu behaupten, steht jedem Wesen offen. In jedem menschlichen Wesen existiert somit eine göttliche Macht und Kraft.

Wir sprechen von der Sonne als ‚aufgehend' und ‚untergehend', obwohl wir wissen, daß es schlichtweg eine Bewegungserscheinung ist. Unseren Sinnen zufolge steht die Erde scheinbar still, obwohl wir wissen, daß sie sich mit großer Geschwindigkeit um sich selbst dreht. Wir sprechen von einer Glocke als ‚Klangkörper', und dennoch wissen wir, daß die Glocke lediglich Schwingungen in der Luft erzeugen kann. Wenn diese Schwingungen mit einer Rate von 16 Wellen pro Sekunde kommen, verursachen sie im Bewusstsein einen Ton. Dem Verstand ist es möglich, Schwingungen bis zu einer Rate von 38.000/s zu hören. Wenn die Anzahl darüber hinausgeht, wird alles wieder still. Somit wissen wir, daß der Ton nicht in der Glocke existiert, sondern in unserem eigenen Bewusstsein.

Wir sprechen und denken von der Sonne als ‚Licht spendend', obwohl wir wissen, daß sie lediglich Energie ausstrahlt, die im Äther Schwingungen mit einer Rate von 405-790 Billionen pro Sekunde (405-790 THz, oder 4.05e+14, d.h. eine 4 mit 14 Nullen dahinter) produziert und das erzeugt, was wir Lichtwellen nennen, so daß das, was wir Licht nennen, schlichtweg ein Bewegungsmodus ist. Somit ist das einzige Licht, das existiert, eine in unserem Bewusstsein erzeugte Empfindung ist, die durch die Bewegung jener Wellen entstanden ist. Wenn sich die Anzahl der Schwingungen erhöht, ändert das Licht seine Farbe – jede Veränderung hervorgerufen durch kürzere und schnellere Schwingungen. Obwohl wir somit von der Rose als rot, dem Gras als grün oder dem Himmel als blau sprechen, wissen wir, daß diese Farben nur in unserem Bewusstsein existieren und daß die von uns erfahrenen Empfindungen das Ergebnis einer bestimmten Schwingungsrate sind. Wenn diese Schwingungen auf weniger als 405 Billionen pro Sekunde reduziert werden, kommen sie uns nicht länger als Licht vor, sondern wir erleben die Empfindung von Wärme.

So kamen wir also zum Wissen, daß Erscheinungen für uns nur in unserem Bewusstsein bestehen. Selbst Zeit und Raum wurden vernichtet, da Zeit nur die Erfahrung von Folgen ist und Vergangenheit und Zukunft nicht bestehen, außer als gedankliches Konstrukt mit Bezug auf die Gegenwart. Letzten Endes wissen wir somit, daß es nur ein Prinzip gibt, das alles Bestehende steuert und kontrolliert. Jedes Atom ist auf ewig bewahrt; was immer irgendwo abgegeben wird, muß zwingendermaßen woanders empfangen werden. Es kann nicht verschwinden, und es besteht nur deshalb, um gebraucht zu werden. Es kann nur dahin gehen, wo es angezogen und somit gebraucht wird. Wir können nur das empfangen, was wir geben, und wir können nur denen geben, die auch empfangen können, und es bleibt uns überlassen, die Wachstumsrate und den Grad an Harmonie zu bestimmen, den wir ausdrücken werden.

Die Gesetze, unter denen wir leben, wurden nur zu unserem Vorteil entworfen. Diese Gesetze sind unveränderlich, und wir können ihrem Wirken nicht entkommen. Alle großartigen, ewigen Kräfte verrichten ihr Werk in der Stille, aber es liegt in unserer Macht, uns in Einklang mit ihnen einzufinden und somit ein verhältnismäßig friedvolles und glückliches Leben zu leben.

Schwierigkeiten, Unstimmigkeiten und Hindernisse deuten darauf hin, daß wir es entweder ablehnen, das loszulassen, was wir nicht länger brauchen, oder ablehnen, das anzunehmen, was uns dienlich wäre. Wachstum wird durch einen Austausch des Alten durch das Neue erreicht, des Guten durch das Bessere. Es ist eine bedingte oder gegenseitige Tat, in der jeder von uns eine vollständige Gedankeneinheit darstellt. Diese Vollständigkeit ermöglicht es uns, nur das zu empfangen, was wir geben. Wir können das, was uns fehlt, nicht erhalten, wenn wir zäh an dem festhalten, was wir zuvor erhalten haben.

Das Gesetz der Anziehung funktioniert, um uns nur das zu bringen, was zu unserem Vorteil ist. Wir sind somit bewußt in der Lage, unsere Umstände zu kontrollieren, während wir den Sinn dessen entdecken, was wir anziehen. Wir können jeder Erfahrung nur das abgewinnen, was wir für unser weiteres Wachstum benötigen. Unsere Fähigkeit, das zu tun, bestimmt den Grad an Harmonie oder Glückseligkeit, den wir erreichen werden.

Die Fähigkeit, nur das herauszuziehen, was wir für unser Wachstum brauchen, steigt kontinuierlich an, während wir höheren Ebenen und weiteren Visionen entgegenstreben. Je ausgeprägter unser Vermögen, zu wissen was wir wollen, desto sicherer werden wir, ihre Anwesenheit (die der Allmacht) zu bemerken, sie anzuziehen und aufzunehmen. Nichts wird uns erreichen, außer das, was wir für unser Wachstum benötigen. Alle Umstände und Erfahrungen, die zu uns kommen, tun das zu unserem eigenen Nutzen. Schwierigkeiten und Hindernisse werden weiter zu uns kommen, bis wir ihre Weisheit aufgenommen und von ihnen das Wichtigste für unser weiteres Wachstum erworben haben. Daß wir ernten, was wir säen, ist mathematisch exakt. Wir erlangen dauerhafte Stärke genau in dem Ausmaß der zum Überwinden der Schwierigkeiten erforderlichen Anstrengungen.

Die unerbittlichen Erfordernisse des Wachstums verlangen von uns, daß wir die größte Art von Anziehung auf das ausüben, was in vollkommener Übereinstimmung mit uns ist. Unsere größte Glückseligkeit wird am besten dadurch erreicht, daß wir ein

Verständnis dieser Natürlichen Gesetze erlangen und bewußt mit ihnen zusammenarbeiten.

Unsere Gedankenkräfte sind oft durch lähmende Vorstellungen geknebelt, die durch das grobe Denken der eigenen Rasse zu uns gekommen sind und welche wir ohne jegliches Hinterfragen annehmen und daraufhin handeln. Eindrücke von Angst, Sorge, Behinderung oder Minderwertigkeit (Unterlegenheit) werden uns täglich vermittelt. Diese liefern ausreichend Gründe, warum Menschen so wenig erreichen – warum das Leben der Masse so ertragslos ist, wenn es doch all die Zeit über Möglichkeiten in ihnen selber gab, die nur der befreienden Berührung der Wertschätzung und der gesunden Ambition bedurften, um zu wahrer Größe entwickelt zu werden.

Frauen – wohl viel mehr als Männer – wurden diesen Umständen ausgesetzt. Das ist wahr, weil sie eine feinere Empfindsamkeit haben, welche sie für die Gedankenschwingungen anderer empfänglicher macht, und weil die Flut negativer und unterdrückerischer Gedanken stärker auf sie ausgerichtet war.

All das wird nun aber überwunden. Florence Nightingale überwand es, als sie auf der Krim Halbinsel zu Höhen zarter Sympathie und ausführender Fähigkeit aufstieg, die unter Frauen bis dato unbekannt waren. Clara Barton, Oberhaupt des Roten Kreuzes, überwand es, als sie eine ähnliche Arbeit innerhalb der Armeen der Unionstruppen verrichtete. Jenny Lind überwand es, als sie ihrer Fähigkeit Ausdruck verlieh, enorme finanzielle Erträge zu verwalten, während sie gleichzeitig ihren leidenschaftlichen Wunsch befriedigte und in den musikalischen Künsten ganz oben mitspielte; und so gibt es eine lange Reihe von weiblichen Sängern, Philanthropen, Autoren und Schauspielern, die bewiesen haben, daß sie in der Lage sind, die höchsten Ränge in

Literatur, Drama, Kunst und gesellschaftlichen Belangen zu erreichen.

Frauen wie auch Männer beginnen nun, für sich selbst zu denken. Sie sind zu einem gewissen Grad ihrer Möglichkeiten bewußt geworden. Sie verlangen, daß wenn das Leben noch irgendwelche Geheimnisse verbirgt, diese offengelegt werden. Zu keiner vorherigen Zeit hat der Einfluß und die Macht des Gedankens so viel aufmerksame und unterscheidende Untersuchung erhalten.

Während einige wenige Seher die großartige Tatsache erfaßt haben, daß Bewusstsein die universelle Substanz ist, die Grundlage aller Dinge, so hat diese lebenswichtige Wahrheit niemals zuvor das allgemeine Bewusstsein durchdrungen. Viele Geister sind nur dabei, dieser wunderbaren Wahrheit einen deutlichen Ausdruck zu verleihen. Die moderne Wissenschaft hat uns gelehrt, daß Licht und Ton schlichtweg verschiedenartige Bewegungsmodi sind, und das mag zu einer Entdeckung von Kräften innerhalb des Menschen führen, die bis zu dieser Offenbarung nicht empfangen werden konnten.

Ein neues Zeitalter ist angebrochen, und nun, in seinem Licht stehend, sieht der Mensch ein wenig mehr von der Weite der Bedeutung seines Lebens – etwas von seiner Großartigkeit. Innerhalb dieses Lebens liegt die Saat unendlicher Wirksamkeit. Man fühlt sich überzeugt, daß des Menschen Fähigkeit, zu erlangen, nicht gemessen werden kann; daß Grenzen auf seinem Marsch nach vorn undenkbar sind. Auf dieser Höhe stehend stellt er fest, daß er neue Kraft aus der unendlichen Energie schöpfen kann, deren Teil er selbst ist.

II

Manche Menschen scheinen Erfolg, Macht, Wohlstand und Errungenschaften mit sehr wenig bewußter Anstrengung anzuziehen. Andere wiederum bewältigen sie nur mit großen Schwierigkeiten. Wieder andere schaffen es gar nicht, ihre Ambitionen, Wünsche und Ideale zu erreichen. Warum ist das so? Warum sollen manche ihr Ziel so einfach erreichen, andere mit Schwierigkeiten und andere wiederum gar nicht? Der Grund kann nicht im Körperlichen liegen, sonst wären die körperlich perfekten Menschen auch die erfolgreichsten. Der Unterschied muß somit geistig (mental) sein - er muß im Bewusstsein liegen. Dementsprechend muß das Bewusstsein die schöpferische Kraft sein – der einzig wahre Unterschied zwischen den Menschen. Es ist also der Geist, der die Umgebung überwindet und so auch jedes andere Hindernis, das sich den Menschen in den Weg stellt.

Es ist die Verwirklichung dieser internen Qualität mittels der schöpferischen Macht des Gedankens, was uns großartige Führer wie Alexander, Napoleon, Cromwell, Marlborough und Washington gegeben hat; Industriekapitäne wie Carnegie, Morgan, Rockefeller und Leverhulme; Erfinder wie Stephenson, Morse, Marconi, Edison, Tesla und eine Vielzahl anderer. Wenn der einzige Unterschied zwischen den Menschen in ihrer Fähigkeit liegt, zu denken, ihre Gedanken zu benutzen, sie zu kontrollieren und zu entwickeln; wenn das Geheimnis allen Erfolges, aller Macht und allen Erreichens die schöpferische Kraft des Bewusstseins – die Macht des Gedankens – ist, so sollte die Fähigkeit, wahrhaftig zu denken, das übergeordnete Ziel eines jeden Menschen werden.

Wenn die schöpferische Kraft des Geistes (oder Bewusstsein, sie sind synonym. Anm. d. Ü.) vollkommen verstanden wird, werden seine Auswirkungen als wundervoll betrachtet. Solche Ergebnisse können aber nicht ohne die richtige Anwendung, Fleiß und Konzentration herbeigeführt werden. Der Student wird herausfinden, daß die Gesetze der mentalen und spirituellen Welt genauso dauerhaft und unfehlbar sind wie die der materiellen Welt. Um die erwünschten Resultate zu erzielen, ist es somit notwendig, das Gesetz zu kennen und sich ihm zu fügen. Ein exaktes Beachten des Gesetzes wird die erwünschten Resultate mit unveränderlicher Genauigkeit herbeiführen. Der Student, der lernt, daß alle Kraft von innen kommt, daß er nur deshalb schwach ist, weil er sich von äußerer Hilfe abhängig gemacht hat, und der sich ohne zu zögern auf seine eigenen Gedanken stürzt, korrigiert sich umgehend, steht aufrecht, nimmt eine dominante Haltung ein und bewirkt Wunder.

Wissenschaftler teilen uns mit, daß wir in einem allgegenwärtigen Äther leben. Dieser ist formlos, aus sich selbst bestehend, ist aber anpassungsfähig und formt sich durch uns, in uns und um uns herum, gemäß unserer Worte und Gedanken. Wir setzen ihn durch das, was wir denken, in Bewegung. Das, was sich anschließend für uns darstellt, ist das, was wir gedacht oder geäußert haben.

Gedanken unterliegen Gesetzmäßigkeiten. Der Grund, warum wir nicht mehr Vertrauen gezeigt haben, liegt in unserem fehlenden Verständnis. Wir haben nicht verstanden, daß alles in genauer Übereinstimmung mit endgültigen Gesetzen funktioniert. Das

Methoden erlangt hat, die wir dargelegt haben. Zunächst begann er mit nichts; er mußte seine Vorstellungskraft benutzen, um die enormen Eisenbahnen zu idealisieren, die er über die westlichen Prärien projizierte. Dann mußte er zu der Anerkennung des Gesetzes der Anziehung kommen, um die Mittel und Wege zu ihrer Verwirklichung zu erlangen. Ohne ein Befolgen dieser Schritte hätte er nie auch nur etwas zum Sparen übrig gehabt.

Anhäufung führt zu Momentum; je mehr Du anhäufst, desto mehr wünschst Du Dir, und je mehr Du Dir wünschst, desto mehr häufst Du an, so daß nach kurzer Zeit durch das Wirken von Aktion und Reaktion ein Momentum entsteht, das unaufhaltbar ist. Es darf aber zu keiner Zeit mit Egoismus, Geiz oder Kargheit verwechselt werden; sie sind allesamt Perversionen und werden jeglichen wahren Fortschritt unmöglich machen.

Kreativität ist der schöpferische Instinkt des Bewusstseins. Es wird schnell erkannt werden, daß jeder erfolgreiche Geschäftsmann in der Lage sein muß, zu planen, zu entwickeln und zu erschaffen. In der Geschäftswelt wird das geläufig mit Initiative bezeichnet. Es reicht nicht aus, auf ausgetretenen Pfaden zu wandeln. Neue Ideen müssen entwickelt werden, neue Wege, um Dinge zu tun. Die Kreativität stellt sich in dem Erbauen, Gestalten, Planen, Erfinden, Entdecken und Verbessern dar. Sie ist eine überaus wertvolle Qualität und muß stets ermutigt und entwickelt werden. Jedes Individuum besitzt sie zu einem bestimmten Grad, denn sie ist ein Zentrum des Bewusstseins in dieser Unendlichen und Ewigen Energie, aus der alle Dinge entstehen.

Wasser stellt sich in drei Aggregatzuständen dar: als Eis, als Wasser und als Dampf, immer in der gleichen Zusammensetzung; der einzige Unterschied liegt in der Temperatur. Doch niemand würde versuchen, eine Maschine mit Eis anzutreiben. Verwandle es in Dampf, und es kann die Aufgabe mit Leichtigkeit bewältigen. So verhält es sich auch mit Deiner Energie: wenn Du sie auf der schöpferischen Ebene zum Ausdruck bringen willst, mußt Du damit anfangen, das Eis mit dem Feuer deiner Vorstellungskraft zu schmelzen. Du wirst feststellen, daß du mehr Eis schmelzen wirst, je stärker das Feuer ist, umso kräftiger werden Deine Gedanken und es wird Dir leichter fallen, Deine Wünsche zu verwirklichen.

Scharfsinn ist die Fähigkeit, natürliche Gesetze wahrzunehmen und mit ihnen zusammenzuarbeiten. Wahrer Scharfsinn vermeidet Spielereien und Täuschung genauso wie er Lepra vermeiden würde. Er ist das Produkt tiefer Erkenntnis, welche Dich dazu befähigt, ins Herz der Dinge vorzustoßen und zu verstehen, wie Ursachen in Bewegung gesetzt werden, welche unweigerlich erfolgreiche Umstände erschaffen.

Takt ist ein sehr feinfühliger und gleichzeitig sehr wichtiger Faktor, was geschäftlichen Erfolg betrifft. Er ist der Eingebung sehr ähnlich. Um Takt zu besitzen, muß man ein feines Gespür haben und instinktiv wissen, was zu sagen oder zu tun ist. Um taktvoll zu sein, muß man Mitgefühl und Verständnis besitzen. Ein Verständnis, das so selten ist, da alle Menschen sehen und hören und fühlen, aber nur die wenigsten ‚verstehen'. Takt befähigt Dich vorherzusehen, was geschehen wird, sowie das Ergebnis dieser Handlungen zu berechnen. Takt befähigt auch, zu spüren, wenn wir uns in der Gegenwart von körperlicher, geistiger und moralischer Reinheit befinden, da diese heutzutage als Preis des Erfolges ausnahmslos verlangt werden.

Loyalität ist eine der stärksten Bindungen, die Menschen von Stärke und Charakter zusammenhalten. Sie ist etwas, was niemals straffrei gebrochen werden kann. Einem Menschen, der lieber seine rechte Hand verliert als einen Freund zu verraten, wird es niemals an Freunden mangeln. Der Mensch, der in stiller Wache, wenn nötig bis zu seinem Tod, neben dem Altar des Vertrauens oder der Freundschaft derjenigen steht, die ihm Einlaß gewährt haben, wird sich mit einem Strom kosmischer Kraft verbunden sehen, welcher ausschließlich wünschenswerte Umstände anzieht. Es ist unvorstellbar, daß solch eine Person jemals auf Mangel irgendeiner Art stoßen wird.

Individualität ist die Kraft, unsere eigenen schlummernden Möglichkeiten zu entfalten, uns selbst ein Gesetz zu sein, mehr am Bestreben als am Ziel interessiert zu sein. Starke Menschen geben nichts auf die Masse von Nachahmern, die ihnen selbstgefällig folgen. Sie ziehen keinerlei Zufriedenheit aus dem Führen großer Massen oder aus dem lauten Beifall des Mobs. Das vergnügt nur die unbedeutenden Naturen und minderwertigen Geister. Individualität kostet sich mehr in dem Entfalten der inneren Kraft aus, als in der Unterwürfigkeit von Schwächlingen.

Individualität ist eine wahre Kraft, die in allem vererbt ist, und die Entwicklung und der konsequente Ausdruck dieser Kraft befähigt Dich, Verantwortung für die eigene Richtung zu übernehmen, anstatt einem von sich selbst eingenommenen Leithammel hinterherzurennen.

Wahrheit ist die zwingende Bedingung allen Wohlbefindens. Sicher zu sein, die Wahrheit zu kennen und mit Vertrauen zu ihr zu stehen, bietet eine Zufriedenheit, die mit nichts anderem vergleichbar ist. Wahrheit ist die zugrundeliegende Eigenschaft, der Umstand, der jeder Geschäfts- oder gesellschaftlichen Beziehung vorangeht. Die Wahrheit ist der einzig solide Grund in einer Welt von Konflikt, Zweifel und Gefahr.

Jede Handlung, die nicht in Einklang mit der Wahrheit ist, ob durch Ignoranz oder Vorsatz, entzieht einem den Boden unter den Füßen und führt zu Unstimmigkeit, unvermeidbarem Verlust und Verwirrung. Der bescheidenste Intellekt ist in der Lage, das Ergebnis einer wahren Tat genau vorherzusagen. Das mächtigste, tiefgründigste und durchdringendste Bewusstsein verliert sich aber hoffnungslos auf seinem Weg und kann sich keine Vorstellung der Resultate machen, wenn es von den wahrhaftigen Prinzipien abweicht.

Diejenigen, die in sich selbst die erforderlichen Elemente wahren Erfolges etabliert haben, haben Vertrauen aufgebaut, haben den Sieg organisiert, und es bedarf diese Schritte lediglich von Zeit zu Zeit auszuführen, dort wo die neu erweckte Gedankenkraft sie anleitet. Genau darin liegt das magische Geheimnis aller Macht und Kraft.

Weniger als zehn Prozent unserer geistigen Vorgänge sind bewußt; die anderen 90 Prozent sind unterbewußt oder unbewußt, so daß diejenigen, die sich zwecks eines Ergebnisses allein auf ihren bewußten Verstand verlassen, weniger als zehn Prozent effizient sind. Diejenigen, die nennenswerte Ergebnisse erzielen, sind befähigt, Vorteile aus diesem größeren Lagerhaus geistigen Wohlstands zu ziehen. Es ist in dieser gewaltigen Domäne des Unterbewusstseins, wo großartige Wahrheiten versteckt liegen, und es ist hier, daß der Gedanke die schöpferische Kraft findet, die Kraft, dem Objekt zu entsprechen, das Sichtbare aus dem Unsichtbaren hervorzubringen.

Diejenigen, denen die Gesetze der Elektrizität bekannt sind, verstehen das Prinzip, daß Elektrizität immer von einer höheren zu einer niedrigeren Potenz fließen muß, und können somit jegliche Anwendung dieser Kraft ausüben, wie sie es erwünschen.

Diejenigen, denen dieses Gesetz unbekannt ist, können nichts bewirken. Ebenso verhält es sich mit dem Gesetz, das die Geistige Welt regelt. Diejenigen, die verstehen, daß Geist alle Dinge durchdringt, daß er allgegenwärtig ist und auf jede Nachfrage reagiert, können das Gesetz benutzen und die Zustände, Umstände und Umgebung kontrollieren; der Desinformierte kann es nicht benutzen, weil er es nicht kennt.

Die Frucht dieses Wissens ist wie ein Geschenk der Götter; es ist die Wahrheit, die den Menschen frei macht, und nicht nur frei von jeglichem Mangel oder Beschränkung, sondern frei von Trauer, Sorge und Kummer. Ist es nicht wunderbar zu erkennen, daß dieses Gesetz keine Person bevorzugt; daß es keinen Unterschied macht, welche Denkgewohnheiten man hegt – der Weg wurde einem bereits geebnet.

Mit der Erkenntnis, daß diese geistige Kraft jede andere bestehende Kraft kontrolliert und leitet; daß sie kultiviert und entwickelt werden kann; daß ihren Aktivitäten keinerlei Beschränkungen auferlegt werden können, wird es offensichtlich, daß es die großartigste Tatsche der Welt ist; die Abhilfe jeglichen Mißstands; die Lösung eines jeden Problems; die Erfüllung eines jeden Wunsches. In der Tat: daß sie des Schöpfers prachtvollste Bereitstellung für die Befreiung der Menschheit ist.

III

Der wissenschaftliche Geist beherrscht nun jegliche Art von Unternehmung; die Beziehung von Ursache und Wirkung wird nicht länger ignoriert.

Die Entdeckung dieses Bereiches von Gesetzen prägte eine Epoche menschlichen Fortschritts. Sie hat das Element von Ungewißheit und Willkür aus dem Leben der Menschen entfernt und es durch Gesetz, Verständnis und Gewißheit ersetzt.

Die Menschen verstehen nun, daß es für jedes Ergebnis eine entsprechende und genaue Ursache gibt, so daß – wenn ein bestimmtes Ergebnis erwünscht ist – sie sich um die Umstände bemühen, durch die allein dieses Ergebnis erzielt werden kann.

Die Grundlage, auf der jegliches Gesetz beruht, wurde durch Induktives Denken entdeckt. Dieses besteht darin, Einzelfälle miteinander zu vergleichen, bis ein gemeinsamer Nenner erkannt wird, der aus allen Einzelfällen hervorgeht.

Es ist diese Lernmethode, der die zivilisierten Nationen den größeren Teil ihres Wohlstands und den wertvolleren Teil ihres Wissens verdanken. Sie hat das Leben verlängert, Schmerz gelindert, Flüsse überspannt, die Nacht zum Tag gemacht, unser Blickfeld erweitert, Bewegung beschleunigt, Distanz verringert, Umgang miteinander erleichtert und den Menschen befähigt, ins Meer abzutauchen und sich in die Lüfte zu erheben. Wen wundert es dann, daß die Menschen bemüht waren, den Segen dieser Lernmethode auf ihre eigene Denkweise auszuweiten, und als es dann offensichtlich wurde, daß bestimmte Resultate einer besonderen Denkweise folgten, bedurfte es lediglich der Klassifizierung dieser Resultate.

Diese Methode ist wissenschaftlich, und es ist die einzige Methode, durch die es uns erlaubt ist, das Maß an Freiheit und Freisein zu bewahren, das wir mittlerweile als unantastbares Recht ansehen. Die Menschen sind zuhause und in der Welt nur dann sicher, wenn nationale Bereitschaft so viel bedeutet wie zunehmender Überfluß an Gesundheit, erhöhte Effizienz im öffentlichen und privaten Geschäftsleben jeglicher Art, sowie kontinuierliche Fortschritte in der Wissenschaft und Kunst des Zusammenarbeitens. Dazu gehört auch das immer stärker werdende Bestreben, individuell und auch kollektiv diese und alle anderen Aspekte nationaler Entwicklung auf ein emporsteigendes Leben auszurichten und sie um dieses drehen zu lassen. Dafür liefern Wissenschaft, Kunst und Ethik sowohl die Steuerung als auch die maßgebenden Motive.

Der ‚Master Key' gründet auf absoluter wissenschaftlicher Wahrheit und wird die im Individuum schlummernden Möglichkeiten entfalten. Er lehrt, wie diese in kraftvolle Handlungen umgesetzt werden können, um die dem Menschen zur Verfügung stehenden Fähigkeiten zu erhöhen, welche dann zusätzliche Energie, Scharfsinn, Lebenskraft und geistige Beweglichkeit bereitstellen. Der Student, der ein Verständnis dieser geistigen Gesetze erlangt, kommt in den Besitz einer Fähigkeit, bis dato unvorstellbare Ergebnisse zu erzielen, die eine Belohnung mit sich bringen, welche kaum in Worte gefaßt werden kann.

Der ‚Master Key' erklärt den korrekten Einsatz sowohl empfänglicher als auch aktiver Elemente mentaler Natur und schult den Studenten im Erkennen von Möglichkeiten; er stärkt die Willenskraft und das Urteilsvermögen, lehrt die Kultivierung und den bestmöglichen Einsatz der Vorstellungskraft, des Wunsches, der Emotionen und der intuitiven Fähigkeiten. Er versieht uns mit Initiative, Drang zu Sinn und Zweck, Weisheit in Entscheidungen, intelligenter Sympathie und dem vollständigen Genuß des Lebens auf seinen höheren Ebenen.

Der ‚Master Key' lehrt den Gebrauch von Geisteskraft – wahrer Geisteskraft, nicht den irgendeines Ersatzes oder irgendwelcher

Abarten. Er hat nichts mit (Bühnen-) Hypnose, Magie oder den mehr oder weniger faszinierenden Täuschungen zu tun, durch die viele Menschen meinen, daß sie etwas kostenlos erhalten können.

Der ‚Master Key' kultiviert und entwickelt ein Verständnis, das Dich dazu befähigt, Deinen Körper und somit deine Gesundheit zu kontrollieren. Er verbessert und stärkt das Gedächtnis. Er entwickelt Einsicht, jene Art von Einsicht, die äußerst selten ist; eine Art, die das unterscheidende Merkmal eines jeden erfolgreichen Geschäftsmannes ist; eine Art, die den Menschen befähigt, sowohl Möglichkeiten als auch Schwierigkeiten in gleich welcher Situation zu erkennen; die Art, die Menschen befähigt, Chancen in ihrer Umgebung zu erkennen, da Tausende dabei fehlschlagen, zum Greifen nahe Möglichkeiten zu erfassen, während sie mit Situationen beschäftigt sind, die unter keinen Umständen eine nennenswerte Rendite abwerfen.

Der ‚Master Key' entwickelt Geisteskraft, was bedeutet, daß andere sofort erkennen, daß sie es mit einer machtvollen Person zu tun haben – einer Person mit Charakter – so daß sie das tun wollen, was Du willst. Das bedeutet, daß Du Menschen und Dinge anziehst; daß Du von anderen als ‚glücklich' bezeichnet wirst; daß ‚gute Dinge' deines Weges kommen; daß Du zu einem Verständnis über die grundlegenden Gesetze der Natur gekommen bist und Dich in Einklang mit ihnen befindest; daß Du das Gesetz der Anziehung verstehst, die natürlichen Gesetze des Wachstums sowie die psychologischen Gesetze, auf denen alle Vorteile der gesellschaftlichen und geschäftlichen Welt beruhen.

Geisteskraft ist Schöpferkraft; sie gibt Dir die Fähigkeit, etwas für Dich selbst zu erschaffen. Damit ist aber nicht die Fähigkeit gemeint, anderen etwas wegzunehmen. Die Natur handelt nie so. Die Natur läßt zwei Grashalme wachsen, wo vorher nur einer wuchs, und die Geisteskraft versetzt den Menschen in die Lage, gleiches zu tun.

Der ‚Master Key' entwickelt Erkenntnis und Scharfsinn, zunehmende Unabhängigkeit, die Fähigkeit und Neigung, anderen behilflich zu sein. Er zerstört Misstrauen, Depression, Angst, Melancholie und jegliche Form von Beschränkung und Schwäche, einschließlich Schmerz und Krankheit. Er weckt versteckte Talente, liefert Initiative, Kraft, Energie, Vitalität; er weckt eine Wertschätzung für das Schöne in Kunst, Literatur und Wissenschaft.

Er hat das Leben von Tausenden von Männern und Frauen verändert, indem er ungewisse und unklare Methoden durch genaue Prinzipien ersetzt und Prinzipien für eine Grundlage geschaffen, auf der jedes effiziente System beruht.

Elbert Gary, der Vorsitzende der United States Steel Corporation, sagte einmal: „Die Dienste von Beratern, Ausbildern und Effizienzexperten im erfolgreichen Management sind unabdingbar für die meisten bedeutenden Unternehmen, aber ich betrachte die Anerkennung und Aneignung wahrer Prinzipien als unverhältnismäßig wichtiger."

Der ‚Master Key' lehrt diese wahren Prinzipien und schlägt Methoden vor, sie praktisch umzusetzen. Dadurch unterscheidet er sich von jeder anderen Lehrmethode. Er lehrt, daß der einzig mögliche Wert, den man einem jeden Prinzip anhängen kann, in seiner Anwendung liegt. Viele lesen ihr ganzes Leben lang Bücher, belegen Heimstudienkurse oder besuchen Vorlesungen, ohne aber jemals irgendeinen Fortschritt dabei zu erzielen, den Wert dieser Prinzipien auch aufzuzeigen. Der ‚Master Key' schlägt

Methoden vor, wodurch die gelehrten Prinzipien angewendet und in die tägliche Praxis umgesetzt werden können.

Es vollzieht sich ein Wandel in der Welt des Denkens. Dieser-Wandel macht sich still unter uns bemerkbar und ist wichtiger als jener, dem sich die Welt seit dem Fall des Heidentums unterzogen hat.

Die gegenwärtige Revolution in den Meinungen aller Klassen von Menschen – die höchsten und kultiviertesten aller Menschen ebenso wie die der Arbeiterklasse – ist einmalig in der Weltgeschichte. Die Wissenschaft hat solch umfangreiche Entdeckungen gemacht; hat eine Unendlichkeit von Quellen entdeckt; hat so enorme Möglichkeiten und unerwartete Kräfte freigesetzt, daß Wissenschaftler mehr und mehr zögern, bestimmte Theorien als definitiv und über jeden Zweifel erhaben anzusehen, oder aber andere Theorien als absurd oder unmöglich abzutun. So ist eine neue Zivilisation im Begriff, geboren zu werden; Bräuche, Glaubensbekenntnisse und Grausamkeit vergehen; Vision, Vertrauen und Dienst treten an ihre Stelle. Die Menschheit legt die Fesseln der Tradition ab, und während der Unrat des Materialismus zerstört wird, wird das Denken befreit und die Wahrheit erhebt sich in ihrer ganzen Pracht vor einer erstaunten Menschenmenge.

Die gesamte Welt befindet sich am Anfang eines neuen Bewusstseins, einer neuen Kraft und einer neuen Verwirklichung der Reichtümer in unserem Inneren. Das letzte Jahrhundert sah den bewundernswertesten materiellen Fortschritt in der Geschichte der Menschheit. Das gegenwärtige Jahrhundert wird den größten Fortschritt der geistigen und spirituellen Kräfte hervorbringen.

Die Physik hat Materie in Moleküle aufgelöst, Moleküle in Atome, Atome in Energie, und es wurde Sir Ambrose Fleming in einer Rede vor der Royal Institution überlassen, diese Energie in Bewusstsein aufzulösen. Er sprach: „In ihrer letztendlichen Essenz mag Energie für uns immer unverständlich bleiben, mit der Ausnahme der Darstellung des direkten Wirkens dessen, was wir als Bewusstsein oder Willen bezeichnen."

Laß uns sehen, welche die stärksten Kräfte in der Natur sind: In der Welt der Mineralien ist alles solide und fixiert. In der Welt der Tiere und Pflanzen unterliegt alles einem beständigen Wandel, sich immer ändernd, immer erschaffend und wiedererschaffend. In der Atmosphäre finden wir Hitze, Licht und Energie. Jedes Reich wird auf seiner Reise vom Sichtbaren zum Unsichtbaren feinstofflicher und somit geistiger – vom Grobstofflichen zum Feinstofflichen, vom niedrigen Potential zum hohen Potential. Wenn wir das Unsichtbare erreichen, finden wir Energie in ihrer reinsten und flüchtigsten Form.

Da die stärksten Kräfte der Natur die unsichtbaren sind, stellen wir fest, daß auch die stärksten Kräfte des Menschen seine unsichtbaren sind. Es sind seine geistigen Kräfte, und die einzige Art und Weise, durch die sich geistige Energie darstellen kann, ist durch den Vorgang, den wir Denken nennen. Denken ist die einzige Aktivität, die der Geist besitzt, und der Gedanke ist das einzige Produkt des Denkens.

Addition und Subtraktion sind dementsprechend geistige Transaktionen; Urteilen ist ein geistiger Vorgang; Ideen sind geistige Schöpfungen; Fragen sind geistige Suchscheinwerfer, und Logik, Argument und Philosophie sind geistige Werkzeuge.

Jeder Gedanke aktiviert ein bestimmtes körperliches Gewebe, Teile des Gehirns, der Nerven oder Muskeln. Das bewirkt eine tatsächliche körperliche Veränderung im Aufbau des Gewebes. Dementsprechend ist es lediglich notwendig, eine gewisse Anzahl von Gedanken zu einem Thema zu hegen, um einen vollständigen Wandel im körperlichen Aufbau des Menschen herbeizuführen.

Das ist der Vorgang, durch den aus Versagen Erfolg wird. Gedanken von Mut, Kraft, Inspiration und Harmonie ersetzen Gedanken von Versagen, Verzweiflung, Mangel, Beschränkung und Unstimmigkeit. Während diese Gedanken Wurzeln fassen, verändert sich das körperliche Gewebe, und der Mensch sieht das Leben in neuem Licht. Alte Dinge sind vergangen; alle Dinge sind neu; er ist wiedergeboren – dieses Mal aus dem Geiste. Sein (des Menschen) Leben hat eine neue Bedeutung gewonnen; er ist wiederhergestellt und erfüllt mit Freude, Zuversicht, Hoffnung und Energie. Er sieht Chancen zum Erfolg, denen er bis dato blind gegenüber war. Er erkennt Möglichkeiten, die zuvor keinerlei Bedeutung für ihn hatten. Die Gedanken des Erfolges, mit denen er durchtränkt wurde, strahlen an diejenigen aus, die ihn umgeben, und sie wiederum helfen ihm, vorwärts und aufwärts zu streben. Er zieht neue und erfolgreiche Partner an, und das wiederum ändert seine Umgebung, so daß durch die einfache Übung des Denkens der Mensch nicht nur sich selbst ändert, sondern auch seine Umgebung, seine Umstände und seine Bedingungen.

Du wirst sehen – Du mußt sehen – daß wir uns am Beginn eines neuen Tages befinden; daß die Möglichkeiten so wundervoll, so faszinierend und so unbegrenzt sind, daß sie fast schon verblüffend erscheinen. Vor nicht allzu langer Zeit hätte ein Mann mit einem Flugzeug oder selbst nur einem Maschinengewehr eine ganze Armee ausgelöscht, die lediglich mit den Waffen ihrer Zeit ausgestattet war. So ist es auch in der Gegenwart: Jeder Mensch, der mit dem Wissen um die im ‚Master Key' vorhandenen Möglichkeiten ausgestattet ist, hat gegenüber der Masse einen unvorstellbaren Vorteil.

1

EIN BEWUSSTSEIN, EINE KRAFT

Es ist mir eine Ehre, Dir hiermit den ersten Teil des ‚Master Key' Systems zu präsentieren. Willst Du mehr Macht in Dein Leben bringen? Dann erlange ein Bewusstsein für Macht. Mehr Glück? Dann erlange ein Bewusstsein für Glück. Lebe den Geist dieser Dinge, bis sie zu Recht Dein werden. Es wird dann unmöglich sein, sie von Dir fernzuhalten. Die Dinge der Welt fügen sich einer Kraft im Menschen, durch die er über sie bestimmt.

Du mußt diese Kraft nicht erwerben; Du besitzt sie bereits. Du willst sie aber verstehen; Du willst sie nutzen; Du willst sie kontrollieren; Du willst Dich mit ihr durchtränken, so daß Du voranschreiten und die Welt vor Dir hertragen kannst.

Tagein, tagaus, während Du an Fahrt gewinnst, während sich Deine Eingebung vertieft, während sich Deine Pläne herauskristallisieren, während Du ein Verständnis erlangst, kommst Du zu der Überzeugung, daß diese Welt kein Haufen toter Steine und Holz ist, sondern eine lebendige Sache! Sie besteht aus den schlagenden Herzen der Menschheit. Sie ist ein Wesen von Leben und Schönheit.

Es ist offensichtlich, daß ein Verständnis vonnöten ist, um mit einem Material dieser Art zu arbeiten. Diejenigen aber, die dieses Verständnis aufbringen, werden von einem neuen Licht erleuchtet werden – einer neuen Kraft und Macht. Sie gewinnen Tag für Tag an Vertrauen und wachsender Macht und Kraft; sie verwirklichen ihre Hoffnungen, und ihre Träume werden wahr; das Leben hat dann eine tiefere, vollere und klarere Bedeutung als je zuvor. Und nun: Teil Eins.

1. Daß ‚viel' zu ‚noch mehr' führt, stimmt auf jeglicher Ebene der Existenz; daß Verlust zu noch mehr Verlust führt, ist ebenso wahr.

2. Geist ist schöpferisch, und die Bedingungen, die Umgebung und all die Erfahrungen im Leben sind das Resultat unserer angewöhnten und vorherrschenden Geisteshaltung.

3. Die Geisteshaltung hängt somit davon ab, was wir denken. Demnach hängt das Geheimnis aller Macht, allen Erlangens und allen Besitzes von unserer Denkweise ab.

4. Das ist wahr, denn wir müssen erst ‚sein', bevor wir ‚tun' können, und wir können nur zu dem Ausmaß ‚tun', zu dem wir ‚sind', und was wir ‚sind', hängt davon ab, was wir ‚denken'.

5. Wir können keine Kräfte ausdrücken, die wir nicht besitzen. Der einzige Weg, durch den wir uns diese Kraft zu eigen machen können, ist der, sich ihrer bewußt zu werden. Wir können uns der Kraft niemals bewußt werden, bis wir lernen, daß alle Kraft von innen kommt.

6. Es gibt eine innere Welt; eine Welt von Gedanken, Gefühlen und Kraft; von Licht und Leben und Schönheit, und obgleich unsichtbar, sind ihre Kräfte dennoch mächtig.

7. Die innere Welt wird vom Geist (engl. „Mind", in diesem Zusammenhang „Unterbewusstsein", Anm. d. Ü.) regiert. Wenn wir diese Welt entdecken, werden wir die Lösung eines jeden Problems finden, die Ursache jeder Wirkung. Da die innere Welt unserer Kontrolle unterliegt, werden wir

auch all die Gesetze von Kraft und Besitz finden, die ebenso unserer Kontrolle unterliegen.

8. Die äußere Welt ist ein Abbild der inneren Welt. Außen erscheint das, was innen gefunden wurde. In der inneren Welt kann unendliche Weisheit, unendliche Kraft und unendliches Angebot von allem Notwendigen gefunden werden, auf Verwirklichung, Entwicklung und Ausdruck wartend. Wenn wir diese Möglichkeiten in der inneren Welt erkennen, werden sie in der äußeren Welt Gestalt annehmen.

9. Harmonie in der inneren Welt wird in der äußeren Welt durch harmonische Bedingungen, eine annehmbare Umgebung und das Beste von allem dargestellt. Es ist die Grundlage von Gesundheit und ein wesentlicher Bestandteil von allem Großen, jeglicher Macht, jeglichem Erstreben, jeglichem Erlangen und jeglichem Erfolg.

10. Harmonie in der inneren Welt bedeutet die Fähigkeit, unsere Gedanken zu steuern und für uns selbst zu bestimmen, wie sich jegliche Erfahrung auf uns auswirken soll.

11. Harmonie in der inneren Welt resultiert in Optimismus und Wohlstand. Innerer Wohlstand führt zu äußerem Wohlstand.

12. Die äußere Welt spiegelt die Umstände und die Bedingungen unseres inneren Bewusstseins wider.

13. Wenn wir Weisheit in der inneren Welt finden, werden wir das Verständnis erlangen, die erstaunlichen Möglichkeiten zu erkennen, die der inneren Welt zu eigen sind, und uns

wird die Kraft gegeben, diese Möglichkeiten in der äußeren Welt zu verwirklichen.

14. Während wir uns der Weisheit der inneren Welt bewußt werden, machen wir uns diese Weisheit geistig zu eigen. Durch diese geistige Aneignung kommen wir in den Besitz der erforderlichen Kraft und Weisheit, um die wesentlichen Elemente zu verwirklichen, die für unsere vollständige und harmonische Entwicklung notwendig sind.

15. Die innere Welt ist die praktische Welt, in der die mächtigen Männer und Frauen Mut, Hoffnung, Begeisterung, Zuversicht, Vertrauen und Treue entwickeln und durch die ihnen die feine Intelligenz gegeben wird, die Vision zu erkennen, sowie das praktische Geschick, diese Vision auch zu verwirklichen.

16. Leben bedeutet Entwicklung, nicht Zuwachs. Was durch die äußere Welt zu uns kommt, besitzen wir bereits in der inneren Welt.

17. Jeglicher Besitz basiert auf Bewusstsein. Jeglicher Zuwachs ist das Resultat eines sich anhäufenden Bewusstseins. Jeglicher Verlust ist das Resultat eines sich zerstreuenden Bewusstseins.

18. Geistige Stärke ist von Harmonie abhängig; Unstimmigkeit bedeutet Verwirrung. Dementsprechend muß sich derjenige, der Macht zu erwerben sucht, in Einklang mit natürlichem (oder kosmischem) Gesetz einfinden.

19. Wir sind mit der äußeren Welt durch den objektiven Verstand verbunden. Das Gehirn ist das Organ dieses Verstandes, und das zerebrospinale System der Nerven bringt uns

in bewußte Kommunikation mit jedem Teil des Körpers. Dieses Nervensystem antwortet auf jeden Reiz von Licht, Hitze, Geruch, Ton oder Geschmack.

20. Wenn der Verstand korrekt denkt; wenn er die Wahrheit versteht; wenn die Gedanken, die durch das zerebrospinale Nervensystem des Körpers geschickt werden, konstruktiv sind, dann sind die Empfindungen angenehm und stimmig.

21. Das Ergebnis davon ist, daß wir Stärke, Vitalität und all die aufbauenden Kräfte in unseren Körper einbauen. Es geschieht jedoch durch denselben objektiven Verstand, daß alle Not, Krankheit, Mangel, Beschränkung und jegliche Form von Unstimmigkeit Zugang zu unserem Leben finden. Es ist demnach durch den objektiven Verstand, verursacht durch falsches Denken, daß wir Bezug zu den zerstörerischen Kräften finden.

22. Wir sind mit der inneren Welt durch das Unterbewusstsein verbunden. Der Solarplexus ist das Organ dieser Form von Bewusstsein. Das sympathische Nervensystem herrscht über alle subjektiven Reize wie Freude, Angst, Liebe, Emotionen, Atmung, Vorstellungskraft und alle anderen un(ter)bewußten Phänomene. Es ist durch dieses Unterbewusstsein, daß wir mit dem ‚Universellen Bewusstsein' verbunden sind und mit den unendlichen, schöpferischen Kräften des Universums in Beziehung gebracht werden.

23. Es ist das Abstimmen dieser beiden Zentren unseres Seins und das Verständnis ihrer Funktionen, die das großartige Geheimnis des Lebens ausmachen. Mit diesem Wissen können wir den objektiven und subjektiven Verstand zu einer bewußten Zusammenarbeit bringen und somit das Endliche

und das Unendliche aufeinander abstimmen. Unsere Zukunft unterliegt vollkommen unserer Kontrolle; sie unterliegt nicht dem Schicksal einer willkürlichen und ungewissen Macht im Außen.

24. Es herrscht völlige Übereinstimmung darüber, daß es lediglich ein Prinzip oder Bewusstsein gibt, welches das gesamte Universum durchdringt, allen Raum erfüllt und grundsätzlich an jedem Punkt seines Daseins gleichartig ist. Es ist allmächtig, allwissend und allgegenwärtig. Alle Gedanken und Dinge sind ihm zu eigen. Es ist alles in Allem.

25. Es gibt lediglich ein Bewusstsein im Universum, das denken kann, und wenn es denkt, werden seine Gedanken zu objektiven Dingen. Da dieses Bewusstsein allgegenwärtig ist, muß es in jedem Individuum vorhanden sein. Jedes Individuum muß eine Darstellung dieses allmächtigen, allwissenden und allgegenwärtigen Bewusstseins sein.

26. Da es nur ein Bewusstsein im Universum gibt, das denken kann, folgt schlußendlich daraus, daß Dein Bewusstsein mit dem Universellen Bewusstsein identisch ist, oder in anderen Worten: Alles Bewusstsein ist ein Bewusstsein. Aus dieser Schlußfolgerung gibt es kein Entkommen.

27. Das Bewusstsein, welches sich auf Deine Gehirnzellen auswirkt, ist dasselbe Bewusstsein, das sich auf die Gehirnzellen eines jeden anderen Individuums auswirkt. Jedes Individuum ist nichts Anderes als die Individualisierung des Allgegenwärtigen – des Kosmischen Bewusstseins.

28. Das Universelle Bewusstsein ist statische oder potentielle Energie; es ist einfach nur. Es kann sich nur durch das

Individuum verwirklichen, und das Individuum kann sich nur durch das Allgegenwärtige verwirklichen – sie sind eins.

29. Die Fähigkeit des Individuums, zu denken, ist seine Fähigkeit, auf das Allgegenwärtige einzuwirken und es in Form auszudrücken. Das menschliche Bewusstsein besteht lediglich in der Fähigkeit, zu denken. Bewusstsein an sich wird als subtile Form statischer Energie angesehen, aus der die ‚Gedanken' genannten Aktivitäten hervorgehen – die dynamische Phase des Bewusstseins. Bewusstsein ist statische Energie; Gedanken sind dynamische Energie – die zwei Phasen ein und derselben Sache. Gedanken sind also die schwingende Kraft, die durch die Umwandlung statischen Bewusstseins in dynamisches Bewusstsein entsteht.

30. Da die Summe aller Eigenschaften im Universellen Bewusstsein – seines Zeichens allmächtig, allwissend und allgegenwärtig – enthalten ist, müssen diese Eigenschaften auch zu jeder Zeit in ihrer potentiellen Form in jedem Individuum vorhanden sein. Dementsprechend, wenn ein Individuum denkt, wird der Gedanke durch seine Natur dazu gezwungen, sich als Objekt oder Zustand zu verkörpern, der mit dem Ursprung übereinstimmt.

31. Jeder Gedanke ist somit eine Ursache, jeder Zustand eine Wirkung. Aus diesem Grunde ist es unabdingbar, daß Du Deine Gedanken kontrollierst, damit Du nur wünschenswerte Zustände herbeiführst.

32. Alle Kraft kommt von innen und unterliegt vollständig Deiner Kontrolle. Sie kommt durch das genaue Wissen und das freiwillige Anwenden genau bestimmter Prinzipien.

33. Es sollte offensichtlich sein: Wenn Du ein solides Verständnis dieses Gesetzes erworben hast und in der Lage bist, Deine Gedankenprozesse zu kontrollieren, kannst Du sie auf jeden Umstand anwenden. In anderen Worten: Du wirst in die bewußte Zusammenarbeit mit dem Allmächtigen Gesetz gekommen sein, welches die absolute Grundlage aller Dinge ist.

34. Das Universelle Bewusstsein ist das Lebensprinzip eines jeden existierenden Atoms. Jedes Atom strebt ständig danach, neues Leben zu erschaffen. Sie alle sind intelligent und darauf ausgerichtet, den Zweck zu erfüllen, für den sie erschaffen wurden.

35. Die Mehrheit der Menschheit lebt in der äußeren Welt. Wenige haben die innere Welt gefunden, und dennoch ist es diese innere Welt, welche die äußere Welt zum Ausdruck bringt. Sie ist somit schöpferisch, und all das, was Du in der äußeren Welt findest, wurde von Dir in der inneren Welt erschaffen.

36. Dieses System bringt Dich zu einer Verwirklichung von Macht, die Du Dein Eigen nennen kannst, so Du das Verhältnis zwischen der inneren und äußeren Welt versteht. Die innere Welt ist die Ursache, die äußere Welt ihre Auswirkung. Um die Auswirkung zu ändern, mußt Du ihre Ursache ändern.

37. Du wirst sofort einsehen, daß dieses eine radikal neue und andere Idee ist. Die meisten Menschen versuchen, die Wirkung zu ändern, indem sie sich mit ihr befassen. Sie sehen nicht, daß sie einfach nur eine Form von Not durch eine andere ersetzen. Um Unstimmigkeit zu beseitigen,

müssen wir die Ursache beseitigen, und diese Ursache kann nur in der inneren Welt gefunden werden.

38. Jegliches Wachstum kommt von innen. Der Beweis dafür ist überall in der Natur ersichtlich. Jede Pflanze, jedes Tier, jedes menschliche Wesen ist ein lebendiges Zeugnis dieses großartigen Gesetzes, und der Fehler vergangener Zeitalter liegt darin, die Kraft oder Macht im Außen zu suchen.

39. Die innere Welt ist die universelle Versorgungsquelle, die äußere Welt der Auslaß in den Strom. Unsere Fähigkeit, empfänglich zu sein, hängt von der Anerkennung dieser universellen Quelle ab, dieser unendlichen Energie, deren Auslaß das Individuum ist, und welches dadurch mit jedem anderen Individuum eins ist.

40. Anerkennung ist ein geistiger Vorgang. Geistige Handlung ist somit das Einwirken des Individuums auf das Universelle Bewusstsein. Da das Universelle Bewusstsein die Intelligenz ist, die allen Raum erfüllt und alle lebendigen Dinge belebt, sind geistige Aktion und Reaktion das Gesetz von Ursache und Wirkung. Das Prinzip der Verursachung herrscht aber nicht im Individuum, sondern im Universellen Bewusstsein. Es ist keine objektive Fähigkeit, sondern ein subjektiver Vorgang, und die Resultate zeigen sich in einer endlosen Bandbreite von Zuständen und Erfahrungen.

41. Um Leben auszudrücken, muß es Bewusstsein geben; nichts kann ohne Bewusstsein bestehen. Alles Bestehende ist eine Manifestation dieser einen grundlegenden Substanz, durch die alle Dinge entstanden sind und unaufhörlich wiedererschaffen werden.

42. Wir leben in einem unergründlichen Meer plastischer Bewusstseinssubstanz. Diese Substanz ist seit jeher lebendig und aktiv. Sie ist in höchstem Maße empfänglich. Sie nimmt Form an gemäß geistiger Nachfrage. Denken bildet die Form oder Matrix, aus der die Substanz hervorgeht.

43. Bedenke, daß es allein die Anwendung ist, in der der Wert liegt, und daß ein praktisches Verständnis dieses Gesetzes Armut durch Fülle ersetzt, Ignoranz durch Weisheit, Unstimmigkeit durch Harmonie und Tyrannei durch Freiheit. Von einem materiellen und sozialen Standpunkt aus gesehen kann es keine größere Segnung geben als diese.

44. Nun wende Dein Wissen an: Wähle einen Raum, in dem Du allein und ungestört sein kannst. Sitze aufrecht, komfortabel, aber nicht zu lässig. Lasse Deinen Gedanken freien Lauf, sei aber für 15-30 Minuten absolut still. Tue das für drei bis vier Tage oder gar eine Woche, bis Du vollkommene Kontrolle über Dein körperliches Wesen erlangt hast.

45. Viele werden es sehr schwierig finden; andere werden es mit Leichtigkeit meistern, aber es ist unerläßlich, volle Kontrolle über den Körper zu erlangen, damit man voranschreiten kann. Nächste Woche gibt es dann Anweisungen für den nächsten Schritt. In der Zwischenzeit aber muß dieser hier beherrscht werden.

FRAGEN UND ANTWORTEN

1. **Was ist die äußere Welt im Verhältnis zur inneren Welt?**
   Die äußere Welt ist ein Abbild der inneren Welt.

2. **Wovon hängt jeglicher Besitz ab?**
   Jeglicher Besitz hängt von Bewusstsein ab.

3. **Wie steht das Individuum mit der objektiven Welt in Verbindung?**
   Das Individuum steht durch den objektiven Verstand mit der objektiven Welt in Verbindung; das Gehirn ist das Organ dieses Verstandes.

4. **Wie steht das Individuum mit dem Universellen Bewusstsein in Verbindung?**
   Es steht mit dem Universellen Bewusstsein durch das Unterbewusstsein in Verbindung; der Solarplexus ist das Organ dieser Form von Bewusstsein.

5. **Was ist das Universelle Bewusstsein?**
   Das Universelle Bewusstsein ist das Lebensprinzip eines jeden bestehenden Atoms.

6. **Wie kann das Individuum auf das Universelle einwirken?**
   Die Fähigkeit, zu denken, ist die Fähigkeit, auf das Universelle einzuwirken und es zur Manifestation zu bringen.

7. **Was ist das Resultat dieser Aktion und Interaktion?**
   Das Resultat dieser Aktion und Interaktion ist Ursache und Wirkung. Jeder Gedanke ist eine Ursache, jeder Zustand eine Wirkung.

8. **Wie kann man sich harmonische und wünschenswerte Zustände sichern?**
   Harmonische und wünschenswerte Zustände können durch wahrhaftes Denken gesichert werden.

9. **Was ist die Ursache aller Unstimmigkeit, aller Disharmonie, allen Mangels und aller Beschränkung?**
   Unstimmigkeit, Disharmonie, Mangel und Beschränkung sind das Ergebnis falschen Denkens.

10. **Was ist die Quelle aller Macht?**
    Die Quelle aller Macht ist die innere Welt, die universelle Versorgungsquelle und die unendliche Energie, für die jedes Individuum ein Auslaß ist.

2

EINE METHODE ZUM FINDEN DER WAHRHEIT

Unsere Schwierigkeiten bestehen größtenteils aufgrund verwirrter Ideen und der Ignoranz unserer wahren Interessen. Die Hauptaufgabe ist es, die Naturgesetze zu entdecken, denen wir uns dann anpassen werden. Klares Denken und moralische Erkenntnis sind somit von unschätzbarem Wert. Alle Vorgänge, selbst die des Denkens, basieren auf einer soliden Grundlage.

Je ausgeprägter die Sensibilität, desto schärfer das Urteilsvermögen, desto delikater der Geschmack, desto edler die moralischen Gefühle, desto feiner die Intelligenz, desto höher das Streben, desto reiner und intensiver sind die Genüsse, welche die Existenz hervorbringt. Daraus folgt, daß das Studium des Besten, was je in der Welt erdacht wurde, höchste Freude bereitet.

Die Kräfte, Gebräuche und Möglichkeiten des Bewusstseins sind unter diesem neuen Gesichtspunkt unvergleichbar wunderbarer als ausschweifende Errungenschaften oder Träume materiellen Fortschritts.

Gedanken sind Energie. Aktive Gedanken sind aktive Energie. Konzentrierte Gedanken sind konzentrierte Energie. Gedanken, die auf einen bestimmten Zweck konzentriert werden, werden zu Macht und Kraft. Das ist die Macht, die von denen benutzt wird, die nicht an eine ‚Schönheit von Armut' glauben oder an eine ‚Tugend der Selbstverleugnung'. Sie betrachten das als Geschwätz von Schwächlingen.

Die Fähigkeit, diese Macht zu empfangen und darzustellen, hängt von der Fähigkeit ab, diese seit jeher im Menschen weilende, unendliche Energie anzuerkennen, die unaufhörlich seinen

Körper und sein Bewusstsein erschafft und wiedererschafft und jeden Moment bereit ist, sich durch ihn auf welch erforderliche Weise auch immer darzustellen. Die Darstellung des äußeren Lebens des Individuums wird dann in einem genauen Verhältnis zur Anerkennung dieser Wahrheit stehen.

Teil Zwei erklärt eine Methode, durch die diese Wahrheit verwirklicht werden kann.

1. Die Handlungen des Verstandes werden durch zwei parallele Aktivitäten geschaffen: die eine bewußt, die andere unterbewußt. Professor Davidson sagte: „Derjenige, der meint, die gesamte Bandbreite geistiger Aktivitäten durch das Licht seines eigenen bewußten Verstandes zu erklären, ist nicht ungleich jemandem, der versucht, das Universum mit einer Taschenlampe auszuleuchten."

2. Die logischen Abläufe des Unterbewusstseins gehen mit einer Gewißheit und Regelmäßigkeit voran, die unmöglich wäre, wenn es dort die Möglichkeit eines Fehlers gäbe. Unser Unterbewusstsein ist so geschaffen, daß es uns auf die wichtigsten Grundlagen der Wahrnehmung vorbereitet, während wir über die eigentliche Vorgehensweise nicht die geringste Vorstellung haben.

3. Die unterbewußte Seele arbeitet wie ein wohlmeinender Fremder, und schafft Vorräte zu unserem Nutzen und schüttet nur die reife Frucht in unseren Schoß. Somit zeigt die Analyse der Denkvorgänge, daß das Unterbewusstsein die Bühne der wichtigsten geistigen Phänomene ist.

4. Es ist durch dieses Unterbewusstsein, daß Shakespeare nahezu mühelos großartige Wahrheiten vernommen hat, die

dem bewußten Verstand seiner Schüler verborgen blieben; daß Phidias Marmor und Bronze geformt, Raphael Madonnen gemalt und Beethoven Symphonien komponiert hat.

5. Leichtigkeit und Perfektion sind gänzlich von dem Grad abhängig, bei dem wir aufhören, von unserem (Wach-)Bewusstsein abhängig zu sein. Das Klavier zu spielen, Schlittschuhlaufen, auf der Tastatur zu schreiben, geschickte Geschäftsabwicklungen, sie alle hängen zu ihrer perfekten Durchführung von den Vorgängen des Unterbewusstseins ab. Das Wunder, ein großartiges Klavierstück zu spielen, währenddessen aber noch eine lebhafte Unterhaltung zu führen, zeigt die Größe unserer unterbewußten Kräfte.

6. Wir sind uns alle bewußt, wie abhängig wir vom Unterbewusstsein sind, und je großartiger, nobler und brillanter unsere Gedanken, desto offensichtlicher wird es uns, daß der Ursprung außerhalb unseres gelehrten Verstandes liegt. Wir finden uns ausgestattet mit Takt, Instinkt, einem Sinn für das Schöne in Kunst und Musik, dessen Ursprung oder Aufenthaltsort wir uns aber völlig unbewußt sind.

7. Der Wert des Unterbewusstseins ist enorm: Es inspiriert uns; es warnt uns; es liefert uns Namen, Fakten und Szenen aus dem Lagerhaus des Gedächtnisses. Es leitet unsere Gedanken und Geschmacksrichtungen und erfüllt so schwierige Aufgaben, daß kein bewußter Verstand, selbst wenn er die Kapazität dafür hätte, auch nur die Kraft dazu besäße.

8. Wir können reden, wie wir wollen; wir können den Arm heben, wann immer wir wollen; wir können durch unsere Augen und Ohren jedem Thema nach Gutdünken Aufmerk-

samkeit schenken. Auf der anderen Seite können wir weder den Herzschlag stoppen noch den Blutkreislauf; noch das Wachstum unserer Gestalt; noch die Bildung von Nerven und Muskelgewebe; noch das Wachstum von Knochen und noch vieler anderer, lebenswichtiger Vorgänge.

9. Wenn wir diese beiden Handlungsweisen miteinander vergleichen: Die eine bestimmt durch das Wollen zu einer bestimmten Zeit, die andere in majestätischer, rhythmischer Art voranschreitend, keiner Abweichung unterliegend, jedoch in jedem Moment gleichbleibend, dann können wir nur in Bewunderung der letzteren sein und nach der Aufklärung dieses Geheimnisses fragen. Wir sehen umgehend, daß es sich hier um die lebenswichtigen Vorgänge unseres körperlichen Lebens handelt. Somit können wir den Rückschluß nicht vermeiden, daß all diese überaus wichtigen Funktionen bewußt von der mit Schwankungen und Veränderungen behafteten Domäne des äußeren Willens ferngehalten werden und der Leitung einer dauerhaften und verläßlichen Macht in uns unterstellt sind.

10. Von diesen beiden Kräften wurde die äußerliche und sich wechselnde ‚Bewusstsein' oder ‚Objektiver Verstand' genannt (der sich mit äußeren Objekten befaßt). Die innere Kraft wurde ‚Unterbewusstsein' oder ‚Subjektiver Verstand' genannt, und neben ihrer Arbeit auf der geistigen Ebene steuert sie die regulativen Funktionen, die das körperliche Leben überhaupt erst möglich machen.

11. Es ist unabdingbar, ein klares Verständnis ihrer jeweiligen Funktionen auf der geistigen Ebene zu haben, wie auch gewisser anderer grundlegender Prinzipien. Über die fünf Sinne wahrnehmend und handelnd, befaßt sich der

bewußte Verstand mit den Eindrücken und Objekten des äußeren Lebens.

12. Er besitzt die Fähigkeit der Unterscheidung und trägt die Verantwortung der Auswahl. Er besitzt die Kraft des Urteilsvermögens – ob induktiv, deduktiv, analytisch oder syllogistisch – und diese Kraft kann zu einem hohen Maße entwickelt werden. Er ist der Sitz des Willens, mit all den Energien, die aus ihm herausfließen.

13. Er kann nicht nur andere beeinflussen, er kann auch das Unterbewusstsein steuern. Auf diese Art und Weise wird der bewußte Verstand zu einem verantwortungsvollen Herrscher und Hüter über das Unterbewusstsein. Es ist diese hochgradige Funktion, welche die Umstände Deines Lebens komplett umwandeln kann.

14. Es ist oft wahr, daß uns Zustände wie Angst, Sorge, Armut, Krankheit, Disharmonie und Böses aller Art aufgrund falscher Vorschläge dominieren, welche vom unbewachten Unterbewusstsein akzeptiert wurden. All das kann von einem trainierten Verstand gänzlich verhindert werden, und zwar durch aufmerksame, vorbeugende Handlungen. Er kann wahrhaft ‚der Wächter vor dem Tor' der großartigen unterbewußten Domäne genannt werden.

15. Ein Autor hat den Hauptunterschied zwischen diesen beiden Phasen des Bewusstseins so ausgedrückt: „Verstand ist begründender Wille. Unterbewusstsein ist instinktives Verlangen – es ist das Ergebnis von vorangegangenem, begründendem Willen."

16. Das Unterbewusstsein zieht gerechte und genaue Schlüsse aus den Vorgaben externer Quellen. Wo die Vorgabe wahr ist, kommt das Unterbewusstsein zu einer fehlerlosen Schlußfolgerung. Wo aber die Vorgabe oder der Vorschlag fehlerhaft ist, fällt die gesamte Struktur zusammen. Das Unterbewusstsein schaltet sich nicht in den Vorgang der Beweisführung ein. Es verläßt sich auf das Bewusstsein, den ‚Wächter vor dem Tor', um es vor falschen Eindrücken zu bewahren.

17. Alle Vorschläge als wahr annehmend, geht das Unterbewusstsein in der umfangreichen Domäne seines enormen Wirkungsbereiches umgehend darauf ein. Das Bewusstsein kann entweder Wahrheit oder Fehler vorschlagen. Wenn es Letzteres ist, dann auf Kosten einer weitreichenden Gefahr für das gesamte Wesen.

18. Das Bewusstsein sollte zu jeder wachen Stunde aufmerksam sein. Wenn der ‚Wächter vor dem Tor' außer Dienst oder nicht achtsam ist, oder wenn sein ruhiges Urteilsvermögen unter den verschiedensten Umständen außer Kraft gesetzt ist, dann ist das Unterbewusstsein ungeschützt und somit offen für Vorschläge jeglichen Ursprungs. Während der wilden Aufregung einer Panik, eines Anfalls von Angst, auf den Impuls eines verantwortungslosen Mobs hin, oder während ungezügelter Leidenschaft, sind die Bedingungen am gefährlichsten. Das Unterbewusstsein ist dann offen gegenüber Vorschlägen von Angst, Haß, Eigensinnigkeit, Gier, Selbstabwertung und anderen negativen Kräften, die durch umgebende Personen oder Umstände entstanden sind. Das Ergebnis ist für gewöhnlich in höchstem Maße ungesund, mit Auswirkungen, welche die Notlage auf lange Zeit bestehen lassen können. Deshalb ist es überaus wich-

tig, das Unterbewusstsein vor falschen Eindrücken zu bewahren.

19. Das Unterbewusstsein wird durch Eingebung wahrgenommen. Seine Vorgänge sind folglich sehr schnell. Es wartet nicht auf die langsamen Methoden der bewußten Beweisführung. In der Tat kann es sie gar nicht einsetzen.

20. Das Unterbewusstsein ruht nie, erholt sich nie, ebenso wenig wie Dein Herz oder Blut. Es wurde herausgefunden, daß das schlichte Vorgeben bestimmter, zu erreichender Dinge Kräfte im Unterbewusstsein freisetzt, die zu dem erwünschten Ergebnis führen. Hiermit gibt es dann eine Kraft, die uns mit der Allmacht in Verbindung bringt. Darin liegt ein tiefgreifendes Prinzip, welches unser aufrichtiges Studium verdient.

21. Die Verfahrensweise dieses Gesetzes ist interessant. Diejenigen, die es in die Tat umsetzen, werden feststellen, daß, wenn sie auf eine Person treffen, mit der sie ein schwieriges Gespräch erwarten, jemand bereits da war und die angeblichen Schwierigkeiten aus der Weg geräumt hat; daß alles anders ist; daß alles harmonisch ist. Sie stellen fest, daß, wenn sich ein schwieriges Geschäftsproblem aufzeigt, sie es sich leisten können, die Entscheidung zu vertagen, und irgendetwas schlägt dann die richtige Lösung vor; alles ist feinsäuberlich angeordnet. In der Tat stellen diejenigen fest, die gelernt haben, dem Unterbewusstsein zu vertrauen, daß ihnen unendliche Ressourcen zur Verfügung stehen.

22. Das Unterbewusstsein ist der Sitz unserer Prinzipien und unserer Sehnsüchte. Es ist die Quelle unserer künstlerischen und gönnerhaften Ideale. Diese Instinkte und ange-

borenen Prinzipien können nur mit Hilfe eines durchdachten und schrittweisen Unterminierungsprozesses außer Kraft gesetzt werden.

23. Das Unterbewusstsein kann nicht kontrovers argumentieren. Dementsprechend, wenn es falsche Vorschläge angenommen hat, besteht eine sichere Methode, diese zu überwinden, in einem starken, oft wiederholten Gegenargument. Dieses muß das Unterbewusstsein akzeptieren. Somit bildet es neue und gesunde Gewohnheiten des Denkens und Lebens, da es der Sitz der Gewohnheiten ist. Was wir regelmäßig wiederholen, wird mechanisch. Es ist nicht länger ein Denkvorgang, sondern hat tiefe Furchen durch das Unterbewusstsein gezogen. Das ist für uns von Vorteil, wenn die Gewohnheit ganzheitlich und richtig ist. Wenn sie schadhaft und falsch ist, liegt die Lösung in der Anerkennung der Allmacht des Unterbewusstseins und dem Vorschlag gegenwärtiger, vorhandener Freiheit. Das Unterbewusstsein, schöpferisch wie es ist und eins mit dem Göttlichen Ursprung, wird sofort die vorgeschlagene Freiheit erschaffen.

24. Um es zusammenzufassen: Die normalen Funktionen des Unterbewusstseins auf der körperlichen Seite drehen sich um die regulären und lebenswichtigen Abläufe. Dazu gehört das Bewahren des Lebens und die Wiederherstellung der Gesundheit, aber auch die Pflege des Nachwuchses, was den instinktiven Wunsch beinhaltet, alles Leben zu bewahren und Zustände allgemein zu verbessern.

25. Auf der mentalen Seite ist es das Lagerhaus des Gedächtnisses; es beherbergt wunderbare Gedankenboten, die ungehindert von Raum und Zeit ans Werk gehen. Es ist die

Quelle praktischer Initiative und der aufbauenden Kräfte des Lebens; es ist der Sitz der Gewohnheiten.

26. Auf der geistigen Seite ist es die Quelle der Ideale, des Strebens, der Vorstellungskraft, und es ist der Kanal, durch den wir unsere Göttliche Quelle erkennen. Gleichermaßen kommen wir durch die Anerkennung dieser Göttlichkeit zu einem Verständnis der eigentlichen Quelle dieser Kraft.

27. Einige von uns werden fragen: „Warum kann das Unterbewusstsein Zustände ändern?" Die Antwort lautet: Weil das Unterbewusstsein Teil des Universellen Bewusstseins ist, und ein Teil muß in Art und Qualität gleich sein wie das Ganze; der Unterschied ist lediglich ein gradueller. Das Ganze – wie wir wissen – ist schöpferisch. In der Tat ist es der einzige Schöpfer schlechthin. Somit stellen wir fest, daß Bewusstsein schöpferisch ist, und weil das Denken die einzige Aktivität ist, die der Verstand besitzt, muß der Gedanke ebenso schöpferisch sein.

28. Wir werden aber feststellen, daß es einen Riesenunterschied zwischen ‚einfach nur denken' und dem bewußten, systematischen und aufbauenden Steuern unseres Denkens gibt. Wenn wir das tun, bringen wir unser Bewusstsein in Einklang mit dem Universellen Bewusstsein. Wir kommen in Einklang mit dem Unendlichen; wir setzen die mächtigste bestehende Macht in Bewegung – die schöpferische Kraft des Universellen Bewusstseins. Dieses, wie auch alles andere, unterliegt einem natürlichen Gesetz, und dieses Gesetz ist ‚das Gesetz der Anziehung'. Es besagt, daß Bewusstsein schöpferisch ist und daß es automatisch mit dem Objekt in Wechselbeziehung steht, welches es zur Darstellung bringt.

29. Letzte Woche habe ich Dir eine Übung gegeben, mit dem Zweck des Erlangens der Kontrolle über Deinen physischen Körper. Wenn Dir das gelungen ist, bist Du bereit für den nächsten Schritt. Dieses Mal wirst Du damit beginnen, Deine Gedanken zu kontrollieren. Nimm immer denselben Raum, denselben Stuhl und – wenn möglich – dieselbe Position ein. In manchen Fällen mag es nicht möglich sein, denselben Raum zu benutzen; mache dann einfach das Beste aus der Dir zur Verfügung stehenden Situation. Sei nun – wie schon zuvor – vollkommen still, aber hindere alle Gedanken (in ihrem Fluß). Das wird Dir Kontrolle über jegliche Gedanken von Sorge, Ärger und Angst geben und Dich befähigen, nur die Art von Gedanken zu hegen, die Du Dir auch wünschst. Führe dies so lange durch, bis Du völlige Meisterschaft darin erlangt hast.

30. Du wirst das für nicht länger als ein paar Momente umsetzen können, aber die Übung ist wertvoll, da sie eine praktische Demonstration der großen Anzahl von Gedanken ist, die ständig Zugang zu Deiner geistigen Welt suchen.

31. Nächste Woche wirst Du Anweisungen für eine Übung erhalten, die etwas interessanter ist; zunächst mußt Du aber diese hier meistern.

FRAGEN UND ANTWORTEN

11. **Was sind die zwei Modi geistiger Aktivität?**
Bewußt und unterbewußt.

12. **Wovon hängen Leichtigkeit und Perfektion ab?**
Leichtigkeit und Perfektion hängen gänzlich von dem Grad ab, zu dem wir aufhören, von unserem Verstand abhängig zu sein.

13. **Was ist der Wert des Unterbewusstseins?**
Er ist enorm. Es leitet uns, warnt uns, steuert die lebenswichtigen Vorgänge und ist der Sitz des Gedächtnisses.

14. **Welche Funktionen gehören zum Verstand?**
Er hat die Fähigkeit der Unterscheidung; er hat die Kraft des Urteilens; er ist der Sitz des Willens, und er kann auf das Unterbewusstsein einwirken.

15. **Wie wurde der Unterschied zwischen dem Verstand und dem Unterbewusstsein ausgedrückt?**
„Verstand ist begründender Wille. Unterbewusstsein ist instinktives Verlangen – es ist das Ergebnis von vorangegangenem, begründendem Willen."

16. **Welche Methode ist notwendig, um das Unterbewusstsein zu beeinflussen?**
Gib geistig vor, was von Dir gewollt ist.

17. **Was wird das Ergebnis sein?**
Wenn der Wunsch im Einklang mit der Vorwärtsbewegung des Ganzen ist, werden Kräfte in Bewegung gesetzt, die das Ergebnis herbeiführen.

18. **Was ist das Ergebnis des Wirkens dieses Gesetzes?**
    Unsere Umgebung spiegelt Umstände wider, die im Zusammenhang mit unser vorherrschenden Geisteshaltung stehen.

19. **Wie heißt dieses Gesetz?**
    Das Gesetz der Anziehung.

20. **Wie wird das Gesetz ausgedrückt?**
    Denken ist eine schöpferische Energie und wird automatisch in Wechselbeziehung zu dem Objekt stehen und es zur Darstellung bringen.

3

GEDANKEN WERDEN ZU DINGEN

Du hast herausgefunden, daß das Individuum auf das Universelle einwirken kann und daß das Ergebnis dieser Aktion und Interaktion Ursache und Wirkung ist. Gedanken sind somit die Ursache, und die Erfahrungen, die Du im Leben machst, sind die Wirkung.

Beseitige somit jegliche Möglichkeit, Dich über momentane oder vergangene Umstände zu beschweren, denn es liegt bei Dir, sie zu ändern und zu dem zu machen, wie Du sie gerne hättest.

Richte Deine Anstrengungen auf die Vergegenwärtigung der Dir immer zur Verfügung stehenden geistigen Quelle, aus der alle wahre und dauerhafte Macht und Kraft entsteht.

Praktiziere dies gewissenhaft, bis Du Dir der Tatsache bewußt wirst, daß es hierbei kein Versagen im Erreichen eines jeden Ziels im Leben gibt, wenn Du Dir nur Deiner Macht bewußt wirst und Dein Ziel beharrlich im Auge behältst. Geistige Kräfte stehen immer bereit, sich einem zweckgebundenen Willen hinzugeben, in dem Bestreben, Gedanken und Wünsche in Taten, Ereignisse und Umstände umzusetzen.

Während am Anfang jede Lebensfunktion und jede Handlung das Ergebnis von bewußtem Denken ist, werden angewöhnte Vorgehensweisen automatisiert, und der Gedanke, der sie steuert, sinkt in den Bereich des Unterbewusstseins. Dennoch ist er genauso intelligent wie zuvor. Es ist notwendig, daß er automatisch oder unterbewußt wird, damit sich der selbstbewußte Geist anderen Dingen zuwenden kann. Die neuen Details werden zu gegebener Zeit auch wieder zur Gewohnheit werden, dann automatisch und schließlich unterbewußt, damit der Verstand auch von diesem Detail befreit wird und sich fortgeschrittenen Aktivitäten widmen kann.

Wenn Dir das klar ist, wirst Du eine Kraftquelle gefunden haben, die es Dir erlaubt, mit jeder Situation im Leben klarzukommen.

1. Die erforderliche Interaktion zwischen dem Verstand und dem Unterbewusstsein verlangt eine ähnliche Interaktion zwischen den entsprechenden Nervensystemen. Richter Thomas Troward erklärt die wunderschöne Methode, mit der sich diese Interaktion darstellt. Er sagt: „Das zerebrospinale System ist das Organ des Verstandes und das sympathische ist das Organ des Unterbewusstseins. Das zerebrospinale ist der Kanal, durch den wir eine bewußte Wahrnehmung der physischen Sinne erhalten und Kontrolle über unsere Körperbewegungen ausüben.“ Dieses Nervensystem hat sein Zentrum im Gehirn.

2. Das Sympathische System hat sein Zentrum in der ganglionären Masse auf der Rückseite des Magens, bekannt unter dem Namen Solarplexus. Es ist der Kanal derjenigen geistigen Vorgänge, die unbewußt die lebenswichtigen Funktionen des Körpers unterstützen.

3. Die Verbindung zwischen den beiden Systemen wird durch den Vagusnerv bewerkstelligt, der von der Hirnregion als Teil des Willkürlichen Systems zum Thorax verläuft, in das Herz und die Lunge abzweigt, schließlich das Zwerchfell durchstößt, dabei seine äußere Hülle verliert und mit den Nerven des Sympathischen Systems eins wird. Somit stellt er das Bindeglied zwischen den zweien her und läßt den Menschen zu einer ‚Einheit‘ werden.

4. Wir haben festgestellt, daß jeder Gedanke vom Gehirn empfangen wird, welches das Organ des bewußten Verstandes ist. Dort wird er unseren Urteilskräften ausgesetzt. Wenn der Verstand damit zufrieden ist, daß der Gedanke wahr ist, wird er zum Solarplexus geschickt, dem Gehirn des Unterbewusstseins, dort anschließend zu ‚Fleisch', und tritt in unserer Welt als Wirklichkeit auf. Er ist dann keinem weiteren Argument ausgesetzt. Das Unterbewusstsein kann nicht argumentieren; es führt lediglich aus. Es akzeptiert die Schlußfolgerungen des bewußten Verstandes als endgültig.

5. Der Solarplexus wurde mit der Sonne des Körpers verglichen, denn es ist der zentrale Verteilungspunkt der Energie, die der Körper ständig generiert. Diese Energie ist eine sehr reelle Energie, und die Sonne ist eine sehr reelle Sonne. Die Energie wird durch sehr reelle Nerven auf alle Teile des Körpers verteilt und dann an die den Körper umgebende Atmosphäre abgegeben.

6. Wenn diese Energie stark genug ist, wird die Person als ‚attraktiv' bezeichnet; man sagt, sie sei persönlich anziehend. Solch eine Person kann immense Macht zum Guten einsetzen. Ihre Präsenz allein wirkt sich beruhigend auf die unsteten Geister aus, mit denen sie in Kontakt kommt.

7. Wenn der Solarplexus aktiv ist und Leben, Energie und Vitalität auf jeden Teil des Körpers abstrahlt, auch auf die Personen, die sie (die Person) antrifft, dann sind die Gefühle angenehm, der Körper voller Gesundheit, und all diejenigen, die mit ihr in Kontakt kommen, erleben ein angenehmes Gefühl.

sich auflösen, und Du wirst die Quelle der Kraft, der Energie und des Lebens gefunden haben.

16. Wenn Du feststellst, daß Du mit der Unendlichen Macht wirklich eins bist, und wenn Du durch eine praktische Demonstration Deiner Fähigkeiten aufzeigen kannst, daß Du jeden widrigen Umstand durch die Kraft Deiner Gedanken bewältigen kannst, dann hast Du nichts mehr zu befürchten. Angst wird zerstört und Du in den Besitz Deines Geburtsrechts gekommen sein.

17. Es ist unsere Geisteshaltung dem Leben gegenüber, welche die Erfahrungen bestimmt, auf die wir treffen. Wenn wir nichts erwarten, werden wir nichts erhalten. Wenn wir viel erwarten, werden wir den größeren Teil erhalten. Die Welt ist nur hart, wenn wir es nicht schaffen, uns zu behaupten. Die Kritik der Welt ist nur für diejenigen bitter, die sich keinen Platz für ihre Ideen schaffen können. Es ist die Angst vor dieser Kritik, die dazu führt, daß viele Ideen das Licht der Welt gar nicht erst erblicken.

18. Doch der Mensch, der weiß, daß er einen Solarplexus besitzt, wird weder Angst noch etwas anderes fürchten. Er wird zu beschäftigt sein, Mut, Vertrauen und Macht auszustrahlen. Durch seine geistige Haltung wird er den Erfolg vorwegnehmen. Er wird Hindernisse in Stücke schlagen und über den Abgrund des Zweifels und des Zögerns springen, den Angst einst in seinen Weg legte.

19. Das Wissen unserer Fähigkeit, bewußt Gesundheit, Stärke und Harmonie auszustrahlen, bringt uns zu der Erkenntnis, daß es nichts zu befürchten gibt, da wir in Verbindung mit der Unendlichen Macht stehen.

20. Dieses Wissen kann nur durch die praktische Anwendung dieser Informationen erlangt werden. Wir lernen durch Anwendung; allein das Training macht den Athleten stark.

21. Da die folgende Aussage von großer Bedeutung ist, werde ich sie auf verschiedenste Weise ausdrücken, so daß Dir ihre Wichtigkeit nicht entgehen kann. Wenn Du religiös geneigt bist, würde ich sagen, daß Du Dein Licht scheinen lassen kannst. Wenn Dein Geist mehr den Körperwissenschaften zugeneigt ist, dann würde ich sagen, daß Du Deinen Solarplexus erwecken kannst; oder, wenn Du eine strikt wissenschaftliche Auslegung bevorzugst, dann würde ich sagen, daß Du Dein Unterbewusstsein beeinflussen kannst.

22. Ich habe Dir bereits gesagt, was das Ergebnis dieser Beeinflußung sein wird. Es ist jedoch die Methode, an der Du nun interessiert bist. Du hast bereits gelernt, daß das Unterbewusstsein intelligent und schöpferisch ist und dem Willen des Verstandes antwortet. Was ist dann der natürlichste Weg, den gewünschten Eindruck zu machen? Konzentriere Dich geistig auf das gewünschte Objekt; wenn Du Dich konzentrierst, beeindruckst Du das Unterbewusstsein.

23. Das ist nicht der einzige Weg, aber ein einfacher und effektiver, der direkteste Weg und konsequenterweise derjenige, durch den die besten Resultate erzielt werden. Es ist die Methode, die solch großartige Ergebnisse in Erscheinung treten lässt, daß viele meinen, hier fänden Wunder statt.

24. Es ist die Methode, durch die jeder große Erfinder, Finanzier und Staatsmann befähigt wurde, die feinen und unsichtbaren Kräfte des Wunsches, des Vertrauens und der

Zuversicht in wirkliche, greifbare, konkrete Tatsachen der objektiven Welt umzuwandeln.

25. Das Unterbewusstsein ist Teil des Universellen Bewusstseins. Das Universelle ist das schöpferische Prinzip des Universums – ein Teil muß gleich in Art und Qualität sein wie das Ganze. Das bedeutet, daß diese schöpferische Energie vollkommen unbegrenzt ist. Sie ist nicht an irgendwelche vorherigen Fälle gebunden und hat somit kein bereits bestehendes Muster, auf die sein schöpferisches Prinzip passen muß.

26. Wir haben herausgefunden, daß das Unterbewußtsein auf unseren bewußten Willen reagiert, was bedeutet, daß die uneingeschränkte, schöpferische Kraft des Universellen Bewusstseins der Steuerung des Verstandes des Individuums unterliegt.

27. Wenn wir dieses Prinzip gemäß der in den folgenden Lektionen überreichten Übungen praktisch anwenden, sollten wir uns daran erinnern, daß es nicht notwendig ist, die Methode zu umreißen, durch die das Unterbewusstsein die gewünschten Ergebnisse herbeischafft. Das Endliche kann das Unendliche nicht informieren. Du sollst lediglich sagen, was Du erwünschst, jedoch nicht, wie Du es erlangen wirst.

28. Du bist der Kanal, durch den das Unterscheidungslose unterschieden wird, und diese Unterscheidung wird durch Inanspruchnahme erreicht. Es bedarf nur der Anerkennung, um die Ursachen in Bewegung zu setzen, welche die Ergebnisse gemäß Deines Wunsches herbeiführen, und das wird erreicht, weil das Universelle nur durch das Individuum und

das Individuum nur durch das Universelle tätig werden kann – sie sind eins.

29. Für die Aufgabe dieser Woche bitte ich Dich, einen Schritt weiter zu gehen. Ich will nicht nur, daß Du ganz still sitzt und alle Gedanken so weit wie möglich abstellst, sondern auch, daß Du Dich entspannst, Dich geistig fallen und die Muskeln ihre normale Stellung einnehmen läßt. Das wird jeglichen Druck von den Nerven nehmen und die Anspannung entfernen, die so häufig körperliche Erschöpfung hervorruft.

30. Körperliche Entspannung ist eine willkürliche Übung des Willens und wird von großem Wert sein, da es dem Blut ermöglicht, frei zu und vom Gehirn und im Körper zu zirkulieren.

31. Spannung führt zu geistiger Unruhe und abnormer geistiger Tätigkeit. Es produziert Sorge, Ärger, Furcht und Ängstlichkeit. Entspannung ist demnach eine absolute Notwendigkeit, damit die geistigen Fähigkeiten ihre größte Freiheit ausüben können.

32. Führe diese Übung so gründlich und vollständig wie nur möglich aus; bestimmte im Geiste, daß Du jeden Muskel und jeden Nerv entspannen wirst, bis Du ruhig und friedvoll mit Dir und der Welt bist.

33. Der Solarplexus wird dann funktionstüchtig und Du vom Ergebnis überrascht sein.

FRAGEN UND ANTWORTEN

21. **Welches Nervensystem ist das Organ des Verstandes?**
    Das zerebrospinale.

22. **Welches Nervensystem ist das Organ des Unterbewusstsein?**
    Das sympathische.

23. **Welcher ist der zentrale Verteilungspunkt der vom Körper generierten Energie?**
    Der Solarplexus.

24. **Wie kann diese Verteilung unterbrochen werden?**
    Durch sich widersetzende, kritische und unharmonische Gedanken, besonders aber durch Angst.

25. **Was ist das Resultat solcher Unterbrechungen?**
    Jegliches Übel, von dem die menschliche Rasse befallen ist.

26. **Wie kann diese Energie kontrolliert und gesteuert werden?**
    Durch bewußtes Denken.

27. **Wie kann Angst vollständig eliminiert werden?**
    Durch ein Verstehen und die Anerkennung der wahren Quelle aller Macht.

28. **Was bestimmt die Erfahrungen, die wir im Leben machen?**
    Unsere vorherrschende Geisteshaltung.

29. **Wie können wir den Solarplexus erwecken?**
Konzentriere Dich geistig auf die Umstände, die Du in Deinem Leben verwirklicht sehen willst.

30. **Was ist das schöpferische Prinzip des Universums?**
Das Universelle Bewusstsein.

4

DAS WAHRE „ICH"

Hiermit überreiche ich Dir Teil Vier. Er wird Dir zeigen, warum das, was Du denkst, tust oder fühlst, ein Zeichen dessen ist, was Du bist.

Gedanken sind Energie, und Energie ist Macht und Kraft. Weil alle in der Welt bekannten Religionen, Wissenschaften und Philosophien auf der Darstellung dieser Energie gründen, anstatt auf der Energie selbst, war die Welt auf die Wirkungen beschränkt, während die wahren Ursachen ignoriert oder schlichtweg mißverstanden wurden.

Aus diesem Grund haben wir Gott und den Teufel in der Religion, positiv und negativ in der Wissenschaft, und gut und böse in der Philosophie.

Der ‚Master Key' kehrt diesen Vorgang um; er ist nur an der Ursache interessiert, und die von Studenten erhaltenen Briefe erzählen eine wunderbare Geschichte. Sie zeigen zweifelsfrei auf, daß sie die Ursache finden, durch die sie Gesundheit, Harmonie und Überfluß herbeiführen, oder was sie sonst zu ihrem Wohlbefinden und ihrem Glück benötigen.

Das Leben ist ausdrucksstark, und es ist unser Anliegen, uns harmonisch und konstruktiv auszudrücken. Trauer, Missstand, Unglück, Krankheit und Armut sind keine Bedürfnisse, und wir sollten sie ständig – ohne Unterlaß – eliminieren.

Der Vorgang des Eliminierens besteht darin, sich über Beschränkungen jeglicher Art hinwegzusetzen. Derjenige, der seinen Gedanken gestärkt und gereinigt hat, muß sich nicht vor Krankheitserregern fürchten, und der, der zu einem Verständnis des

Gesetzes der Fülle gekommen ist, wird sich umgehend zur Quelle der Versorgung begeben.

Deshalb werden Schicksal, Glück und höhere Fügung genau so gelenkt wie der Kapitän sein Schiff oder der Lokführer seinen Zug lenkt.

1. Dein ‚Ich' ist nicht Dein physischer Körper; dieser ist lediglich ein Hilfsmittel, welches vom ‚Ich' zur Durchführung seiner Aufgabe genutzt wird. Das ‚Ich' kann nicht der Verstand sein, da der Verstand lediglich ein Hilfsmittel ist, welches vom ‚Ich' zum Denken, Urteilen und Planen genutzt wird.

2. Das ‚Ich' muß etwas sein, was sowohl den Körper als auch Verstand steuert; etwas, das bestimmt, was sie zu tun haben und wie sie sich verhalten sollen. Wenn Du zur Wahrnehmung der wahren Natur des ‚Ich' kommst, wirst Du in den Genuß einer Empfindung von Macht kommen, die Dir bis dato vollkommen unbekannt war.

3. Deine Persönlichkeit besteht aus unzähligen individuellen Eigenschaften, Besonderheiten, Gewohnheiten und Charakterzügen. Diese sind das Resultat vorheriger Denkweisen, aber sie haben nichts mit dem wahren ‚Ich' zu tun.

4. Wenn Du sagst : ‚Ich denke', dann sagt das ‚Ich' dem Verstand, was er denken soll. Wenn Du sagst: ‚Ich gehe', dann sagt das ‚Ich' dem physischen Körper, wohin er gehen soll. Die wahre Natur des ‚Ich' ist geistig und der Ursprung der realen Kraft, die zu Männern und Frauen gleichsam kommt, wenn sie sich ihrer wahren Natur bewußt werden.

5. Die großartigste und wundersamste Kraft, die diesem ‚Ich' gegeben wurde, ist die Kraft zu denken, aber nur wenige Menschen wissen, wie man konstruktiv oder wahrhaftig denkt. Somit erzielen sie auch nur durchschnittliche Resultate. Die meisten Menschen erlauben es ihren Gedanken, auf selbstsüchtigen Vorhaben zu weilen – das unausweichliche Ergebnis eines kindlichen Gemüts. Wenn das Bewusstsein erwachsen wird, versteht es, daß der Keim der Niederlage in jedem selbstsüchtigen Gedanken steckt.

6. Der trainierte Verstand weiß, daß jede Transaktion jeder Person zugute kommen muß, die damit in Berührung kommt, und daß sich jeglicher Versuch, von der Schwäche, Ignoranz oder dem Bedürfnis anderer zu profitieren, unweigerlich zu seinem Nachteil auswirkt.

7. Das geschieht, weil das Individuum ein Teil des Universellen ist. Ein Teil kann nicht einen anderen Teil gegen sich aufbringen; im Gegenteil: Das Wohlbefinden eines jeden Teils hängt von der Anerkennung des Gesamtinteresses ab.

8. Diejenigen, die dieses Prinzip erkennen, haben einen großen Vorteil im Leben. Sie verschleißen nicht; sie können wandernde Gedanken durch Können eliminieren; sie können sich bereitwillig in größten Ausmaß auf jedes Thema konzentrieren; sie verschwenden weder Zeit noch Geld mit Objekten, die für sie keinen möglichen Nutzen haben.

9. Wenn Du diese Dinge nicht tun kannst, dann nur deshalb, weil Du bisher nicht die notwendigen Anstrengungen unternommen hast. Jetzt ist die Zeit, diese Anstrengungen zu unternehmen. Das Ergebnis wird in einem genauen Verhältnis zu den von Dir unternommenen Anstrengungen

stehen. Eine der stärksten Bekräftigungen, die Du zum Zweck der Willensstärkung und Verwirklichung Deiner Macht und Kraft einsetzen kannst, ist: „Ich kann sein, was ich zu sein erwille." (Das Verb ‚erwille' leitet sich aus dem Original ‚will to be' ab, was bedeutet, daß etwas durch eine bewußte Willensentscheidung ins Leben gerufen wurde. Das Augenmerk liegt somit auf dem schöpferischen Prozeß, anstatt auf der bloßen Äußerung bezüglich vorhandener Wahlmöglichkeiten seitens des Individuums. Anm. d. Ü.)

10. Jedes Mal, wenn Du das wiederholst, bedenke, was dieses ‚Ich' ist. Versuche, zu einem gründlichen Verständnis der wahren Natur des ‚Ich' zu kommen. Wenn Du das schaffst, wirst Du unschlagbar sein, vorausgesetzt, Deine Ziele und Absichten sind konstruktiv und somit in Einklang mit den gestalterischen (schöpferischen) Prinzipien des Universums.

11. Wenn Du von dieser Affirmation Gebrauch machst, dann mit Nachdruck: morgens und abends und so oft während des Tages, wie Du Dich daran erinnerst. Mache damit weiter, bis sie ein Teil von Dir wird; schaffe die Gewohnheit.

12. Wenn Du es nicht tust, dann fange auch gar nicht erst damit an, denn die moderne Psychologie sagt uns, daß, wenn wir etwas anfangen, es aber nicht vollenden oder uns den Vorsatz machen und uns nicht an ihn halten, wir uns eine Gewohnheit des Versagens aneignen – vollkommenen, schändlichen Versagens. Wenn Du eine Sache nicht machen willst, fange gar nicht erst an; wenn Du anfängst, vollende sie, selbst wenn der Himmel über Dir zusammenbrechen sollte. Wenn Du Dich entschieden hast, etwas zu tun, tue es. Lasse nichts und niemanden dazwischen

kommen. Das ‚Ich‘ hat es bestimmt; die Sache ist erledigt; die Form ist gegossen; es gibt kein Argument mehr dagegen.

13. Wenn Du diese Idee mit kleinen, kontrollierbaren Dingen beginnend durchführst, die Anstrengungen dann Schritt für Schritt verstärkst, aber auf keinen Fall dem ‚Ich‘ erlaubst, überredet zu werden, wirst Du feststellen, daß Du Dich schlußendlich selbst beherrschen kannst. Viele Männer und Frauen haben zu ihrem Verdruß festgestellt, daß es einfacher ist, ein Königreich zu beherrschen, als sich selbst.

14. Wenn Du aber gelernt hast, Dich zu beherrschen, hast Du die ‚innere Welt‘ gefunden, welche die ‚äußere Welt‘ steuert. Du bist unwiderstehlich geworden; Männer und Frauen antworten auf jeden Deiner Wünsche ohne große Anstrengung Deinerseits.

15. Das ist nicht so fremd oder unmöglich, wie es erscheint, wenn Du Dich nur daran erinnerst, daß die ‚innere Welt‘ von dem ‚Ich‘ gesteuert wird, und daß dieses ‚Ich‘ ein Teil oder eins mit dem Unendlichen ‚Ich‘ ist, das die Universelle Energie oder das Bewusstsein darstellt und von uns gewöhnlich mit dem Begriff ‚Gott‘ versehen wird.

16. Das ist nicht nur ein Ausdruck oder eine Theorie zum Zweck der Bestätigung oder Etablierung einer Idee, sondern eine Tatsache, die von dem besten religiösen und wissenschaftlichen Gedankengut akzeptiert wurde.

17. Herbert Spender sagte einmal: „Neben all den Geheimnissen, die uns umgeben, ist nichts gewisser, als daß wir uns in Gegenwart einer Unendlichen und Ewigen Energie befinden, aus der alle Dinge entstehen."

18. Lyman Abbott, in einer Ansprache vor den Absolventen der Bangor Theological Seminary, sagte: „Wir sind im Begriff, Gott als im Menschen weilend anzusehen, anstatt von außen auf den Menschen einwirkend."

19. In ihrer Suche macht die Wissenschaft kleine Fortschritte, hört dann aber auf. Sie findet zwar die ewige, unendliche Energie, aber erst die Religion findet die Macht hinter dieser Energie und ortet sie im Menschen. Das ist aber keinesfalls eine neue Entdeckung. Die Bibel sagt genau das, und die Sprache ist so einfach wie überzeugend: „Weißt Du nicht, daß Du der Tempel des lebendigen Gottes bist?" Hier ist dann das Geheimnis der wundervollen schöpferischen Kräfte der ‚inneren Welt'.

20. Hier findet sich das Geheimnis der Macht und die Beherrschung derselben. Sie anzuerkennen bedeutet nicht, auf etwas zu verzichten. Selbstverleugnung führt nicht zum Ziel. Wir können nicht geben, ohne zu nehmen. Wir können nicht hilfsbereit sein, ohne daß wir stark sind. Das Unendliche ist nicht bankrott, und wir, die diese Unendliche Kraft verkörpern, sollten auch nicht bankrott sein. Wenn wir wünschen, anderen einen Dienst zu erweisen, müssen wir Kraft und noch mehr Kraft haben, aber um sie zu erhalten, müssen wir sie geben – wir müssen im Dienst stehen.

21. Je mehr wir geben, desto mehr werden wir empfangen. Wir müssen zu einem Kanal werden, durch den das Universelle Taten ausdrücken kann. Das Universelle ist ständig darauf bedacht, sich Ausdruck zu verschaffen, im Dienst zu stehen, und es sucht die Kanäle, durch die es die großartigsten Taten vollbringen kann; wo es am meisten Gutes voll-

bringen kann; wo es im größten Dienst der Menschheit stehen kann.

22. Das Universelle kann sich solange nicht durch Dich ausdrücken, wie Du mit Deinen eigenen Plänen beschäftigt bist, Deinem eigenen Ansinnen. Besänftige Deine Sinne; suche die Eingebung; richte die geistige Aktivität nach innen; verweile in dem Bewußtsein Deiner Einheit mit der Allmacht – ‚stille Wasser sind tief.' Denke über die vielfältigen Möglichkeiten nach, auf die Du durch die Allgegenwärtigkeit dieser Macht Zugriff hast.

23. Visualisiere die Ereignisse, Umstände und Zustände, die diese geistigen Verbindungen hilfreich zur Darstellung bringen können. Erkenne die Tatsache, daß die Essenz und Seele allen Lebens geistig und daß das Spirituelle das Wahre ist, denn es ist das Leben von allem, was es gibt. Wenn das (erdengebundene) Bewusstsein geht, geht damit das (irdische) Leben; das rein Physische ist tot; es hat aufgehört zu bestehen.

24. Diese geistigen Tätigkeiten drehen sich um die innere Welt, um die Welt der Ursache. Die sich daraus ergebenden Bedingungen und Umstände sind die Wirkung. Somit wirst Du zum Schöpfer. Das ist wichtige Arbeit, und je höher, weitreichender, großartiger und nobler die Ideale sind, die Du Dir vorstellen kannst, desto wichtiger wird die eigentliche Handlung.

25. Zu viel Arbeit, zu viel Spiel oder körperliche Überaktivität jeglicher Art schafft Zustände geistiger Apathie und Stillstand. Diese machen es unmöglich, die wichtige Arbeit zu verrichten, die in der Verwirklichung bewußter Macht

endet. Wir sollten deshalb oft die Stille aufsuchen. In der Ruhe liegt die Kraft. Es ist in der Stille, daß wir uns entspannen können, und wenn wir entspannt sind, können wir denken, und Denken ist das Geheimnis allen Erlangens.

26. Denken ist eine Art der Bewegung und wird durch das Gesetz der Schwingung getragen, so wie auch Licht oder Elektrizität. Es wird ihm Lebenskraft gegeben über die Emotionen, durch das Gesetz der Liebe; es nimmt Form und Gestalt an durch das Gesetz des Wachstums; es ist das Produkt des spirituellen ‚Ich', daher auch seine göttliche, geistige und schöpferische Natur.

27. Dadurch wird offensichtlich, daß zum Ausdruck von Macht, Überfluß und jedem anderen aufbauenden Zweck die Emotionen in Anspruch genommen werden müssen, um dem Gedanken Gefühl zu verleihen, damit er Form annehmen kann. Wie kann dieser Zweck erfüllt werden? Wie können wir das Vertrauen, den Mut und das Gefühl entwickeln, welches in Vollendung resultiert?

28. Die Antwort lautet: durch Übung. Geistige Kraft wird auf dieselbe Art und Weise gesichert, durch die auch körperliche Kraft gesichert wird – durch Übung. Wir denken etwas, zunächst vielleicht mit Schwierigkeiten. Wir denken dieselbe Sache erneut, und es wird dieses Mal einfacher. Wir denken wieder und wieder; so wird es zur Gewohnheit. Wir denken weiterhin dasselbe, und schließlich wird es automatisch. Wir können uns nicht anders helfen, als uns weiterhin damit zu befassen. Wir sind nun zuversichtlich über das, was wir denken. Es besteht keinerlei Zweifel mehr. Wir sind sicher – wir wissen!

29. Letzte Woche habe ich Dich gebeten, zu entspannen – körperlich loszulassen. Diese Woche bitte ich Dich, gedanklich loszulassen. Wenn Du die Übung der letzten Woche fünfzehn oder zwanzig Minuten am Tag gemäß der Anleitung durchgeführt hast, wirst Du Dich jetzt zweifelsohne körperlich entspannen können. Jeder, der dazu bewußt nicht sogleich und vollständig in der Lage ist, ist noch nicht ein Meister seiner selbst. Er hat die Freiheit noch nicht erlangt; er ist noch Sklave der Umstände. Ich nehme aber an, daß Du die Übung gemeistert hast und bereit bist, den nächsten Schritt zu unternehmen – zur gedanklichen Freiheit.

30. Diese Woche, nachdem Du die gewohnte Position eingenommen hast, entferne durch vollständiges geistiges Loslassen jegliche Anspannung; laß dann gedanklich alle widerstrebenden Umstände fallen, wie z.B. Haß, Ärger, Sorge, Eifersucht, Neid, Trauer, Schwierigkeiten oder Enttäuschung jeglicher Art.

31. Du magst sagen, daß Du diese Dinge nicht ‚fallen lassen' kannst, aber Du kannst es; Du kannst es geistig so bestimmen, durch freiwillige Absicht und durch Beharrlichkeit.

32. Der Grund, warum manche das nicht können, liegt darin, daß sie es sich erlauben, von ihren Emotionen anstatt vom Intellekt gesteuert zu werden. Doch nur diejenigen, die sich durch den Intellekt leiten lassen, werden siegreich sein. Darin wirst Du nicht gleich beim ersten Mal erfolgreich sein, aber Übung macht den Meister – hier sowie auch bei allen anderen Dingen. Du mußt erfolgreich die negativen und zerstörerischen Gedanken ablehnen, eliminieren und vollkommen zerstören, denn sie sind die Saat, die andau-

ernd sprießt und sich in unharmonischen Umständen jeglicher Art und Beschreibung darstellt.

FRAGEN UND ANTWORTEN

31. **Was ist Denken?**
Denken ist geistige Energie.

32. **Wie wird der Gedanke übertragen?**
Durch das Gesetz der Schwingung.

33. **Durch was wird ihm Lebenskraft gegeben?**
Durch das Gesetz der Liebe.

34. **Wodurch nimmt er Form an?**
Durch das Gesetz des Wachstums.

35. **Was ist das Geheimnis seiner schöpferischen Kraft?**
Es ist eine geistige Aktivität.

36. **Wie können wir das Vertrauen, den Mut und die Begeisterungsfähigkeit entwickeln, die dann in dem Erreichen resultiert?**
Durch die Anerkennung unserer geistigen Natur.

37. **Was ist das Geheimnis der Macht?**
Dienst.

38. **Warum ist das so?**
Weil wir erhalten, was wir geben.

39. **Was ist die Ruhe?**
Eine körperliche Ruhe.

40. **Was für einen Wert hat sie?**
Es ist der erste Schritt zur Selbstkontrolle, zur Selbstbeherrschung.

5

DAS BEWUSSTSEIN ALS ZENTRUM ALLEN SEINS

Hiermit überreiche ich Dir Teil Fünf. Nachdem Du diesen Teil gründlich studiert hast, wirst Du sehen, daß jede denkbare Kraft, jedes Objekt oder jede Tatsache das Ergebnis von bewegtem Bewusstsein in Bewegung ist.

Bewusstsein in Bewegung bedeutet Denken, und Denken ist schöpferisch. Die Menschen denken jetzt wie nie zuvor.

Somit ist dieses Zeitalter das schöpferische Zeitalter, und die Welt verteilt die schönsten Preise an die Denker. Materie ist kraftlos, passiv und fix. Bewusstsein ist Kraft, Energie und Macht. Bewusstsein formt und steuert die Materie. Jegliche Form, welche die Materie annimmt, ist nichts Anderes als ein Ausdruck eines vorherigen Gedankens.

Aber Denken drückt sich nicht auf geheimnisvolle Weise aus; es beachtet natürliche Gesetzmäßigkeiten; es setzt natürliche Kräfte in Bewegung; es setzt natürliche Energien frei. Es verwirklicht sich in Deinem Verhalten und Deinen Handlungen, und diese wiederum haben einen Einfluß auf Deine Freunde und Bekannte – und schlußendlich auf Deine gesamte Umgebung.

Du kannst Gedanken erschaffen, und da sie schöpferisch sind, werden sie für Dich die Dinge erschaffen, die Du Dir wünschst.

1. Mindestens 90% unseres geistigen Lebens ist unterbewußt, so daß diejenigen, die keinen Gebrauch von dieser geistigen Kraft machen, starken Einschränkungen unterliegen.

2. Das Unterbewusstsein kann und wird jedes Problem für uns lösen, wenn wir nur wissen, wie wir es steuern können. Die unterbewußten Vorgänge sind stets am Wirken. Die alleinige Frage ist die, ob wir lediglich passive Empfänger dieser Vorgänge sind oder ob wir diese Arbeit bewußt steuern sollten. Haben wir eine Vorstellung des zu erreichenden Ziels, der zu vermeidenden Gefahren, oder sollen wir einfach nur dahintreiben?

3. Wir haben herausgefunden, daß das Bewusstsein jeden Teil des physischen Körpers durchdringt und stets bereit ist, von der objektiven oder vorherrschenden Seite des Bewusstseins geleitet oder beeinflußt zu werden.

4. Das Bewusstsein, das den Körper durchdringt, ist größtenteils das Ergebnis von Vererbung, welche wiederum schlichtweg das Ergebnis der Umgebungen aller voran gegangenen Generationen ist, die auf die empfindsamen und sich immer in Bewegung befindenden Lebenskräfte eingewirkt haben. Ein Verständnis dieser Tatsache wird uns befähigen, unsere Autorität einzusetzen, sollten wir feststellen, daß sich ein unerwünschter Charakterzug verwirklicht hat.

5. Wir können bewußt all die wünschenswerten Charakterzüge einsetzen, mit denen wir ausgestattet sind. Außerdem können wir die unerwünschten unterdrücken und daran hindern, daß sie sich verwirklichen.

6. Noch einmal: Dieses Bewusstsein, das unseren physischen Körper durchdringt, ist nicht ausschließlich das Ergebnis vererbter Neigungen, sondern auch das Ergebnis der häuslichen, geschäftlichen und sozialen Umgebung, durch die

Tausende von Eindrücken, Ideen, Vorurteile und ähnliche Gedanken empfangen wurden. Vieles davon wurde von anderen empfangen, als Ergebnis von Meinungen, Vorschlägen oder Aussagen. Vieles davon ist das Ergebnis unseres eigenen Denkens, aber fast alles wurde mit nur wenig oder keinerlei Überprüfung und Abwägung übernommen.

7. Die Idee schien glaubhaft, das Bewusstsein hat sie empfangen, ans Unterbewusstsein weitergeleitet, wo sie vom Sympathischen System aufgenommen, weitergeleitet und in unseren physischen Körper eingebettet wurde – ‚das Wort ist zu Fleisch geworden.'

8. Dies ist dann die ewige Art und Weise, auf die wir uns kontinuierlich erschaffen und wieder erschaffen. Wir sind heute das Ergebnis unseres vergangenen Denkens, und wir werden zukünftig zu dem, was wir heute denken. Das Gesetz der Anziehung bringt uns nicht die Dinge, die uns gefallen sollten, die wir uns wünschen oder die ein anderer hat, sondern es bringt uns ‚unser Eigenes' – die Dinge, die wir durch unsere Gedankenvorgänge erschaffen haben, ob bewußt oder unbewußt. Unglücklicherweise erschaffen viele von uns diese Dinge unbewußt.

9. Wenn jemand von uns sich ein Haus bauen würde, wie sorgsam wären wir bezüglich der Pläne? Wie würden wir jedes einzelne Detail studieren? Wie würden wir das Material untersuchen und nur das Beste auswählen! Dennoch, wie nachlässig sind wir, wenn es darum geht, unser eigenes geistiges Haus zu bauen, welches unendlich viel wichtiger ist als das physische Haus, da all das, was in unser Leben eintritt, vom Charakter des Materials abhängt, welches wir zum Bau dieses geistigen Hauses verwenden.

10. Welche Eigenschaft hat dieses Material? Wir haben erkannt, daß es das Ergebnis der Eindrücke ist, die wir in der Vergangenheit angesammelt und in unserer unterbewußten Mentalität gespeichert haben. Wenn es Eindrücke von Angst, Sorge, Kummer oder Ängstlichkeit gewesen sind, wenn wir kleinmütig, negativ oder zweifelnd waren, dann wird die Struktur des Gewebes, welches wir heute weben, aus dem selben negativen Material sein. Anstatt wertvoll zu sein, wird es verschimmelt und vergammelt sein und uns nur noch mehr schwere Arbeit, Sorge und Ängstlichkeit einbringen. Wir werden für immer damit beschäftigt sein, es zu reparieren oder zumindest nach außen hin freundlich erscheinen zu lassen.

11. Wenn wir aber nichts als mutige Gedanken abgespeichert haben; wenn wir optimistisch und positiv waren und ohne Umschweife jegliche Art negativer Gedanken auf den Müllhaufen geworfen haben; es abgelehnt haben, damit etwas zu tun zu haben; damit in Verbindung gebracht oder auf irgendeine Art damit gleichgesetzt zu werden, was ist dann das Ergebnis? Unser geistiges Material ist nun von allerbester Qualität. Wir können nun jegliche Art von Stoff weben. Wir können jede erwünschte Farbe verwenden. Wir wissen, daß die Struktur stark ist, das Material solide, daß es nicht ausbleichen wird, und bezüglich der Zukunft haben wir weder Angst noch Furcht. Es gibt nichts abzudecken – kein Flickwerk, das versteckt werden müßte.

12. All das sind psychologische Tatsachen; es gibt keine Theorie oder Vermutung über diese Denkvorgänge. Sie sind nicht geheim. In der Tat sind sie so einfach, daß jeder sie verstehen kann. Was es aber zu erledigen gilt, ist ein geistiger Hausputz und dieses Haus jeden Tag zu reinigen und somit

sauber zu halten. Geistige, moralische und körperliche Reinheit sind unabdingbar, wenn wir auch nur irgendeine Art von Fortschritt erzielen wollen.

13. Wenn dieser geistige Hausputz vollbracht ist, wird das übrig gebliebene Material dazu geeignet sein, die von uns gewünschten Ideale oder geistigen Bilder auch Wirklichkeit werden zu lassen.

14. Ein großartiges Anwesen wartet auf einen neuen Eigentümer. Seine weiten Felder, mit Ernte im Überfluß, rauschenden Bächen und gutem Holz, breiten sich aus, so weit das Auge reicht. Es ist ein Gutshaus, freundlich und geräumig, mit seltenen Malereien, einer gut ausgestatteten Bibliothek, schönen Vorhängen und allem erdenklichen Komfort und Luxus. Alles, was der Besitzer zu tun hat, ist Anspruch auf sein Erbe zu erheben, Besitz zu ergreifen und das Gut zu benutzen. Er muß es gebrauchen; er darf es nicht verfallen lassen, denn Gebrauch ist die Bedingung, unter der er es besitzt – es zu vernachlässigen bedeutet, den Besitz zu verlieren.

15. Im Bereich von Geist und Spirit, im Bereich praktischer Macht, gehört Dir dieses Anwesen. Du bist der Erbe! Du kannst Deinen Anspruch geltend machen und dieses Reich besitzen und gebrauchen. Macht über die Umstände ist eine der Früchte. Gesundheit, Harmonie und Wohlstand sind Aktivposten auf der Bilanz. Sie bieten Dir Ruhe und Frieden. Die Kosten belaufen sich lediglich auf die Arbeit des Studiums und das Ernten seiner großartigen Rohstoffe. Es verlangt Dir keinerlei Opfer ab, außer dem Verlust Deiner Beschränkungen, Deiner Unterwürfigkeit und

Deiner Schwäche. Es kleidet Dich in Ehre und legt Dir ein Zepter in die Hand.

16. Um dieses Anwesen zu erwerben, sind drei Vorgänge unabdingbar: Du mußt es aufrichtig wünschen. Du mußt Deinen Anspruch geltend machen. Du mußt davon Besitz ergreifen.

17. Du mußt zugeben, daß das wahrlich keine schweren Bedingungen sind.

18. Du bist vertraut mit dem Thema der Vererbung. Darwin, Huxley, Haeckel sowie andere Wissenschaftler haben Berge von Beweisen erbracht, daß Vererbung auf einen Schritt für Schritt ablaufenden Prozeß zurückzuführen ist, der an unveränderliche Gesetzmäßigkeiten gebunden ist. Es ist dieser kontinuierlich voranschreitende Ablauf, der dem Menschen seine aufrechte Haltung gibt, seine Bewegungskraft, die Verdauungsorgane, die Blutzirkulation, Nervenkraft, Muskelkraft, Knochenstruktur und eine Vielzahl anderer Fähigkeiten auf der körperlichen Seite. Darüber hinaus gibt es aber noch viel beeindruckendere Tatsachen bezüglich der Vererbung von Geisteskraft. Sie alle machen das aus, was man ‚deine menschliche Vererbung' nennen kann.

19. Es gibt aber eine Vererbung, die von den Wissenschaftlern noch nicht eingeordnet wurde. Sie liegt unterhalb und vor all ihrer Forschung. An einem Punkt, wo sie in ihrer Verzweiflung die Hände über dem Kopf zusammenschlagen und sagen, daß sie nicht erklären können, was sie da sehen, genau da ist diese göttliche Vererbung in vollem Schwung anzutreffen.

20. Es ist eine wohlgesonnene Kraft, die diese Urschöpfung verordnet. Sie steigt herab aus dem Göttlichen, direkt in jedes erschaffene Wesen. Sie erschafft Leben, etwas, was der Wissenschaftler nicht geschafft hat und auch nie schaffen wird. Sie steht zuoberst, unnahbar, über allen anderen Kräften. Keine menschliche Vererbung kann sich ihr nähern. Keine menschliche Vererbung kann sich damit messen.

21. Das unendliche Leben fließt durch Dich; Du bist es. Die Eingänge, die es nutzt, sind nichts Anderes als die Fähigkeiten, die Dein Bewusstsein ausmachen. Diesen Eingang offen zu halten, ist das Geheimnis der Macht. Ist es nicht der Mühe wert, diese Anstrengung zu unternehmen?

22. Die großartige Tatsache ist die, daß die Quelle allen Lebens und aller Macht aus dem Inneren kommt. Personen, Umstände und Ereignisse mögen uns Bedürfnisse und Möglichkeiten vorschlagen, aber die Erkenntnis, Stärke und Kraft, um diese Bedürfnisse zu befriedigen, wird im Inneren gefunden.

23. Vermeide Nachahmungen. Erschaffe eine unüberwindliche Grundlage für Deinen Verstand, aufbauend auf den Kräften, die direkt aus der Unendlichen Quelle fließen, dem Universellen Bewusstsein, dessen Abbild und Ähnlichkeit Du bist.

24. Diejenigen, die in den Besitz ihres Erbes (im Sinne Deines göttlichen Ursprungs und der damit einhergehenden Fähigkeiten, Anm. d. Ü.) kommen, sind nie wieder dieselben. Sie sind in Besitz einer Empfindung von Macht gekommen, die sie nie erträumt hätten. Sie können nie wieder schüchtern, schwach, wechselhaft oder ängstlich sein. Sie sind untrennbar mit der Allmacht verbunden. Etwas in ihnen hat sie

erregt; sie haben plötzlich erkannt, daß sie eine ungeheure, verborgene Fähigkeit haben, derer sie sich bislang vollkommen unbewußt waren.

25. Diese Kraft kommt von innen, aber wir können sie nicht empfangen, es sei denn, wir geben sie. Gebrauch ist die Bedingung, die diesem Erbe unterliegt. Jeder einzelne von uns ist der Kanal, durch den die allmächtige Kraft auf unterschiedliche Weise in Form ausgedrückt wird. Solange wir nicht geben, bleibt dieser Kanal verschlossen, und solange können wir auch nicht empfangen. Das ist wahr auf jeglicher Ebene der Existenz, in jedem Bestreben und in allen Bereichen des Lebens. Je mehr wir geben, desto mehr erhalten wir. Der Athlet, der sich wünscht, stark zu werden, muß Gebrauch von seiner Stärke machen, und je mehr er gibt, um so mehr wird er erhalten. Der Finanzier, der sich wünscht, mehr Geld zu machen, muß erst Gebrauch von dem Geld machen, das er hat, denn nur durch den Gebrauch kann er mehr erhalten.

26. Der Händler, der nicht dafür sorgt, daß seine Ware verkauft wird, wird bald keine Ware mehr bestellen können. Die Firma, die versagt, effizienten Dienst zu leisten, wird bald keine Kunden mehr haben. Der Anwalt, der versagt, Resultate zu erbringen, wird bald keine Klienten mehr haben, und so ist es überall. Macht ist abhängig von der richtigen Anwendung der sich bereits in unserem Besitz befindlichen Macht. Was in jedem Bestreben wahr ist, in jeder Lebenserfahrung, ist auch wahr für die Macht, von der jede andere, uns Menschen bekannte Macht abstammt – geistige Macht. Nimm das Bewusstsein weg, und was bleibt übrig? Nichts.

27. Weil es nur Bewusstsein gibt, hängt vom Erkennen dieser Tatsache Deine Fähigkeit ab, Macht und Kraft darzustellen – ganz gleich ob körperlich, mental oder geistig.

28. Aller Besitz ist das Ergebnis einer sich anhäufenden Geisteshaltung, oder eines Wohlstandsbewusstseins. Das ist der Zauberstab, der Dich befähigt, die Idee zu empfangen. Es (das Wohlstandsbewusstsein, Anm. d. Ü.) wird Pläne ausarbeiten, die Du auszuführen hast, und Du wirst genauso viel Freude in der Ausführung finden, wie auch im Erlangen und Erreichen.

29. Gehe jetzt in Dein Zimmer, nimm denselben Platz ein, dieselbe Position, und wähle im Bewusstsein einen Ort aus, an den Du angenehme Erinnerungen hast. Zeichne Dir im Bewusstsein ein vollständiges Bild davon; sieh die Gebäude, die Landschaft, die Bäume, Freunde, Beziehungen – alles zusammen. Zunächst wirst Du an alles Mögliche unter der Sonne denken, außer dem Ideal, auf daß Du Dich zu konzentrieren wünschst. Laß Dich dadurch aber nicht entmutigen. Beharrlichkeit wird gewinnen, aber Beharrlichkeit erwartet von Dir, daß Du diese Übung jeden Tag ohne Fehl und Tadel ausübst.

6

DURCH AUFMERKSAMKEIT ZUM ERFOLG

Es ist mir eine Ehre, Dir hiermit Teil Sechs zu überreichen. Dieser Teil wird Dir ein ausgezeichnetes Verständnis des wundervollsten Mechanismus geben, der jemals erschaffen wurde. Ein Mechanismus, durch den Du – für Dich selbst – Gesundheit, Stärke, Erfolg, Wohlstand oder jeden anderen gewünschten Umstand erschaffen kannst. Bedürfnisse sind Nachfragen; Nachfragen erschaffen Handlungen; Handlungen führen zu Ergebnissen. Der Vorgang der Evolution baut kontinuierlich unser Morgen aus unserem Heute. Individuelle Entwicklung, genauso wie universelle Entwicklung, muß stufenweise ablaufen, mit einer sich immer erhöhenden Kapazität und einem immer größeren Volumen.

Das Wissen, daß wir uns die moralischen Dornen zuziehen und uns an jeder Kreuzung verfangen, wenn wir die Rechte anderer verletzen, sollte uns als Hinweis dienen, daß Erfolg vom höchstmöglichen moralischen Ideal abhängig ist, und das wiederum bedeutet: „Das höchste Wohl für die größtmögliche Menge."

Bestreben, Wünsche und harmonische Beziehungen, die beständig gepflegt werden, führen zu Ergebnissen. Das größte Hindernis dabei sind fehlerhafte und fixe Ideen.

Um mit der ewigen Wahrheit im Einklang zu sein, müssen wir in uns Gelassenheit und innere Harmonie besitzen. Um Intelligenz zu erhalten, muß der Empfänger auf derselben Frequenz sein wie der Sender.

Der Gedanke ist ein Produkt des Bewusstseins, und Bewusstsein ist schöpferisch. Das bedeutet nicht, daß sich das Universelle mit seiner Vorgehensweise uns oder unseren Ideen anpaßt. Es bedeutet hingegen, daß wir in eine harmonische Beziehung mit dem Universellen treten können, und wenn wir das erreicht haben, können wir nach allem fragen, worauf wir ein Anrecht haben – und der Weg wird uns geebnet werden.

1. Das Universelle Bewusstsein ist so wunderbar, daß seine nützlichen Kräfte, Möglichkeiten und seine unendlichen, schöpferischen Wirkungen nur schwer begreiflich sind.

2. Wir haben herausgefunden, daß dieses Bewusstsein nicht nur alle Intelligenz, sondern auch alle Substanz ist. Wie kann es sich dann in Form aufteilen? Wie können wir uns das Ergebnis sichern, das wir uns wünschen?

3. Frage einen Elektriker, was die Wirkung der Elektrizität ist, und er wird antworten, daß „Elektrizität eine Form von Bewegung ist, und die Wirkung ist von dem Mechanismus abhängig, an den sie angeschlossen ist." Von diesem Mechanismus hängt es ab, ob wir Wärme, Licht, Elektrizität, Musik oder jegliche andere, wunderbare Darstellung von Stärke haben, die dieser lebendigen Kraft abgewonnen wurde.

4. Welche Wirkung kann durch Denken erzielt werden? Die Antwort lautet, daß Denken Bewusstsein in Bewegung ist (wie Wind bewegte Luft ist) und seine Wirkung vollkommen von dem „Mechanismus abhängig ist, an den es angeschlossen wird".

5. Hier ist also das Geheimnis aller geistigen Macht: sie hängt von dem Mechanismus ab, an den wir sie anschließen.

6. Was ist das für ein Mechanismus? Du weißt etwas über den Mechanismus, der von Edison, Bell, Marconi oder anderen Genies der Elektrotechnik erfunden wurde, durch den Ort, Raum und Zeit zur bloßen Redewendung wurden, aber hast Du jemals innegehalten, um zu überlegen, daß der Mechanismus, der Dir zur Umwandlung der universellen, allgegenwärtigen, potentiellen Kraft überreicht wurde, von einem noch viel größeren Erfinder als Edison erschaffen wurde?

7. Wir haben uns daran gewöhnt, die Mechanismen der Werkzeuge zu untersuchen, mit denen wir die Felder bearbeiten. Wir versuchen ebenso, ein Verständnis für die Mechanismen des Automobils zu entwickeln, das wir fahren. Die meisten von uns sind jedoch damit zufrieden, in völliger Ignoranz gegenüber dem größten Mechanismus überhaupt zu verweilen – dem des menschlichen Gehirns.

8. Laß uns die Wunder dieses Mechanismus näher untersuchen. Vielleicht erhalten wir dadurch ein besseres Verständnis der vielen Wirkungen, deren Ursache er zugrunde liegt.

9. Zunächst gibt es die großartige geistige Welt, in der wir leben, uns bewegen und unser Wesen haben. Diese Welt ist allmächtig, allwissend und allgegenwärtig. Sie antwortet auf unsere Wünsche im direkten Verhältnis zu unserer Absicht und unserem Vertrauen. Die Absicht muß in Übereinstimmung mit dem Gesetz unseres Wesens sein. Das bedeutet, daß sie schöpferisch oder konstruktiv sein muß. Unser Glaube muß stark genug sein, um einen Fluß ausreichender Stärke zu erschaffen, damit unsere Absicht zur Darstellung gebracht werden kann. „Wie Du glaubst, so wird Dir geschehen“, trägt den Stempel wissenschaftlicher Untersuchungen.

10. Die Wirkungen, die in der äußeren Welt erschaffen werden, sind das Ergebnis und die Reaktion des Einwirkens des Individuellen auf das Universelle. Das ist der Vorgang, den wir Denken nennen. Das Gehirn ist das Organ, durch den dieser Vorgang vollbracht wird. Erschaffe Dir ein gutes Bild von diesem Wunder! Liebst Du Musik, Blumen, Literatur, oder fühlst Du Dich inspiriert durch die Gedanken alter oder moderner Genies? Bedenke, daß jede Schönheit, auf die Du reagierst, eines entsprechenden Bezugspunktes in Deinem Gehirn bedarf, bevor Du sie überhaupt schätzen kannst.

11. Es gibt im Speicherhaus der Natur keine einzige Fähigkeit und kein einziges Prinzip, das vom Gehirn nicht ausgedrückt werden kann. Das Gehirn ist eine embryonale Welt und somit bereit, sich zu entwickeln, solange ein Bedarf dafür besteht. Wenn Du verstehen kannst, daß es sich hierbei um eine wissenschaftliche Wahrheit handelt und um eines der wundervollsten Gesetze der Natur, wird es Dir leichter fallen, ein Verständnis des Mechanismus zu entwickeln, durch den diese außerordentlichen Ergebnisse erzielt werden können.

12. Das Nervensystem wurde mit einem elektrischen Schaltkreis verglichen, mit einer Batterie von Zellen, in denen die Kraft entsteht, und weißer Masse mit isolierten Drähten, durch die der Strom fließt. Es geschieht durch diese Kanäle, daß jeder Impuls oder jeder Wunsch durch den Mechanismus getragen wird.

13. Das Rückenmark ist der große Motor und Sinneskanal, durch den die Nachrichten vom und zum Gehirn transportiert werden. Dann haben wir noch das Blut, das durch Venen und Arterien fließt und unsere Energie und Stärke

erneuert – diese perfekt angeordnete Struktur, auf der der gesamte physische Körper beruht. Schlußendlich ist da noch die empfindliche und wunderschöne Haut, die den ganzen Mechanismus in einen Mantel von Schönheit hüllt.

14. Das ist dann der „Tempel des lebendigen Gottes". Dem individuellen ‚Ich' wurde die Steuerung übergeben, und von dem Verständnis dieses unter unserer Kontrolle befindlichen Mechanismus hängt schlußendlich das Ergebnis ab.

15. Jeder Gedanke setzt Gehirnzellen in Bewegung. Zunächst wird die Substanz, auf die der Gedanke ausgerichtet ist, nicht reagieren, aber wenn der Gedanke ausreichend verfeinert und konzentriert ist, gibt die Substanz schließlich nach und führt zu einem perfekten Ausdruck.

16. Diese Beeinflussung des Bewusstseins kann auf jeden Teil des Körpers ausgerichtet werden und die Zerstörung jeglicher unerwünschter Wirkung herbeiführen.

17. Eine perfekte Auffassung und ein perfektes Verständnis der die geistige Welt regelnden Gesetze ist in der Geschäftswelt von unschätzbarem Wert, da es die Kräfte des Urteilsvermögens entwickelt sowie ein klareres Verständnis und die Wertschätzung von Tatsachen hervorruft.

18. Der Mensch, der nach innen anstatt nach außen schaut, kann nicht darin fehlschlagen, Gebrauch von diesen mächtigen Kräften zu machen, die schlußendlich den Kurs seines Lebens bestimmen und ihn so in Resonanz mit all dem bringen, was das Beste, Stärkste und Wünschenswerteste ist.

19. Aufmerksamkeit oder Konzentration sind wahrscheinlich die wichtigsten Elemente in der Entwicklung einer Bewusstseinskultur. Die Möglichkeiten der Aufmerksamkeit, wenn sie richtig geleitet werden, sind so erstaunlich, daß sie dem Anfänger als kaum glaubhaft erscheinen. Die Kultivierung der Aufmerksamkeit ist die entscheidende Eigenschaft erfolgreicher Männer und Frauen; es ist die höchste persönliche Errungenschaft, die erworben werden kann.

20. Die Macht der Aufmerksamkeit kann besser verstanden werden, wenn man sie mit einer Lupe vergleicht, durch die Sonnenstrahlen gebündelt werden. Solange die Lupe verschoben wird und die Strahlen wahllos umherspringen, besitzen diese keine besondere Stärke. Hält man die Lupe aber vollkommen still und richtet die Strahlen für eine Zeitlang auf eine bestimmte Stelle, wird die Wirkung sofort ersichtlich.

21. So ist es auch mit der Kraft der Gedanken. Erlaube Deiner Kraft, sich durch unkonzentrierte Gedanken zu zerstreuen, und kein Ergebnis wird sich einstellen. Bündele diese Kraft aber durch Aufmerksamkeit und Konzentration für längere Zeit auf ein einziges Ziel, und nichts wird unmöglich.

22. Eine sehr einfache Abhilfe für eine komplexe Situation, würden manche sagen. In Ordnung! Versuche es, Du, der keinerlei Erfahrung im Konzentrieren der Gedanken auf ein bestimmtes Ziel oder auf ein bestimmtes Objekt hat. Wähle ein einzelnes Objekt aus und lenke Deine Aufmerksamkeit für nur 10 Minuten darauf. Du kannst es nicht. Das Bewusstsein wird ein dutzend Mal abwandern, und es wird notwendig sein, es zum ursprünglichen Ziel zurückzubringen. Jedes Mal wird die Wirkung verpufft sein. Am Ende der

10 Minuten wirst Du nichts erreicht haben, denn Du warst nicht in der Lage, Deinen Gedanken stetig auf dieses eine Ziel auszurichten.

23. Durch Aufmerksamkeit wirst Du schlußendlich aber in der Lage sein, jedes Hindernis zu überwinden, das sich Dir in den Weg stellt. Der einzige Weg, diese wundervolle Kraft zu erhalten, ist Übung. Übung macht perfekt – hier, wie auch bei allem anderen.

24. Um die Kraft der Aufmerksamkeit zu kultivieren, lege in denselben Raum ein Foto Deiner Person vor Dich; setze Dich auf Deinen Stuhl und in dieselbe Position wie zuvor. Untersuche es für mindestens 10 Minuten sehr genau. Bemerke den Ausdruck der Augen, die Form der Gesichtszüge, die Kleidung, die Art und Weise, wie das Haar angelegt ist. In der Tat, bemerke achtsam jedes einzelne Detail, das Du auf dem Foto entdeckst. Nun decke es zu, schließe Deine Augen und versuche, es mental zu sehen. Wenn Du jedes Detail perfekt erkennen kannst und ein gutes geistiges Bild des Fotos machen kannst, ist Dir zu gratulieren. Wenn nicht, wiederhole den Vorgang, bis Du es kannst.

25. Dieser Schritt war lediglich dem Zwecke dienlich, den Boden vorzubereiten. Nächste Woche werden wir bereit sein, die Saat zu säen.

26. Es ist durch diese Übungen, daß Du schließlich in der Lage sein wirst, Deine geistigen Launen, Deine Einstellung und Dein Bewusstsein zu steuern.

27. Große Finanziers lernen, sich mehr und mehr von der Masse abzuschotten, damit sie mehr Zeit zum Planen,

Denken und dem Erschaffen der richtigen geistigen Einstellung haben.

28. Erfolgreiche Geschäftsleute zeigen immer wieder die Tatsache auf, daß es sich lohnt, mit den Gedanken anderer erfolgreicher Geschäftsleute in Kontakt zu bleiben.

29. Eine einzige Idee mag Millionen von Dollar wert sein, aber diese Ideen können nur zu denjenigen kommen, die dafür offen sind; die bereit sind, sie zu empfangen; die eine erfolgreiche Geisteshaltung erlangt haben.

30. Die Menschen lernen, sich in Einklang mit dem Universellen Bewusstsein einzufinden; sie lernen die Einheit aller Dinge; sie lernen die einfachen Methoden und Prinzipien des Denkens, und das verändert die Umstände und vervielfältigt die Ergebnisse.

31. Sie stellen fest, daß Umstände und Umgebungen den Neigungen mentalen und spirituellen Fortschritts folgen. Sie stellen fest, daß auf Wachstum Wissen folgt. Taten folgen der Eingebung. Möglichkeiten folgen der Wahrnehmung – immer zuerst das Geistige, dann die Umwandlung in die unendlichen und grenzenlosen Möglichkeiten des Erreichens.

32. Da das Individuum lediglich ein Kanal für die Unterscheidung des Universellen ist, sind die Möglichkeiten notwendigerweise unerschöpflich.

33. Denken ist der Vorgang, durch den wir den Geist der Macht aufnehmen können und das Ergebnis in unserem inneren Bewusstsein halten, bis es Teil unseres gewöhnlichen

Bewusstseins wird. Die Methode zum Erzielen dieses Ergebnisses durch das beharrliche Anwenden einiger fundamentaler Prinzipien, wie in diesem System erklärt, das ist der Master Key, der uns Zugang zum Lagerhaus der Universellen Wahrheit verschafft.

34. Die beiden größten Quellen menschlichen Leids sind gegenwärtig körperliche Krankheit und geistige Ängstlichkeit. Sie können auf das Verletzen gewisser natürlicher Gesetze zurückgeführt werden. Das beruht zweifelsohne auf der Tatsache, daß sich das Wissen bis jetzt in den Händen einiger weniger befand, aber die Wolken der Dunkelheit, die sich über die Jahrhunderte angesammelt haben, lösen sich nun auf und mit ihnen vieles von dem Elend, welches unvollständigem Wissen anhaftete.

FRAGEN UND ANTWORTEN

51. **Nenne einige der Effekte, die durch Elektrizität produziert werden können?**
Hitze, Licht, Elektrizität, Musik.

52. **Wovon hängen diese Effekte ab?**
Von dem Mechanismus, an den sie angeschlossen sind.

53. **Was ist das Ergebnis der Aktion und Interaktion des Individuellen Bewusstseins auf das Universelle Bewusstsein?**
Die Umstände und Erfahrungen, auf die wir treffen.

54. **Wie können diese Umstände geändert werden?**
Indem man den Mechanismus ändert, durch den sich das Universelle in Form ausdrückt.

55. **Wie nennt sich dieser Mechanismus?**
Das Gehirn.

56. **Wie kann dieses neu organisiert werden?**
Durch den Vorgang, den wir Denken nennen. Gedanken erschaffen Gehirnzellen, und diese Zellen antworten auf die entsprechenden Gedanken im Universellen.

57. **Welchen Wert hat die Kraft der Konzentration?**
Sie ist die höchste persönliche Leistung, die erreicht werden kann, und sie ist das herausragende Merkmal erfolgreicher Männer oder Frauen.

58. **Wie kann man es erlangen?**
Indem man die Übungen dieses Systems vertrauensvoll durchführt.

59. **Warum ist das so wichtig?**
Weil es uns befähigt, unsere Gedanken zu steuern, und da Gedanken Ursachen sind, müssen Umstände die Wirkungen sein. Wenn wir die Ursache steuern können, können wir auch die Wirkung steuern.

60. **Was verändert die Umstände und vervielfältigt die Ergebnisse in der objektiven Welt?**
Der Mensch lernt die grundlegenden Methoden des schöpferischen Denkens.

7

DIE MACHT DER VORSTELLUNGSKRAFT

Durch alle Zeitalter hindurch hat der Mensch an eine unsichtbare Macht geglaubt, durch die alle Dinge erschaffen wurden und kontinuierlich wiedererschaffen werden.

Wir können dieser Macht ein menschliches Antlitz geben und sie ‚Gott' nennen oder sie als alles-durchdringende Essenz oder Geist ansehen, aber die Wirkung ist in jedem Fall dieselbe.

Was das Individuum anbelangt, stellen das Objektive, das Körperliche und das Sichtbare das Persönliche dar, welches über die Sinne wahrgenommen werden kann. Es besteht aus Körper, Gehirn und Nerven. Das Subjektive ist das Geistige, das Unsichtbare, das Unpersönliche.

Das Persönliche ist bewußt, weil es eine persönliche Einheit ist. Das Unpersönliche, gleich in Art und Qualität wie jedes andere Lebewesen, ist sich selbst nicht bewußt und wird somit das Unterbewußte genannt.

Das Persönliche, oder Bewußte, hat die Kraft des Willens und der Wahl und kann somit aus den verfügbaren Methoden auswählen, um dadurch zu einer Lösung von Problemen zu kommen.

Das Unpersönliche, oder das Geistige, welches ein Teil oder Eins mit der Quelle und dem Ursprung aller Macht ist, kann solch eine Wahl zwar nicht treffen, aber dem entgegengesetzt stehen ihm unendliche Ressourcen zur Verfügung. Es führt Ergebnisse durch Methoden herbei, von denen das menschliche oder individuelle Bewusstsein keinerlei Vorstellung hat.

Du wirst also sehen, daß es Dein Privileg ist, vom menschlichen Willen mit all seinen Beschränkungen und Mißverständnissen abhängig zu sein, oder Du kannst die Möglichkeiten des Unendlichen nutzen, indem Du Gebrauch Deines Unterbewusstseins machst. Hier also ist die wissenschaftliche Erklärung der wundervollen Kraft, die gänzlich Deiner Kontrolle untersteht, wenn Du sie denn verstehst, wertschätzt und anerkennst.

Eine Methode, diese allmächtige Kraft zu nutzen, ist in Teil 7 umrissen.

1. Visualisierung ist der Vorgang, sich geistige Bilder zu schaffen. Das Bild ist die Gußform oder das Modell, das als Muster dient und aus dem Deine Zukunft entstehen wird.

2. Mache dieses Muster klar und schön; habe keine Angst; mache es großartig; erinnere Dich daran, daß niemand außer Du selbst Dir Beschränkungen auferlegen kann. Du bist hinsichtlich Kosten oder Material keineswegs eingeschränkt. Benutze das Unendliche zur Beschaffung; erschaffe es mittels Deiner Vorstellungskraft. Dort muß es zuerst auftauchen, bevor es irgendwo anders jemals in Erscheinung treten kann.

3. Mache dieses Bild klar und gestochen scharf. Halte es fest im Bewusstsein, und Du wirst sehen, wie es die Sache Schritt für Schritt an Dich heranbringt. Du kannst sein, was Du sein willst (oder ‚ins Sein erwillst', Anm. d. Ü.).

4. Dies ist eine weitere, wohlbekannte psychologische Tatsache, aber unglücklicherweise wird Lesen allein diese Idee, die Du im Bewusstsein trägst, nicht verwirklichen. Es wird Dir noch nicht einmal helfen, dieses geistige Bild zu formen

– noch weniger, es zur Darstellung zu bringen. Arbeit ist notwendig – harte, geistige Arbeit – die Art von Aufwand, die nur so wenige bereit sind zu leisten.

5. Der erste Schritt ist die Idealisierung. Es ist gleichsam der wichtigste Schritt, weil es der Plan ist, nach dem Du baust. Er muß solide sein; er muß dauerhaft sein. Der Architekt, wenn er ein 30-stöckiges Hochhaus plant, hat jede Linie und jedes Detail im voraus verbildlicht. Der Ingenieur, wenn er ein Tal überspannt, vergewissert sich zuerst der Belastbarkeit Millionen einzelner Teile.

6. Sie sehen die Vollendung, bevor nur ein einziger Schritt getan wurde. Somit mußt Du Dir im Bewusstsein vorstellen, welches Ziel Du erreichen willst. Du säst die Saat, doch bevor Du sie säst, willst Du wissen, wie die Ernte aussieht. Das nennt sich Idealisierung. Wenn Du Dir nicht sicher bist, kehre täglich zu Deinem Stuhl zurück, bis das Bild klar und deutlich wird. Es wird sich Schritt für Schritt entfalten. Zunächst wird der grobe Plan unklar sein, dann aber Form annehmen. Der Umriß wird klarer, dann die Details, und allmählich wirst Du eine Kraft entwickeln, die Dich befähigt, Pläne zu erstellen, die sich letztendlich in der objektiven Welt darstellen. Du wirst herausfinden, was die Zukunft für Dich bereithält.

7. Danach kommt der Vorgang der Visualisierung. Du mußt das Bild immer vollständiger sehen, das Detail erkennen, und während sich die Details zu entfalten beginnen, entwickeln sich die Wege und Möglichkeiten, sie zur Darstellung zu bringen. Eine Sache führt zur nächsten. Denken wird zu Handlungen führen. Handlungen werden Methoden entwickeln. Methoden werden Freundschaften entwickeln.

Freunde werden die Umstände herbeiführen, und schlußendlich wird der dritte Schritt, die Manifestation, erreicht.

8. Uns allen ist bewußt, daß das Universum zunächst in Form erdacht werden mußte, bevor es zu einer physischen Tatsache werden konnte. Und wenn wir dem Großartigen Architekten des Universums zu folgen bereit sind, werden wir sehen, daß unsere Gedanken Form annehmen, genauso wie das Universum konkrete Form annahm. Es gibt keinerlei Unterschied in Art oder Qualität; der einzige Unterschied ist gradueller Natur.

9. Der Architekt visualisiert sein Gebäude; er sieht es so, wie er es sich wünscht. Seine Gedanken werden zu der plastischen Form, aus der das Gebäude anschließend entsteht. Ein hohes oder ein niedriges; ein schönes oder ein gewöhnliches; seine Vision findet sich zuerst auf Papier wieder; schließlich wird das notwendige Material eingesetzt, und das Gebäude steht fertig da.

10. Der Erfinder visualisiert seine Idee auf die gleiche Art und Weise wie zum Beispiel Nikola Tesla, ein Mann mit gigantischem Intellekt und einer der größten Erfinder aller Zeiten. Dieser Mann, der die erstaunlichsten Realitäten erschaffen hat, stellte sich seine Erfindungen immer zuerst vor, bevor er versuchte, sie zu verwirklichen. Er hat sich nicht beeilt, ihnen Form zu geben, um dann die Zeit damit zu verbringen, Fehler zu korrigieren. Nachdem er zuerst die Idee in seiner Vorstellung erschaffen hatte, hielt er sie dort als geistiges Bild, um dieses durch seine Gedanken immer wieder zu erstellen und zu verbessern. „Auf diese Art und Weise", schreibt er in The Electrical Experimenter, „bin ich in der Lage, ein Konzept schnell zu entwickeln und zu vervoll-

kommnen, ohne überhaupt etwas anzufassen. Wenn ich soweit bin, daß meine Erfindung jede mögliche, mir erdenkliche Verbesserung beinhaltet, wenn ich nirgendwo mehr Fehler finden kann, erstelle ich das Produkt meines Gehirns. Meine Geräte arbeiten ohne Fehl und Tadel, und zwar immer so, wie ich sie mir vorgestellt habe. In 20 Jahren hat es nicht eine einzige Ausnahme gegeben."

11. Wenn Du diesen Anleitungen gewissenhaft folgen kannst, wirst Du Vertrauen entwickeln, jene Art von Vertrauen, welche „die Substanz der erwünschten Dinge ist, deren Beweis unsichtbar ist". Du wirst Zuversicht entwickeln, jene Art von Zuversicht, die zu Ausdauer und Mut führt. Du wirst die Kraft der Konzentration entwickeln, die Dich in die Lage versetzt, alle Gedanken auszuschließen, mit Ausnahme derer, die Deinem Ziel förderlich sind.

12. Es ist Gesetz, daß sich Gedanken in Form darstellen, und nur derjenige, der weiß, wie er ein göttlicher Denker seiner eigenen Gedanken sein kann, kann jemals den Platz des Meisters einnehmen und mit Autorität sprechen.

13. Klarheit und Genauigkeit werden nur dadurch erlangt, daß man das Bild wiederholt im Bewusstsein hält. Jede Wiederholung zeichnet das Bild klarer und deutlicher als zuvor, und im Verhältnis zu der Klarheit und Genauigkeit des Bildes wird auch die äußere Darstellung sein. Du mußt es fest und sicher in Deiner geistigen – Deiner inneren – Welt aufbauen, bevor es in der äußeren Welt Gestalt annehmen kann. Du kannst nichts von Wert erschaffen, selbst in der mentalen Welt, bis Du dafür das richtige Material erworben hast. Wenn Du ein solches Material hast, kannst Du alles bauen, was Du Dir wünschst. Sei Dir jedoch Deines Mate-

rials gewiß – Du wirst aus Sackleinen keine Seide machen können.

14. Dieses Material wird von Millionen stiller, geistiger Arbeiter hervorgebracht und in die Form des Bildes gegossen, das Du im Bewusstsein hältst.

15. Überlege mal: Du hast über 5 Millionen dieser geistigen Arbeiter bereit und im aktiven Dienst – sie werden Gehirnzellen genannt. Darüber hinaus hast Du noch eine Reserve von mindestens der gleichen Anzahl, bereit in Aktion zu treten, sobald nur der geringste Bedarf dafür besteht. Die Kraft, zu denken, ist dann nahezu unbeschränkt, was wiederum bedeutet, daß Deine Macht, die Art von Material, die benötigt wird, um die gewünschte Umgebung zu erschaffen, praktisch unbegrenzt ist.

16. Über diese Millionen von geistigen Arbeitern hinaus hast Du Milliarden geistiger Arbeiter in Deinem Körper, jeder mit ausreichend Intelligenz versehen, um jegliche Nachricht oder jeglichen Vorschlag zu verstehen und darauf in Aktion zu treten. Diese Zellen sind damit beschäftigt, den Körper zu erneuern und wiederherzustellen. Darüber hinaus sind sie auch noch mit einer psychischen Aktivität ausgestattet, durch die sie jede, zur perfekten Entwicklung benötigte Substanz zu sich heranziehen können.

17. Sie tun das mithilfe des gleichen Gesetzes und auf dieselbe Art und Weise, die jede Lebensform benutzt, um das benötigte Wachstumsmaterial anzuziehen. Die Eiche, die Rose, die Lilie, sie alle benötigen ein gewisses Material für ihren perfekten Ausdruck, und sie sichern es sich durch stille Nachfrage, durch das Gesetz der Anziehung. Es ist auch der

sicherste Weg für Dich, Dir das zu sichern, was Du zu Deiner vollständigen Entwicklung benötigst.

18. Schaffe Dir das Bild im Bewusstsein; mache es klar, verständlich, perfekt; halte daran fest; die Wege und Mittel werden sich auftun; das Angebot wird der Nachfrage folgen; Du wirst geführt werden, das Richtige zur richtigen Zeit auf die richtige Art und Weise zu tun. Aufrichtiges Wünschen führt zur Zuversichtlichen Erwartung, und diese wiederum muß durch Dauerhafte Nachfrage verstärkt werden. Diese drei können nicht fehlschlagen, das Erwünschte herbeizubringen, denn der Aufrichtige Wunsch ist das Gefühl, die Zuversichtliche Erwartung ist der Gedanke, und die Dauerhafte Nachfrage ist der Wille. Wie wir gesehen haben, gibt das Gefühl dem Gedanken Lebenskraft, und der Wille hält ihn fest, bis ihn das Gesetz des Wachstums schließlich zum Ausdruck bringt.

19. Ist es nicht wunderbar, daß der Mensch eine solch ungeheure Kraft in sich hat, solch übersinnliche Fähigkeiten, von denen er keinerlei Vorstellung hatte? Ist es nicht merkwürdig, daß uns immer beigebracht wurde, im Außen nach Macht und Kraft zu suchen? Uns wurde beigebracht, überall zu suchen, aber nicht in uns selbst, und wann immer sich diese Macht in unserem Leben manifestiert hat, wurde uns gesagt, daß sie etwas Übermenschliches wäre.

20. Es gibt viele, die zu einem Verständnis dieser wunderbaren Kraft gekommen sind und die ernsthafte und bewußte Anstrengung unternehmen, Gesundheit, Kraft und andere Umstände auszudrücken, dabei wohl aber versagen. Sie scheinen nicht in der Lage zu sein, dieses Gesetz in die Tat umzusetzen. Die Schwierigkeit ist in fast jedem Fall die, daß

sie sich mit äußeren Dingen beschäftigen. Sie wollen Geld, Macht, Gesundheit und Überfluß, aber sie begreifen nicht, daß dies alles Auswirkungen sind und nur dann kommen können, wenn deren Ursachen gefunden worden sind.

21. Diejenigen, die der äußeren Welt keinerlei Beachtung schenken, werden sich nur der Wahrheit vergewissern und nur nach Weisheit suchen. Sie werden erleben, daß sich die Weisheit entfalten und die Quelle aller Macht zu erkennen geben wird; daß sie sich in Gedanken und Absichten darstellt, die dann die erwünschten, äußeren Umstände erschaffen. Diese Wahrheit wird in noblen Vorsätzen und mutigen Taten ihren Ausdruck finden.

22. Erschaffe ausschließlich Ideale! Verschwende keinerlei Gedanken an äußere Umstände! Mache die innere Welt schön und überschwänglich, und die äußere Welt wird Deine inneren Umstände zum Ausdruck bringen und verwirklichen. Du wirst zu einer Erkenntnis Deiner Macht kommen, Ideale zu erschaffen und diese anschließend in die Welt der Wirkungen projizieren.

23. Ein Beispiel: Ein Mann hat Schulden. Er wird andauernd nur über seine Schulden nachdenken und sich darauf konzentrieren. Da Gedanken die Ursache sind, wird das Ergebnis das sein, daß er die Schulden nicht nur fester an sich bindet, sondern noch mehr Schulden macht. Er setzt das großartige Gesetz der Anziehung mit den gewöhnlichen und unvermeidbaren Ergebnissen in die Tat um - Verlust führt zu noch höherem Verlust.

24. Was ist dann das richtige Prinzip? Konzentriere Dich auf die Dinge, die Du willst, nicht auf jene, die Du nicht willst.

Denke an Überfluß; idealisiere die Methoden und Vorhaben, das Gesetz des Überflusses in die Tat umzusetzen. Visualisiere die Umstände, die das Gesetz des Überflusses erschafft. Das wird sie zum Ausdruck bringen.

25. Wenn dieses Gesetz perfekt funktioniert, um denjenigen Armut, Mangel und jegliche Form von Beschränkung zu bringen, die kontinuierlich Gedanken des Mangels und der Angst haben, wird es mit derselben Gewißheit denjenigen Umstände des Überflusses und der Fülle bringen, die Gedanken von Mut und Macht hegen.

26. Das ist für viele ein schwieriges Problem: Wir sind zu ängstlich; wir manifestieren Furcht, Ängstlichkeit, Notstand. Wir wollen etwas tun; wir wollen helfen; wir sind wie ein Kind, das gerade eine Saat gesät hat und jede Viertelstunde die Erde aufwühlt, um zu schauen, ob sie bereits keimt. Natürlich wird die Saat unter solchen Umständen niemals aufgehen, und doch ist es genau das, was viele von uns in der geistigen Welt tun.

27. Wir müssen die Saat säen und sie ungestört lassen. Das bedeutet nicht, daß wir uns hinsetzen und untätig sind – auf keinen Fall – wir werden mehr und immer bessere Arbeit verrichten als je zuvor; neue Kanäle werden uns andauernd auftun, und neue Türen werden sich öffnen. Dazu ist nur ein offener Verstand vonnöten, bereit zu handeln, wenn die Zeit dafür gekommen ist.

28. Gedankenkraft ist das kraftvollste Mittel, Wissen zu erlangen, und wenn sie auf ein Thema gerichtet wird, wird sie das Problem lösen. Nichts geht über die Kraft der menschlichen

Vorstellungskraft hinaus, aber um diese Gedankenkraft zu schüren, um sie zu nutzen, ist Arbeit notwendig.

29. Bedenke, daß Gedanken das Feuer sind, das den Dampf erzeugt, welcher das Glücksrad antreibt, von dem schließlich Deine Erfahrungen abhängen.

30. Stelle Dir einige Fragen und warte ehrerbietig auf die Antwort. Fühlst Du nicht hin und wieder das Selbst in Dir? Machst Du dieses Selbst geltend oder folgst Du der Masse? Bedenke, daß die Massen immer geführt werden; sie führen niemals selbst. Es war die Masse, die um Kopf und Kragen gegen die Dampfmaschine gekämpft hat, die Spinnerei und jeglichen anderen Fortschritt oder jegliche Verbesserung, die jemals vorgeschlagen wurde.

31. Als Übung dieser Woche stelle Dir einen Freund vor; sieh ihn genauso, wie Du ihn letztes Mal gesehen hast. Siehe den Raum, die Möbel; hole Deine letzte Unterhaltung mit ihm nochmal hervor. Siehe nun sein Gesicht; sieh es klar und deutlich. Jetzt sprich mit ihm über ein Thema, das euch beide interessiert. Beachte, wie sich sein Ausdruck ändert, sieh ihn lächeln. Kannst Du das? Prima, Du kannst es. Jetzt erwecke sein Interesse, erzähl ihm eine Abenteuergeschichte. Siehe, wie sich seine Augen mit dem Geist der Freude oder Aufregung aufhellen. Kannst Du all das tun? Wenn ja, ist Deine Vorstellungskraft gut – Du machst ausgezeichnete Fortschritte.

FRAGEN UND ANTWORTEN

61. **Was ist Visualisierung?**
    Der Vorgang, geistige Bilder zu erstellen.

62. **Was ist das Ergebnis dieser Denkmethode?**
    Indem wir das Bild in unserem Bewusstsein halten, können wir die Sache stufenweise aber sicher näher an uns heranbringen. Wir können sein, was wir sein wollen.

63. **Was ist Idealisierung?**
    Es ist der Vorgang der Visualisierung oder Idealisierung der Pläne, die sich letztendlich in unserer physischen Welt verwirklichen.

64. **Warum sind Klarheit und Genauigkeit notwendig?**
    Weil ‚Sehen' Dein ‚Fühlen' und Dein ‚Fühlen' Dein ‚Sein' erschafft. Erst das Mentale, dann das Emotionale, dann die unendlichen Möglichkeiten des Erlangens.

65. **Wie werden sie erlangt?**
    Jede wiederholte Aktion zeichnet das Bild genauer als zuvor.

66. **Wie wird das Material für die Konstruktion des mentalen Bildes gesichert?**
    Mit Hilfe Millionen geistige Arbeiter. Sie werden Gehirnzellen genannt.

67. **Wie werden die notwendigen Bedingungen gesichert, Deine Ideale in der objektiven Welt zu verwirklichen?**
Durch das Gesetz der Anziehung. Das natürliche Gesetz, durch das alle Umstände und Erfahrungen herbeigeführt werden.

68. **Welche drei Schritte sind notwendig, dieses Gesetz in die Tat umzusetzen?**
Ernsthaftes Wünschen, zuversichtliche Erwartung und dauerhafte Nachfrage.

69. **Warum schlagen so viele fehl?**
Weil sie sich auf Verlust, Krankheit und Unheil konzentrieren. Das Gesetz wird perfekt ausgeführt; die Dinge, vor denen sie Angst haben, werden für sie wahr.

70. **Was ist die Alternative?**
Konzentriere Dich auf die Ideale, von denen Du Dir wünschst, daß sie sich in Deinem Leben verwirklichen.

8

DER WERT WAHRHAFTEN DENKENS

In diesem Teil wirst Du entdecken, daß Du frei wählen kannst, was Du denkst, aber das Resultat Deiner Gedanken richtet sich nach einem unveränderlichen Gesetz. Ist das nicht eine wunderbare Erkenntnis? Ist es nicht wunderbar, zu wissen, daß unser Leben nicht irgendwelchen Launen oder Veränderlichkeiten irgendeiner Art untersteht? Daß es durch Gesetze geregelt wird? Diese Beständigkeit ist unsere Gelegenheit, denn wenn wir uns mit diesem Gesetz in Einklang bringen, können wir uns den erwünschten Effekt mit absoluter Genauigkeit sichern.

Es ist das Gesetz, welches das Universum zu einem einzigen großartigen Lobgesang der Harmonie macht. Gäbe es dieses Gesetz nicht, würde das Universum ein Chaos anstelle eines Kosmos sein.

Hier liegt dann das Geheimnis der Ursache von Gut und Böse. Das ist all das Gute und Böse, das es jemals gab und das es jemals geben wird.

Laß mich Dir ein Beispiel nennen: Gedanken resultieren in Taten. Wenn Deine Gedanken erbaulich und harmonisch sind, wird das Ergebnis gut sein. Wenn Deine Gedanken zerstörerisch oder nicht im Einklang sind, wird das Ergebnis böse sein.

Es gibt deshalb nur ein Gesetz, ein Prinzip, eine Ursache, eine Quelle der Macht. Gut und Böse sind schlichtweg Worte, die wir uns erschaffen haben, um das Ergebnis unserer Taten zu beschreiben, oder unserer Beachtung bzw. Nichtbeachtung dieses Gesetzes.

Die Bedeutung hiervon ist in den Leben von Emerson und Carlyle gut aufgezeigt. Emerson liebte das Gute, und sein Leben war eine Sinfonie des Friedens und der Harmonie. Carlyle haßte das Schlechte, und sein Leben war ein Abbild von wiederkehrender Unstimmigkeit und Disharmonie.

Hier haben wir zwei großartige Männer, jeder mit der Absicht, das gleiche Ideal zu verfolgen, aber der eine macht Gebrauch von konstruktiven Gedanken und ist somit im Einklang mit natürlichem Gesetz; der andere hingegen macht Gebrauch von zerstörerischen Gedanken und bringt Zerstörung jeglicher Art und jeglichen Charakters in sein Leben.

Es ist somit offensichtlich, daß wir nicht hassen sollten, nicht einmal das „Schlechte", denn Haß ist zerstörerisch, und wir werden bald herausfinden, daß wir den Wind säen und den Sturm ernten, wenn wir zerstörerische Gedanken hegen.

1. Gedanken enthalten ein Lebensprinzip, denn sie sind das schöpferische Prinzip des Universums, und aufgrund ihrer Natur werden sie sich mit ähnlichen Gedanken verbinden.

2. Da Wachstum das einzige Ziel des Lebens ist, müssen alle der Schöpfung unterliegenden Prinzipien dazu beitragen, um es zu verwirklichen. Gedanken nehmen somit Form an, und das Gesetz des Wachstums bringt sie letztendlich zur Darstellung.

3. Du kannst frei denken, was Du willst, aber das Ergebnis Deines Denkens richtet sich nach einem unveränderlichen Gesetz. Jeder beharrlich gehaltene Gedankengang kann ausschließlich solch ein Ergebnis hervorbringen, das sich in dem Charakter, der Gesundheit und den Lebensumständen

des Individuums zeigt. Deshalb sind diejenigen Methoden von übergeordneter Bedeutung, die Gewohnheiten konstruktiven Denkens anstelle derer setzen, die nur unerwünschte Wirkungen produzieren.

4. Wir alle wissen, daß das keineswegs einfach ist. Geistige Gewohnheiten sind schwer zu kontrollieren, aber es kann erreicht werden. Der Weg dahin ist der, sofort damit zu beginnen, zerstörerische Gedanken durch konstruktive zu ersetzen. Mache es Dir zu Gewohnheit, jeden Gedanken zu analysieren. Wenn sie (die Gedanken, Anm. d. Ü.) notwendig sind; wenn ihre Darstellung der objektiven Welt dienlich ist, nicht nur für Dich selbst, sondern auch für alle anderen, die auf welche Art und Weise auch immer davon berührt werden könnten, dann behalte sie; schätze sie; sie sind wertvoll; sie sind im Einklang mit dem Unendlichen; sie werden wachsen, sich entwickeln und ein Hundertfaches an Früchten hervorbringen. Auf der anderen Seite ist es angeraten, Dir diesen Satz von George Matthew Adams einzuprägen: „Lerne, die Tür geschlossen zu halten; halte aus Deinem Bewusstsein, dem Büro und aus Deiner Welt jegliches Element fern, das Zugang sucht, ohne aber ein bestimmtes, hilfreiches Ende in Sicht zu haben."

5. Wenn Dein Denken kritisch oder zerstörerisch war und sich in unstimmigen Umständen in Deiner Umgebung gezeigt hat, mag es für Dich notwendig sein, eine Geisteshaltung zu kultivieren, die aufbauendem Gedankengut zuträglich ist.

6. Die Vorstellungskraft ist in dieser Hinsicht eine große Hilfe. Die Kultivierung der Vorstellungskraft führt zu der Entwicklung des Ideals, aus der Deine Zukunft hervorgehen wird.

7. Die Vorstellungskraft sammelt das Material, welches das Bewusstsein zum Weben derjenigen Stoffe gebraucht, in denen sich Deine Zukunft kleidet.

8. Die Vorstellungskraft ist das Licht, mit dem wir neue Welten des Denkens und der Erfahrung durchdringen können.

9. Die Vorstellungskraft ist das mächtige Instrument, welches jedem Entdecker und Erfinder den Weg von der Theorie zur Praxis geebnet hat. Die Theorie sagt: „Das ist nicht zu schaffen"; die Praxis sagt: „Es ist erreicht!"

10. Die Vorstellungskraft ist eine plastische Kraft, um die Dinge der Sinne in neue Formen und Ideale zu gießen.

11. Die Vorstellungskraft ist die schöpferische Gestalt des Gedankens, die jeder konstruktiven Form von Handlung vorausgehen muß.

12. Ein Bauherr kann keine Struktur erstellen, bis er nicht die Pläne vom Architekten erhalten hat, und der Architekt muß sie seiner Vorstellungskraft entnehmen.

13. Der Industriekapitän kann kein Konglomerat aufbauen, das Hunderte kleinerer Firmen und Tausende von Angestellten koordiniert und Millionen von Dollar an Kapital einsetzt, bis er zuerst die gesamte Arbeit mittels seiner Vorstellungskraft erschaffen hat. Objekte in der materiellen Welt sind wie Lehm in den Händen des Bildhauers. Es ist im Bewusstsein des Meisters, wo die wirklichen Dinge erschaffen werden, und es ist durch das Anwenden der Vorstellungskraft, wodurch der Weg geebnet wird. Um die Vorstellungskraft zu kultivieren, muß sie trainiert werden. Übung ist notwendig,

um sowohl den geistigen Muskel als auch den körperlichen Muskel zu kultivieren. Er muß mit Nährstoffen versorgt werden, sonst kann er nicht wachsen.

14. Verwechsle die Vorstellungskraft jedoch nicht mit den Launen oder der Art des Tagträumens, derer sich manche Leute hingeben. Tagträumen ist eine Form geistiger Zerstreuung, die zu geistigem Unglück führen kann.

15. Konstruktive Vorstellungskraft bedeutet geistige Arbeit, die von manchen als die härteste Art von Arbeit überhaupt angesehen wird, aber, wenn dem so ist, erbringt sie auch die großartigsten Ergebnisse, da alle großartigen Dinge im Leben zu den Männern und Frauen gekommen sind, welche die Fähigkeit hatten, zu denken, sich etwas vorzustellen und ihre Träume wahr werden zu lassen.

16. Wenn Du Dir der Tatsache vollkommen bewußt geworden bist, daß Bewusstsein das einzige schöpferische Prinzip ist; daß es allmächtig, allwissend und allgegenwärtig ist, und daß Du bewußt in Einklang mit dieser Allmacht kommen kannst, nämlich durch die Kraft des Denkens, wirst Du einen großen Schritt in die richtige Richtung getan haben.

17. Der nächste Schritt besteht darin, Dich so einzustellen, daß Du diese Kraft empfangen kannst. Da sie allgegenwärtig ist, muß sie auch in Dir vorhanden sein. Wir wissen, daß dem so ist, da wir wissen, daß alle Kraft von innen kommt. Sie muß aber entwickelt, entfaltet und kultiviert werden. Um das zu erreichen, müssen wir empfänglich sein, und diese Empfänglichkeit wird genauso wie körperliche Stärke durch Übung erworben.

18. Das Gesetz der Anziehung wird Dir gewissenhaft und ohne Fehl die Umstände, Umgebungen und Erfahrungen im Leben bringen, die mit Deiner gewöhnlichen, charakteristischen und vorherrschenden Geisteshaltung übereinstimmen. Nicht das, was Du ab und zu mal denkst, wenn Du in der Kirche bist oder gerade ein gutes Buch gelesen hast, sondern Deine vorherrschende geistige Einstellung ist das, was zählt.

19. Du kannst nicht für 10 Stunden am Tag schwache, schädliche und negative Gedanken unterhalten, dann aber erwarten, daß sich schöne, starke und harmonische Umstände durch 10 Minuten starken, positiven, schöpferischen Denkens einstellen.

20. Wahre Kraft kommt von innen. Jede Kraft, die man auch nur nutzen kann, befindet sich im Menschen selbst, darauf wartend, sichtbar gemacht zu werden: Zunächst durch ihre Anerkennung, dann durch eine Bekräftigung als unser Eigenes – sie ins Bewusstsein einprägend, bis man eins mit ihr wird.

21. Die Menschen sagen, daß sie sich ein Leben im Überfluß wünschen, und sie tun es auch, aber viele interpretieren das so, als würde es ausreichen, die Muskeln zu trainieren oder wissenschaftlich zu atmen; nur bestimmtes Essen auf eine gewisse Art und Weise zu sich zu nehmen; jeden Tag so und so viele Glas Wasser zu trinken – und dann noch mit einer bestimmten Temperatur; sich der Zugluft zu entziehen, um das von ihnen gesuchte überschäumende Leben zu erreichen. Das Ergebnis solcher Methoden ist allerdings nur durchschnittlich. Wenn der Mensch zur Wahrheit erwacht und seine Einheit mit allem Leben bekräftigt, dann stellt er fest, daß er das klare Auge, den elastischen Schritt und die

Lebenskraft der Jugend hat. Er stellt fest, daß er die Quelle aller Macht entdeckt hat.

22. Alle Fehler sind Fehler von Ignoranz. Zunehmendes Wissen und die sich daraus ergebende Macht sind das, was Wachstum und Evolution bestimmen. Macht besteht aus der Anerkennung und der Anwendung von Wissen, und diese Macht ist geistige Macht, und diese geistige Macht ist die Macht, die im Herzen aller Dinge liegt – sie ist die Seele des Universums.

23. Dieses Wissen ist das Ergebnis der Fähigkeiten des Menschen, zu denken. Denken ist somit die Saat der bewußten Weiterentwicklung des Menschen. Wenn der Mensch aufhört, in seinen Gedanken und Idealen voranzuschreiten, fangen seine Kräfte sofort an zu schwinden, und seine Haltung wird schrittweise diese sich wechselnden Umstände widerspiegeln.

24. Erfolgreiche Menschen machen es sich zur Aufgabe, die Ideale derjenigen Umstände zu halten, die sie zu verwirklichen wünschen. Sie halten sich andauernd den nächsten, notwendigen Schritt im Bewusstsein, dessen Ideal sie entgegen streben. Gedanken sind das Material, mit dem sie arbeiten, und die Vorstellungskraft ist ihre geistige Werkstatt. Bewusstsein ist die sich ewig bewegende Kraft, mit der sie sich Personen und Umstände sichern, um ihre Erfolgsstruktur aufzubauen. Die Vorstellungskraft ist dabei der Nährboden, auf dem alle großartigen Dinge entstehen.

25. Wenn Du Deinem Ideal treu warst, wirst Du den Ruf hören, sobald die Umstände gegeben sind, Deine Pläne zu verwirklichen. Die Ergebnisse werden im genauen Verhältnis

Deiner Treue zu diesem Ideal stehen. Das beharrlich gehaltene Ideal ist das, was die notwendigen Umstände zu seiner Durchführung vorherbestimmt und anzieht.

26. Dadurch kannst Du ein Gewand von Bewusstsein und Macht in das Netz Deiner gesamten Existenz weben; dadurch kannst Du ein angenehmes Leben führen und für immer vor allem Schaden bewahrt bleiben; dadurch kannst Du zu einer positiven Kraft werden, durch die Umstände der Fülle und der Harmonie an Dich herangezogen werden.

27. Das ist der Stoff, der sich schrittweise durch das gesamte Bewusstsein zieht und hauptsächlich für die Umstände von Unruhe verantwortlich ist, die überall ersichtlich sind.

28. In dem letzten Teil hast Du Dir ein geistiges Bild erschaffen, hast es vom Unsichtbaren ins Sichtbare gebracht. In dieser Woche möchte ich, daß Du ein Objekt nimmst und es zurück zu seinem Ursprung zurückverfolgst. Siehe, woraus es wirklich besteht. Wenn Du das tust, wirst Du Vorstellungskraft entwickeln, Erkenntnis, Wahrnehmung und Scharfsinn. Diese kommen nicht durch die oberflächliche Betrachtung der Masse zu Dir, sondern durch eine scharfe, analytische Beobachtung unterhalb der Oberfläche.

29. Es sind wenige, die wissen, daß die Dinge, die sie sehen, nur Auswirkungen sind, und die Ursachen verstehen, durch die diese Auswirkungen entstanden sind.

30. Nimm nun wieder dieselbe Position ein und stelle Dir ein Kriegsschiff vor. Sieh dieses grauenvolle Monster, wie es auf der Wasseroberfläche schwimmt; es scheint dort kein Leben zu geben; alles ruht. Du weißt, daß der weitaus

größere Teil des Schiffes unterhalb der Wasseroberfläche liegt, außer Sicht. Du weißt, daß das Schiff so groß und so schwer wie ein 20-stöckiges Hochhaus ist. Du weißt, daß es dort Hunderte von Männern gibt, alle bereit, sofort und auf Befehl zu handeln. Du weißt, daß jede Abteilung aus fähigen, trainierten Offizieren besteht, kompetent genug, diesen sagenhaften Mechanismus zu steuern. Du weißt, daß es trotz seiner scheinbaren Gleichgültigkeit Augen hat, die in einem Umkreis von Kilometern alles sehen. Du weißt, daß obwohl es ruhig, unscheinbar und unschuldig erscheint, es bereit ist, Stahlprojektile, bis zu Tausende von Kilogramm schwer, auf einen Feind viele Kilometer weit entfernt zu schießen. Dieses und viel mehr kannst Du Dir mit vergleichbar geringem Aufwand vorstellen. Wie aber wurde das Kriegsschiff zu dem, was es ist? Wie wurde es überhaupt erschaffen? All das willst Du wissen, wenn Du ein sorgfältiger Beobachter bist.

31. Folge den großen Stahlplatten durch die Gießereien; siehe Tausende von Männern, die zu ihrer Produktion angestellt sind. Gehe noch weiter zurück und siehe das Erz, wie es aus dem Bergwerk kommt. Siehe, wie es auf Kähne oder Lastwagen verladen wird, wie es geschmolzen und entsprechend bearbeitet wird. Gehe noch weiter zurück und siehe den Architekten und die Ingenieure, welche dieses Schiff geplant haben. Laß Deinen Gedanken noch weiter zurückgehen, um herauszufinden, warum sie das Schiff geplant haben. Hier erkennst Du bereits, daß Du jetzt soweit zurückgegangen bist, daß das Schiff etwas Ungreifbares ist; daß es nicht mehr existiert; daß es nur noch ein Gedanke in dem Gehirn des Architekten ist. Aber woher kam die Anweisung, das Schiff zu planen? Wahrscheinlich vom Verteidigungsministerium, aber wahrscheinlich war das Schiff lange

vorher geplant worden, bevor an Krieg überhaupt auch nur gedacht wurde, und daß der Kongreß ein Gesetz hat verabschieden müssen, welches das Geld zur Verfügung stellen würde. Möglicherweise gab es Widerstand und Reden für oder gegen das Gesetz. Wen repräsentieren denn diese Kongreßabgeordneten? Sie repräsentieren Dich und mich, so daß unsere Gedankenreise mit dem Kriegsschiff beginnt und bei uns endet. In der letzten Analyse stellen wir fest, daß unsere Gedanken dafür und für viele andere Dinge, an die wir selten (bewußt) denken, verantwortlich sind. Bei etwas genauerer Betrachtung werden wir dann die wichtigste Tatsache überhaupt erkennen, und diese lautet: wenn nicht jemand das Gesetz entdeckt hätte, durch das diese ungeheure Menge an Stahl und Eisen überhaupt auf dem Wasser zu schwimmen vermag, anstatt sofort auf den Meeresgrund zu sinken, dieses Kriegsschiff überhaupt nicht hätte gebaut werden können.

32. Dieses Gesetz besagt, daß „das spezifische Gewicht einer Substanz das Gewicht seines Volumens im Vergleich zu einer gleichen Menge Wasser ist". Die Entdeckung dieses Gesetzes revolutionierte jegliche Art von Seereise, Handel und Kriegsführung und machte das Entstehen von Kriegsschiffen möglich.

33. Du wirst Übungen dieser Art wertvoll finden. Wenn der Gedanke darauf trainiert wurde, unterhalb der Oberfläche zu schauen, nimmt alles eine andere Erscheinung an; das Unbedeutende wird bedeutend; das Uninteressante interessant. Die Dinge, von denen Du annahmst, daß sie völlig unbedeutend seien, stellen sich als die einzig wirklichen, lebenswichtigen Dinge heraus.

FRAGEN UND ANTWORTEN

71. **Was ist Vorstellungskraft?**
Eine Form schöpferischen Denkens. Das Licht, durch das wir neue Welten des Denkens und der Erfahrung durchdringen. Das mächtige Instrument, das jedem Erfinder oder Entdecker den Weg von der Theorie zur Praxis geebnet hat.

72. **Was ist das Ergebnis dieser Vorstellungskraft?**
Die Kultivierung der Vorstellungskraft führt zur Entwicklung von Idealen, aus der Deine Zukunft hervorgehen wird.

73. **Wie kann sie kultiviert werden?**
Durch Übung; sie muß mit Nährstoffen versorgt werden oder sie kann nicht leben.

74. **Wie unterscheidet sich die Vorstellungskraft vom Tagträumen?**
Tagträumen ist eine Form geistiger Zerstreuung, während die Vorstellungskraft eine Vorform schöpferischen Denkens ist, welche jeder konstruktiven Tat vorangehen muß.

75. **Was sind Fehler?**
Das Ergebnis von Ignoranz.

76. **Was ist Wissen?**
Das Ergebnis der Fähigkeit des Menschen, zu denken.

77. **Was ist die Kraft, mit der erfolgreiche Menschen bauen?**
Bewusstsein ist die einzige bewegende Kraft, mit der sie sich die Personen und Umstände sichern, die zur Erfüllung ihrer Pläne notwendig sind.

78. **Was bestimmt das Ergebnis vorher?**
Das stetig im Bewusstsein gehaltene Ideal zieht zu seiner Erfüllung die notwendigen Umstände an.

79. **Was ist das Ergebnis einer scharfen analytischen Beobachtung?**
Die Entwicklung der Vorstellungskraft, der Erkenntnis, der Wahrnehmung und des Erschaffens.

80. **Wohin führen diese?**
Zu Fülle und Harmonie.

9

DIE TAT ALS BLÜTE DES GEDANKENS

In diesem Teil wirst Du lernen, das Werkzeug zu benutzen, mit dem Du jeden von Dir erwünschten Umstand erschaffen kannst. Wenn Du die Umstände ändern möchtest, mußt Du Dich selbst ändern. Dein Verlangen, Deine Wünsche und Deine Ambitionen können bei jedem Schritt zunichte gemacht werden. Deine innersten Gedanken aber werden genauso gewiß Ausdruck finden, wie die Pflanze aus dem Samenkorn entsteht.

Laß uns somit annehmen, daß wir uns eine Änderung unserer Umstände wünschen. Wie führen wir diese herbei? Die Antwort ist einfach: Durch das Gesetz des Wachstums. Ursache und Wirkung sind im versteckten Bereich des Gedankens so absolut und unveränderbar wie auch in der Welt materieller Dinge.

Halte den gewünschten Umstand im Bewusstsein; bestätige ihn als bereits bestehende Tatsache. Dieses zeigt den Wert einer kraftvollen Affirmation auf. Durch beständiges Wiederholen wird er zu einem Teil von uns selbst. In Wirklichkeit aber ändern wir uns selbst; wir machen uns selbst zu dem, wer oder was wir sein wollen.

Charakter ist keine Zufallssache, sondern ein Ergebnis kontinuierlicher Anstrengung. Wenn Du schüchtern bist, schwankend oder es dir an Selbstbewusstsein mangelt; wenn Du überängstlich oder von Gedanken der Angst oder einer drohenden Gefahr eingeschüchtert bist, bedenke, daß „zwei Dinge nicht zur selben Zeit am selben Platz bestehen können." Genau das gleiche gilt auch in der geistigen und spirituellen Welt, so daß die Lösung darin besteht, Gedanken der Angst, des Mangels und der Beschränkung durch Gedanken von Mut, Kraft, Selbstverläßlichkeit und Vertrauen zu ersetzen.

Der einfachste und natürlichste Weg, dies zu erreichen, besteht darin, eine Affirmation auszuwählen, die auf Deinen bestimmten Fall zu passen scheint. Der positive Gedanke wird den negativen genauso gewiß zerstören wie Licht die Dunkelheit zerstört, und das Ergebnis wird genauso wirksam sein.

Die Tat ist die Blüte des Gedankens, und die Umstände sind das Ergebnis der Taten, so daß sich die Werkzeuge ständig in Deinem Besitz befinden, durch die Du Dich gewiß und unausweichlich erschaffen oder auch zerstören kannst. Freude oder Leid wird die Belohnung sein.

1. Es gibt nur drei Dinge, die man sich in der ‚äußeren Welt' wünschen kann, und jedes davon kann in der ‚inneren Welt' gefunden werden. Das Geheimnis ihres Auffindens liegt schlichtweg darin, den richtigen ‚Mechanismus' anzuwenden, um sich an die allmächtige Kraft anzuschließen, auf die jedes Individuum Zugriff hat.

2. Die drei Dinge, die sich die Menschheit wünscht und die zum höchsten Ausdruck und der vollständigen Entfaltung notwendig sind, sind Gesundheit, Wohlstand und Liebe. Jeder wird zugeben, daß Gesundheit absolut grundlegend ist; niemand kann glücklich sein, wenn der physische Körper schmerzt. Nicht alle werden zugeben, daß Reichtum erforderlich ist, aber alle müssen zugeben, daß zumindest eine gewisse Menge notwendig ist. Was dem einen vielleicht genügt, würde von einem anderen als absolut einschränkend und schmerzhaft angesehen werden. Da die Natur nicht nur genug, sondern im Überfluß liefert – und dies verschwenderisch und ausschweifend – stellen wir fest, daß jeder Mangel oder jede Beschränkung ausschließlich

durch eine eingeschränkte, künstliche Verteilungsmethode entstanden ist.

3. Alle werden wahrscheinlich zugeben, daß Liebe die dritte ist, oder manche werden meinen, daß es die erste Notwendigkeit zum Glück der Menschheit ist. Wie dem auch sei, diejenigen, die alle drei besitzen – Gesundheit, Reichtum und Liebe – stellen fest, daß zu ihrer Tasse des Glücks nichts mehr hinzugefügt werden kann.

4. Wir haben herausgefunden, daß die universelle Substanz ‚alle Gesundheit, aller Reichtum und alle Liebe' ist und daß der Haftungsmechanismus, durch den wir uns bewußt mit diesem unendlichen Angebot verbinden können, in der Art und Weise liegt, wie wir denken. Richtig zu denken bedeutet somit, Zutritt zum ‚Geheimen Ort des Allerhöchsten' zu erlangen.

5. Was aber sollen wir denken? Wenn wir das wissen, werden wir den richtigen Haftungsmechanismus gefunden haben, der uns mit ‚den von uns immer erwünschten Dingen' in Bezug bringt. Dieser Mechanismus wird Dir einfach erscheinen, wenn ich ihn Dir überlasse, aber lies dennoch weiter. Du wirst feststellen, daß er in der letztendlichen Wahrheit der ‚Master Key' ist – ‚Alladins Wunderlampe', wenn Du magst. Du wirst feststellen, daß er die Grundlage ist, die zwingende Bedingung, das absolute Gesetz vom Wohltun, was wiederum Wohlbefinden bedeutet.

6. Um korrekt und genau zu denken, müssen wir die Wahrheit kennen. Die Wahrheit ist dann das grundlegende Prinzip in einer jeden Geschäfts- oder gesellschaftlichen Beziehung. Es ist die Bedingung, die jeder wahren Tat vorangeht. Die

Wahrheit zu wissen, sicher zu sein, zuversichtlich zu sein, schenkt einem eine Zufriedenheit, die mit überhaupt nichts vergleichbar ist. Es ist die einzige solide Basis in einer Welt voller Zweifel, Konflikt und Gefahr.

7. Die Wahrheit zu kennen bedeutet, im Einklang mit dem Unendlichen und der allmächtigen Kraft zu sein. Die Wahrheit zu kennen bedeutet weiterhin, sich mit einer unwiderstehlichen, mächtigen Kraft in Verbindung zu setzen, die jegliche Art von Unstimmigkeit, Disharmonie, Zweifel oder Fehler beiseite fegt, denn „die Wahrheit ist mächtig und wird siegen".

8. Der bescheidenste Intellekt ist in der Lage, das Ergebnis einer jeden Tat vorherzusagen, wenn er weiß, daß es auf der Wahrheit beruht. Der mächtigste Intellekt, das tiefgründigste und durchdringendste Bewusstsein, verliert sich jedoch hoffnungslos auf seinem Weg und kann sich keinerlei Konzept der daraus resultierenden Ergebnisse erstellen, wenn seine Hoffnung auf einer Annahme basiert, von der es nicht weiß, daß sie falsch ist.

9. Jede Tat, die nicht im Einklang mit der Wahrheit steht, ganz gleich, ob durch Ignoranz oder Absicht, wird in Unstimmigkeit resultieren und der Verlust im Verhältnis zu ihrem Ausmaß und Charakter stehen.

10. Wie aber sollen wir dann die Wahrheit erkennen, damit wir diesen Mechanismus anschließen können, welcher uns dann mit dem Unendlichen in Beziehung bringt?

11. Wir können keinen Fehler machen, wenn uns klar wird, daß die Wahrheit das Lebensprinzip des Universellen Bewusst-

seins und somit allgegenwärtig ist. Zum Beispiel: Wenn Du Gesundheit benötigst, hilft das Erkennen der Tatsache, daß das ‚Ich' in Dir geistig – und aller Geist eins – ist, und daß, was immer ein Teil ist, muß auch das Ganze sein. Das wird einen Gesundheitszustand herbeiführen, denn jede Zelle in Deinem Körper muß die Wahrheit so verwirklichen, wie Du sie siehst. Wenn Du Krankheit siehst, werden die Zellen Krankheit manifestieren. Wenn Du Perfektion siehst, müssen sie Perfektion manifestieren. Die Affirmation, „Ich bin vollkommen, perfekt, stark, mächtig, liebevoll, harmonisch und glücklich" wird harmonische Umstände herbeiführen. Der Grund dafür liegt darin, daß diese Affirmation in strikter Übereinstimmung mit der Wahrheit ist, und wenn Wahrheit erscheint, muß notwendigerweise jegliche Form von Fehler oder Unstimmigkeit verschwinden.

12. Wir haben herausgefunden, daß das ‚Ich' geistig ist. Es kann demnach niemals weniger als vollkommen sein. Die Affirmation, „Ich bin vollkommen, perfekt, stark, mächtig, liebevoll, harmonisch und glücklich" ist somit eine genaue, wissenschaftliche Aussage.

13. Denken ist eine geistige Betätigung, und Geist ist schöpferisch. Deshalb muß das Ergebnis dieses im Bewusstsein gehaltenen Gedankens notwendigerweise Umstände herbeiführen, die sich im Einklang mit dem Gedanken befinden.

14. Wenn Du Reichtum benötigst, wird Dir das Erkennen der Tatsache helfen, daß das ‚Ich' in Dir eins ist mit dem Universellen Bewusstsein, welches alle Substanz darstellt und allmächtig ist. Das bringt Dich in Kontakt mit dem Gesetz der Anziehung, was Dich wiederum in Schwingung mit jenen Kräften versetzt, die Erfolg bedeuten und Umstände

von Macht und Wohlstand in direktem Verhältnis mit dem Charakter und dem Ziel Deiner Affirmation hervorrufen.

15. Visualisierung ist der Haftungsmechanismus, den Du benötigst. Im Vergleich zum Sehen ist Visualisierung ist ein gänzlich anderer Vorgang; Sehen ist körperlich und somit auf die objektive Welt bezogen – die ‚äußere Welt'. Visualisierung ist jedoch das Ergebnis der Vorstellungskraft und somit das Produkt des Subjektiven Bewusstseins – der ‚inneren Welt'. Sie besitzt Lebenskraft; sie wird wachsen. Eine visualisierte Sache wird sich in Form darstellen. Der Mechanismus ist perfekt; er wurde vom Meister-Architekten kreiert, „der alle Dinge wohl geschaffen", doch unglücklicherweise ist der Bediener manchmal unerfahren oder ineffizient. Übung und Entschlossenheit werden diesen Mangel beseitigen.

16. Wenn Du Liebe benötigst, versuche Dir vorzustellen, daß der einzige Weg, Liebe zu erhalten, der ist, sie zu geben, und je mehr Du sie gibst, um so mehr wirst Du sie erhalten. Der einzige Weg, durch den Du geben kannst, ist der, sich mit ihr zu füllen, bis Du zu einem Magneten dafür wirst. Die entsprechende Methode wurde in einer anderen Übung (3:22, Anm. d. Ü.) bereits erklärt.

17. Derjenige, der gelernt hat, die größten geistigen Wahrheiten in Verbindung mit den sogenannten niederen Dingen des Lebens zu bringen, hat das Geheimnis zur Lösung seiner Probleme entdeckt. Man ist immer rascher und gedankenvoller durch seine Nähe zu großartigen Ideen, großartigen Ereignissen, großartigen natürlichen Objekten und großartigen Menschen. Von Abraham Lincoln sagte man, daß all diejenigen, die in seine Nähe kamen, das Gefühl hatten, als

würden sie sich einem Berg nähern. Die Bedeutung dessen zeigt sich noch klarer, wenn man erkennt, daß er sich mit Dingen befaßt hat, die unendlich sind – die Macht der Wahrheit.

18. Es ist manchmal eine Inspiration, von jemandem zu hören, der diese Prinzipien auf die Probe gestellt hat: jemand, der sie in seinem eigenen Leben aufgezeigt hat. Ein Brief von Herrn Andrews bietet dazu die folgende Einsicht:

„Werter Freund, Du wirst meine Erfahrungen in der März Ausgabe der Nautilus Zeitschrift wiederfinden, und es steht Dir frei, Auszüge davon zu machen oder darauf zu verweisen, sollten sie Deinen Zwecken dienlich sein.

Hochachtungsvoll,
Frederick Elias Andrews
512 Odd Fellows Bldg.,
7. März, 1917 Indianapolis, Indiana.“

19. Ich war ungefähr 13 Jahre alt, als Dr. T. W. Marsee, kürzlich verstorben, zu meiner Mutter sagte: „Es gibt da keine Möglichkeit, Frau Andrews. Ich habe meinen kleinen Jungen auf dieselbe Art verloren, nachdem ich alles nur Mögliche für ihn getan habe. Ich habe eine spezielle Studie für diese Fälle angefertigt, und ich weiß, daß es für ihn keine Möglichkeit gibt, wieder gesund zu werden.“

20. Sie drehte sich ihm zu und fragte: „Doktor, was würden Sie tun, wenn es Ihr Junge wäre?“, und er antwortete: „Ich würde kämpfen. Kämpfen, solange es einen Lebenshauch gibt, um den man kämpfen kann.“

21. Das war der Anfang einer langen Schlacht, mit vielem Auf und Ab, die Ärzte darin übereinstimmend, daß es keinerlei Chance auf Heilung gäbe, obwohl sie uns ermutigt und aufgeheitert haben, so gut sie nur konnten.

22. Schlußendlich aber kam der Sieg, und ich bin von einem kleinen, krummen Krüppel, der nur auf Händen und Knien kriechen konnte, zu einem starken, aufrechtgehenden, wohlgeformten Mann herangewachsen.

23. Jetzt, und ich weiß, daß Du die Formel haben möchtest, werde ich sie Dir so kurz und bündig geben, wie es mir nur möglich ist.

24. Ich habe mir eine Affirmation erschaffen, diejenigen Qualitäten zu Rate ziehend, die ich am allermeisten benötigte und sie für mich Mal für Mal wiederholt: „Ich bin vollkommen, perfekt, stark, mächtig, liebevoll, harmonisch und glücklich." Ich habe diese Bestätigung aufrechterhalten, immer dieselbe, habe sie niemals verändert, bis ich in der Nacht aufwachte und mich dabei ertappte, sie zu wiederholen: „Ich bin vollkommen, perfekt, stark, mächtig, liebevoll, harmonisch und glücklich." Es war das letzte auf meinen Lippen in der Nacht und das allererste am frühen Morgen.

25. Nicht nur habe ich sie für mich bekräftigt, sondern auch für andere, von denen ich wußte, daß sie es brauchten. Ich möchte diesen Punkt mit Nachdruck betonen. Was immer Du Dir für Dich selbst wünschst, bestätige es auch für andere, und es wird euch beiden helfen. Wir ernten das, was wir säen. Wenn wir Gedanken der Liebe und Gesundheit aussenden, kommen sie zu uns zurück, wie Brotkrumen, die auf dem Wasser zerstreut wurden. Wenn wir aber Gedanken

der Angst, der Sorge, der Eifersucht, des Ärgers, des Hasses etc. aussenden, werden wir solche Ergebnisse in unserem eigenen Leben ernten.

26. Man sagt, daß der Mensch über sieben Jahre hinweg komplett neu erschaffen wird, aber einige Wissenschaftler erklären nun, daß wir uns innerhalb von 11 Monaten komplett neu erschaffen; so sind wir gerade einmal 11 Monate alt. Wenn wir aber Jahr für Jahr dieselben Fehler wieder in unseren Körper einbauen, können wir nur uns selbst die Schuld dafür geben.

27. Der Mensch ist die Gesamtsumme seiner eigenen Gedanken; somit stellt sich die Frage, wie wir es schaffen, nur die guten Gedanken zu behalten und die schlechten abzuweisen. Zunächst können wir die bösen Gedanken nicht stoppen, aber wir können sie daran hindern, Überhand zu nehmen. Der einzige Weg, dieses zu bewerkstelligen, ist der, sie zu vergessen; das bedeutet, etwas anderes an ihre Stelle zu setzen. Hier kommen vorgefertigte Affirmationen ins Spiel.

28. Wenn sich ein Gedanke der Angst, Eifersucht, Ärger oder Sorge einschleicht, beginne einfach mit Deiner Affirmation. Man bekämpft Dunkelheit mit Licht, Kälte mit Hitze, das Böse mit dem Guten. Für mich selbst konnte ich nie Hilfe in Ablehnungen finden. Bestätige das Gute, und das Schlechte wird weichen. – Frederick Elias Andrews

29. Wenn es irgendetwas gibt, was Du benötigst, wird es Dir gut tun, diese Affirmation zu benutzen; sie kann nicht verbessert werden. Benutze sie, wie sie ist. Nimm sie mit in die Stille, bis sie in Dein Unterbewusstsein einsinkt, so daß Du

sie überall benutzen kannst: in Deinem Auto, in Deinem Büro oder Zuhause. Das ist der Vorteil geistiger Methoden; sie sind immer verfügbar. Bewusstsein ist allgegenwärtig, immer bereit. Alles, was dazu benötigt wird, ist eine wahre Anerkennung seiner Allmacht sowie die Bereitschaft oder der Wunsch, zum Empfänger seiner nützlichen Auswirkungen zu werden.

30. Wenn unsere vorherrschende Geisteshaltung eine von Kraft, Mut, Freundlichkeit und Sympathie ist, stellen wir fest, daß unsere Umgebung Umstände reflektiert, die mit diesen Gedanken übereinstimmen. Wenn sie schwach, kritisch, eifersüchtig und zerstörerisch ist, stellen wir fest, daß unsere Umgebung Umstände reflektiert, die mit diesen Gedanken übereinstimmen.

31. Gedanken sind Ursachen, und Bedingungen sind Auswirkungen. Darin liegt die Erklärung des Ursprungs von Gut und Böse. Denken ist schöpferisch und wird automatisch mit seinem Objekt in Wechselbeziehung stehen. Dieses ist ein kosmisches Gesetz (ein Universelles Gesetz), das Gesetz der Anziehung, das Gesetz von Ursache und Wirkung. Die Anerkennung und Anwendung dieses Gesetzes wird sowohl Anfang als auch Ende bestimmen. Es ist das Gesetz, durch das Menschen durch alle Zeitalter hindurch an die Kraft des Gebets geglaubt haben. „So wie Du glaubst, so wird es Dir geschehen“ ist schlichtweg ein anderer, kürzerer und besserer Weg es auszudrücken.

32. Diese Woche stelle Dir eine Pflanze vor. Nimm Dir Deine Lieblingsblume und bringe sie aus dem Unsichtbaren ins Sichtbare. Pflanze die winzige Saat; wässere sie; kümmere Dich um sie; stelle sie dorthin, wo sie die direkten Strahlen

der Morgensonne empfängt; siehe die Saat aufgehen. Sie ist nun eine lebendige Sache, etwas, was lebt und damit beginnt, nach Nahrung zu suchen. Siehe, wie die Wurzeln die Erde durchdringen; beobachte, wie sie sich in alle Richtungen ausstrecken und erinnere Dich daran, daß es lebendige Zellen sind, die sich teilen und unterteilen; daß es bald Millionen davon gibt; daß jede Zelle intelligent ist; daß sie weiß, was sie will und wie sie es erhält. Siehe den Stengel, wie er vorwärts nach oben dringt; beobachte, wie er die Erdoberfläche durchbricht; siehe ihn sich teilen und Äste formen; siehe, wie perfekt und symmetrisch jeder Ast geformt ist; siehe, wie sich die Blätter beginnen zu bilden und dann die kleinen Ästchen, jedes von ihnen eine Knospe haltend, und während Du das beobachtest, entfaltet sich die Blüte und Deine Lieblingsblume wird sichtbar. Und nun, wenn Du Dich aufmerksam konzentrierst, wirst Du Dir des Duftes der Blume gewahr. Es ist der Duft der Blume, während ein kleiner Windhauch die von Dir vorgestellte, wunderschöne Schöpfung sanft von der einen zur anderen Seite wiegt.

33. Wenn Du in der Lage bist, Deine Vision klar und vollständig zu erschaffen, bist Du in der Lage, in das Bewusstsein einer Sache einzutreten. Es wird Dir sehr wirklich erscheinen. Du wirst lernen, Dich zu konzentrieren. Der Vorgang ist derselbe, ganz gleich, ob Du Dich auf Gesundheit konzentrierst, Deine Lieblingsblume, Dein Ideal, einen komplizierten Geschäftsvorschlag oder jedes andere Problem im Leben.

34. Jeglicher Erfolg wurde durch eine dauerhafte Konzentration auf das sich vorgestellte Objekt erreicht.

FRAGEN UND ANTWORTEN

81. **Was ist die zwingende Bedingung allen Wohlbefindens?**
Gesundes Handeln.

82. **Was ist der Umstand, der jeder richtigen Tat voran geht?**
Wahrhaftes Denken.

83. **Was ist die zugrundeliegende Bedingung, die in jeder Geschäftsabwicklung oder sozialen Bedingung vonnöten ist?**
Die Wahrheit zu erkennen.

84. **Was ist das Ergebnis des Wissens um die Wahrheit?**
Wir können jederzeit das Ergebnis einer jeden Handlung voraussagen, welche auf einer wahren Grundvoraussetzung beruht.

85. **Was ist das Resultat einer Tat, die auf einer falschen Voraussetzung beruht?**
Wir können uns kein Konzept der sich dadurch entstehenden Ergebnisse bilden.

86. **Wie können wir die Wahrheit erkennen?**
Durch das Erkennen der Tatsache, daß Wahrheit das Lebensprinzip des Universums und somit allgegenwärtig ist.

87. **Und was ist die Natur der Wahrheit?**
Sie ist geistiger Natur.

88. **Was ist das Geheimnis zur Lösung eines jeden Problems?**
Geistige Wahrheit anzuwenden.

89. **Welchen Vorteil haben spirituelle Methoden?**
Sie sind immer verfügbar.

90. **Was sind die dafür notwendigen Erfordernisse?**
Das Anerkennen der Allmacht der spirituellen Kraft sowie der Wunsch, zum Empfänger all ihrer segensreichen Wirkungen zu werden.

10

DAS LEBEN IM EINKLANG MIT NATÜRLICHEN GESETZEN

Wenn Du ein gutes Verständnis der sich in Teil Zehn befindenden Gedanken erlangt hast, wirst Du lernen, daß nichts ohne eine bestimmte Ursache geschieht. Du wirst in der Lage sein, Deine Pläne in Übereinstimmung mit exaktem Wissen zu formulieren. Du wirst wissen, wie Du jegliche Situation unter Kontrolle bringen kannst, indem Du entsprechende Ursachen ins Spiel bringst. Wenn Du gewinnst – und Du wirst es – wirst Du genau wissen, warum.

Der gewöhnliche Mensch, der nicht das bestimmte Wissen um Ursache und Wirkung besitzt, wird von seinen Gefühlen oder Emotionen regiert. Er denkt hauptsächlich, um seine Taten zu rechtfertigen. Wenn er als Geschäftsmann versagt, dann sagt er, daß das Glück gegen ihn sei. Wenn er Musik nicht mag, dann sagt er, daß Musik ein teurer Luxus sei. Wenn er ein armer Büroarbeiter ist, dann sagt er, daß es ihm besser ginge, wenn er seine Arbeit im Freien verrichtete. Wenn es ihm an Freunden mangelt, dann sagt er, daß seine Individualität zu fein sei, um geschätzt zu werden.

Er denkt das Problem nie bis zum Ende durch. Kurzum: Er weiß nicht, daß jede Wirkung das Ergebnis einer gewissen, genauen Ursache ist, aber er versucht, sich durch Erklärung und Ausreden zu trösten. Er denkt nur im Sinne von Selbstverteidigung.

Im Gegensatz dazu, der Mensch, der versteht, daß es keine Wirkung ohne bestimmte Ursache gibt, denkt unpersönlich (weil er gelernt hat, seine selbstsüchtigen Gedanken auszublenden; Anm. d. Ü.). Er konzentriert sich auf die harten Fakten, ganz gleich, welche Konsequenzen sie nach sich ziehen. Er ist frei, dem Weg der Wahrheit dorthin zu folgen, wo immer sie ihn hinführt. Er sieht die Angelegenheit klar bis zum Ende und erfüllt die Anforderungen voll und ganz. Das Endergebnis ist eine Welt, die ihm alles gibt, was sie zu geben hat – in Freundschaft, Ehre, Liebe und Anerkennung.

1. Überfluß ist ein Naturgesetz des Universums. Der Beweis dieses Gesetzes ist eindeutig; wir sehen es in jedem Bereich. Überall ist die Natur ausschweifend, verschwenderisch und extravagant. Nirgendwo in der Schöpfung kann Sparsamkeit beobachtet werden. Überfluß zeigt sich in allem. Die Millionen und Abermillionen von Bäumen, Blumen, Pflanzen und Tieren, sowie das gigantische Schema der Zeugung, wo der Vorgang des Erschaffens und Wiedererschaffens seit ewig andauert, zeigen all die Ausschweife, mit denen die Natur Vorkehrungen für den Menschen geschaffen hat. Daß es einen Überfluß für alle gibt, ist offensichtlich, aber ebenso offensichtlich ist es, daß viele dabei versagen, an diesem Überfluß teilzuhaben; sie sind noch nicht zu der Anerkennung der Allgegenwart aller Substanz gekommen und daß das Bewusstsein das aktive Prinzip ist, durch das wir mit den von uns erwünschten Dingen in Bezug stehen.

2. Jeglicher Reichtum ist ein Ergebnis von Macht. Besitztümer sind nur dann von Wert, wenn sie Macht übertragen. Ereignisse sind nur dann von Bedeutung, wenn sie sich auf Macht auswirken. Alle Dinge repräsentieren bestimmte Formen und Abstufungen von Macht.

3. Das Wissen von Ursache und Wirkung, aufgezeigt durch die Gesetze der Elektrizität, der chemischen Verwandtschaft und der Anziehungskraft, befähigt den Menschen, mutig zu planen und furchtlos durchzuführen. Diese Gesetze nennt

man Natürliche Gesetze, weil sie in der physischen Welt herrschen. Aber nicht alle Macht ist physische Macht; es gibt auch mentale Macht, und es gibt moralische und geistige Macht.

4. Geistige Macht ist hochwertiger, denn sie existiert auf einer höheren Ebene. Sie hat den Menschen befähigt, die Gesetze zu entdecken, durch die diese wundervollen Naturkräfte genutzt werden konnten, um somit die Arbeit von Hunderten und Tausenden von Menschen verrichten zu lassen. Sie hat den Menschen befähigt, Gesetze zu entdecken, durch die Zeit und Raum aufgehoben wurden und durch die das Gesetz der Anziehungskraft überwunden werden konnte. Die Ausführung dieses Gesetzes ist abhängig von geistigem Kontakt, wie es Henry Drummond perfekt auf den Punkt brachte:

5. „In der physischen Welt, so wie wir sie kennen, gibt es das Organische und das Anorganische. Das Anorganische der Mineralwelt ist von der Pflanzen – oder Tierwelt vollständig abgetrennt, der Durchgang hermetisch versiegelt. Diese Barriere wurde noch nie überschritten. Kein Wechsel in der Substanz, keine Änderung in der Umgebung, keine Chemie, keine Elektrizität, keine Form der Energie, keine Evolution jeglicher Art kann ein einziges Atom der Mineralwelt mit dem Attribut des Lebens versehen."

6. „Nur wenn sich eine lebendige Form in diese leblose Welt hineinbegibt, können die unbelebten Atome mit den Eigenschaften der Lebenskraft versehen werden. Ohne diese Berührung mit dem Leben würden sie für immer in der anorganischen Sphäre verweilen. Huxley sagte, daß die Doktrin der Biogenese (oder: Leben nur aus vorherigem

Leben) für immer siegreich sein wird, und Tyndall fühlt sich berufen zu sagen: „Ich kann bestätigen, daß es keinen glaubwürdigen Beweis gibt, der aufzeigt, daß in unseren Tagen jemals Leben unabhängig von vorherigem Leben erschienen ist."

7. „Physikalische Gesetze mögen das Anorganische erklären, die Biologie erklärt und führt Buch über die Entwicklung des Organischen, aber zur Schnittstelle schweigt die Wissenschaft. Ein ähnlicher Durchgang besteht zwischen der physischen Welt und der geistigen Welt; seitens der Natur ist diese Passage hermetisch versiegelt. Die Tür ist geschlossen; kein Mensch kann sie öffnen; kein organischer Wechsel, keine mentale Energie, keine moralische Anstrengung, kein Fortschritt jeglicher Art kann den Menschen befähigen, in die geistige Welt einzutreten."

8. Aber so, wie die Pflanze in die Mineralienwelt hinabreicht und sie mit dem Geheimnis des Lebens berührt, so reicht das Universelle Bewusstsein in das menschliche Bewußtein hinein und stattet es mit neuen, fremdartigen, wundervollen und sogar erstaunlichen Qualitäten aus. Alle Männer oder Frauen, die in der Welt der Industrie, des Handels oder der Kunst jemals etwas erreicht haben, taten es aufgrund dieses Vorganges.

9. Denken ist die Verbindung zwischen dem Unendlichen und dem Endlichen, zwischen dem Universellen und dem Individuellen. Wir haben gesehen, daß es zwischen dem Organischen und dem Anorganischen ein unüberwindbares Hindernis gibt, und daß die einzige Möglichkeit für Materie, sich zu entfalten, die ist, mit Leben versehen zu werden. So wie das Samenkorn tief in die Mineralienwelt hinab-

reicht und damit beginnt, sich zu entfalten und auszubreiten, fängt tote Materie an zu leben, und tausend unsichtbare Finger machen sich daran, eine passende Umgebung für den Neuankömmling zu schaffen. Während das Gesetz des Wachstums Wirkung zu zeigen beginnt, sehen wir diesen Vorgang sich wiederholen, bis schließlich die Lilie erscheint und selbst „Solomon in all seiner Pracht nicht wie eine von ihnen geschaffen war."

10. Dennoch, ein Gedanke findet Eintritt in die unsichtbare Substanz des Universellen Bewusstseins, die Substanz, aus der alle Dinge erschaffen werden, und während er Wurzeln schlägt, fängt dasselbe Gesetz des Wachstums an Wirkung zu zeigen, und wir entdecken, daß die Umstände und die Umgebung lediglich eine objektive Form unseres Gedankens sind.

11. Das Gesetz besagt, daß Denken eine aktive, lebenskräftige Form dynamischer Energie ist, welche die Kraft hat, ihrem Ziel zu entsprechen und es aus der unsichtbaren Substanz, aus der alle Dinge geschaffen werden, in die sichtbare oder objektive Welt zu bringen. Das ist das Gesetz, über das und durch das alle Dinge zur Darstellung gelangen. Es ist der Master Key, durch den Du Zugang zum „Geheimen Ort des Allerhöchsten" findest und Dir die „Herrschaft über alle Dinge gegeben wird". Mit dem Verständnis dieses Gesetzes kannst Du „eine Sache bestimmen, und sie wird Dir gegeben werden."

12. Es könnte auch gar nicht anders sein. Wenn die Seele des Universums, so wie wir sie kennen, das Universelle Bewusstsein ist, dann ist das Universum schlichtweg der Zustand, den das Universelle Bewusstsein für sich selbst

erschaffen hat. Wir sind lediglich individualisiertes Bewusstsein und schaffen die Umstände für unser Wachstum auf dieselbe Art und Weise.

13. Diese schöpferische Kraft hängt von unserer Anerkennung der potentiellen Kraft des Bewusstseins ab und darf nicht mit Evolution verwechselt werden. Schöpfung ist das ‚in-Existenz-rufen' von alledem, was in der objektiven Welt noch nicht existiert. Evolution hingegen ist lediglich das Entfalten der Möglichkeiten in Dingen, die bereits vorhanden sind.

14. Wenn wir die wundervollen Möglichkeiten nutzen, die uns durch das Wirken dieses Gesetzes eröffnet werden, müssen wir uns daran erinnern, daß wir selber nichts zu seiner Ausführung beitragen, oder wie ein großer Meister es ausdrückte: „Es bin nicht ich, der die Arbeit tut, sondern der Vater, der in mir weilt; Er verrichtet die Arbeit." Wir müssen genau diese Einstellung einnehmen. Wir können nichts tun, um der Verwirklichung zu helfen. Wir halten uns einfach an das Gesetz, und das ‚Alles erschaffende Bewusstsein' wird das Ergebnis bringen.

15. Der große Fehler heutzutage ist die Idee, daß der Mensch die Intelligenz hervorbringen muß, durch die das Unendliche voranschreiten kann, um ein besonderes Ziel oder Ergebnis herbeizuführen. Nichts dergleichen ist vonnöten. Man kann sich auf das Universelle Bewusstsein verlassen, die Wege und Mittel zu finden, um jede notwendige Manifestation darzustellen. Wir aber müssen das Ideal erschaffen, und dieses Ideal sollte perfekt sein.

16. Wir wissen, daß die Elektrizität regelnden Gesetze so formuliert worden sind, daß diese unsichtbare Kraft kontrolliert und zu unserem Vorteil und Komfort auf Tausenden von Wegen genutzt werden kann. Wir wissen, daß Nachrichten um die Welt getragen werden; daß Maschinen ihre Arbeit tun; daß die Elektrizität praktisch die gesamte Welt erleuchtet – aber wir wissen auch, wenn wir bewußt oder ignorant ihre Gesetze verletzen, indem wir z.B. ein Stromkabel anfassen, wenn es nicht sauber isoliert ist, daß das Ergebnis unangenehm und möglicherweise tödlich sein wird. Ein Mangel an Verständnis der Gesetze der unsichtbaren Welt bringt das gleiche Ergebnis, und viele leiden für lange Zeiten unter den Konsequenzen.

17. Es wurde erklärt, daß das Verursachungsgesetz von Polarität abhängig ist, daß ein Kreislauf geschlossen werden muß. Dieser kann nicht geschlossen werden, es sei denn, wir handeln in Einklang mit diesem Gesetz. Wie sollen wir in Einklang mit dem Gesetz handeln, wenn wir nicht wissen, wie das Gesetz funktioniert? Wie sollen wir wissen, wie das Gesetz funktioniert? Durch Studium; durch Beobachtung.

18. Wir sehen das Gesetz überall in Kraft. Alle Natur legt Zeugnis von diesem Gesetz ab, indem sie sich still und dauerhaft durch das Gesetz des Wachstums Ausdruck verschafft. Wo Wachstum ist, muß Leben sein; wo Leben ist, muß Harmonie sein – so daß alles, was lebt, dauerhaft Umstände und Angebote anzieht, welche es zu seiner vollständigen Entfaltung benötigt.

19. Wenn Dein Gedanke in Übereinstimmung mit dem schöpferischen Prinzip der Natur ist, ist er in Einklang mit dem Universellen Bewusstsein, und er wird den Kreis schließen;

er wird nicht leer zu Dir zurückkehren. Es ist möglich, daß Du Gedanken hegst, die nicht in Einklang mit dem Unendlichen sind, und wenn es keine Polarität gibt, wird der Kreis auch nicht geschlossen. Was ist dann das Ergebnis? Was ist das Ergebnis, wenn ein Dynamo Elektrizität generiert, der Schaltkreis unterbrochen wird und es keinen Auslaß gibt? Der Dynamo funktioniert dann nicht.

20. In Dir wird das gleiche passieren, wenn Du Gedanken unterhältst, die nicht in Übereinstimmung mit dem Unendlichen sind und nicht polarisiert werden können; dann gibt es keinen Kreislauf. Du bist isoliert; die Gedanken haften Dir an, nerven Dich, machen Dir Sorgen und werden Dir schlußendlich Krankheit oder möglicherweise den Tod einbringen. Der Arzt mag diesen Fall nicht auf diese Art und Weise diagnostizieren; er mag ihm einen schicken Namen geben, der für die unzähligen Erkrankungen erschaffen wurde, welche das Ergebnis falschen Denkens sind, die Ursache bleibt jedoch dieselbe.

21. Konstruktives Denken muß zwingenderweise schöpferisch sein, aber schöpferisches Denken muß harmonisch sein, und das vernichtet wiederum jegliches zerstörerisches oder konkurrierendes Denken.

22. Weisheit, Stärke, Mut und alle harmonischen Umstände sind das Resultat von Macht und Kraft, und wir haben gesehen, daß alle Macht und Kraft von innen kommt. Demnach ist jeder Mangel, jede Beschränkung oder jeder negative Umstand das Ergebnis von Schwäche, und Schwäche ist die Abwesenheit von Kraft. Sie kommt von nirgendwo; sie ist nichts. Die Lösung besteht dann darin, Macht und Kraft zu entwickeln. Dieses wird auf genau

dieselbe Art und Weise erreicht, wie sich alle Kraft entwickelt: durch Übung.

23. Diese Übung besteht darin, Dein Wissen anzuwenden. Wissen wendet sich von selbst nicht an; Du mußt es anwenden. Überfluß fällt nicht vom Himmel. Er fällt Dir auch nicht in den Schoß, aber eine bewußte Anerkennung des Gesetzes der Anziehung und die Absicht, es für ein bestimmtes, endgültiges und besonderes Ziel in die Tat umzusetzen – also auch der Wille, diese Aufgabe durchzuführen – wird die Verwirklichung Deiner Wünsche herbeirufen und zwar durch das Gesetz der Übertragung. Wenn Du im Geschäftswesen tätig bist, wird es sich an der Seite regulärer Kanäle entwickeln und vergrößern. Möglicherweise werden neue oder ungewöhnliche Vertriebskanäle aufgetan, und wenn das Gesetz vollkommen in die Tat umgesetzt wird, wirst Du feststellen, daß die Dinge, die Du suchst, auch Dich suchen.

24. Diese Woche suche eine leere Stelle auf einer Wand oder einem anderen bequemen Punkt, wo Du gewöhnlich sitzt und ziehe eine schwarze, waagerechte, ca. 15 cm lange Linie; versuche, diese Linie so zu sehen, als wäre sie einfach nur auf die Wand gemalt. Nun zeichne im Bewusstsein zwei senkrechte Linien, die mit ihren Enden das jeweilige Ende der waagerechten Linie berühren. Ziehe jetzt noch eine weitere waagerechte Linie, welche die beiden senkrechten Linien verbindet. Jetzt hast Du ein Quadrat. Versuche, das Quadrat perfekt zu sehen. Wenn Du das kannst, zeichne einen Kreis innerhalb des Quadrats; setze nun einen Punkt ins Zentrum des Kreises; ziehe diesen Punkt nun ca. 25 cm zu Dir heran. Jetzt hast Du einen Kegel auf einer rechtecki-

gen Grundlage. Du wirst Dich erinnern, daß Deine Arbeit in schwarz gehalten war; ändere sie zu weiß, zu rot, zu gelb.

25. Wenn Du das schaffst, machst Du ausgezeichnete Fortschritte und wirst bald in der Lage sein, Dich auf jedes andere Problem zu konzentrieren, das Du im Bewusstsein hast.

FRAGEN UND ANTWORTEN

91. **Was ist Wohlstand?**
Wohlstand ist das Ergebnis von Macht.

92. **Welchen Wert haben Besitztümer?**
Besitztümer haben nur in soweit Wert, wie sie Macht übertragen.

93. **Welchen Wert hat das Wissen von Ursache und Wirkung?**
Es befähigt den Menschen, mutig zu planen und furchtlos auszuführen.

94. **Wie entsteht Leben in der organischen Welt?**
Nur durch das Einfließen einer lebendigen Form. Es gibt keinen anderen Weg.

95. **Was ist das Bindeglied zwischen dem Endlichen und dem Unendlichen?**
Denken ist das Bindeglied.

96. **Und warum ist das so?**
Weil sich das Universelle nur durch das Individuelle Ausdruck verschaffen kann.

97. **Wovon hängt die Verursachung ab?**
Von Polarität. Ein Kreislauf muß geschlossen werden. Das Universelle ist der positive Pol der Batterie des Lebens, das Individuelle der negative. Denken stellt den Kreislauf her.

98. **Warum schaffen es so viele nicht, sich harmonische Umstände zu sichern?**
Sie verstehen das Gesetz nicht. Es entsteht keine Polarität. Sie haben den Kreislauf nicht geschlossen.

99. **Was ist die Lösung?**
Ein bewußtes Anerkennen des Gesetzes der Anziehung, mit der Absicht, es für ein bestimmtes Ziel zur Darstellung zu bringen.

100. **Was wird das Ergebnis sein?**
Denken wird mit dem Objekt in Wechselbeziehung stehen und es zur Darstellung bringen, weil Denken das Produkt des geistigen Menschen und das schöpferische Prinzip des Universums ist.

11

INDUKTIVES DENKEN

Dein Leben wird durch Gesetze geregelt, durch tatsächliche, unabänderbare Prinzipien, die niemals abweichen. Diese Gesetze wirken jederzeit und überall. Festgelegte Gesetze sind die Grundlage jeglicher menschlicher Aktivität. Aus diesem Grund sind Menschen, die gigantische Industrien kontrollieren, in der Lage, mit absoluter Genauigkeit vorherzusagen, welcher Prozentsatz von 100,000 Personen auf bestimmte Umstände reagieren wird.

Man tut gut daran, sich zu erinnern: Während jede Wirkung das Ergebnis einer Ursache ist, wird die Wirkung selbst wieder zu einer Ursache. Diese Ursache erschafft dann weitere Wirkungen, so daß Du – wenn Du das Gesetz der Anziehung in die Tat umsetzt – bedenken mußt, daß Du eine Verursachungskette unendlichen Potentials in Bewegung setzt – zum Guten oder zum Bösen.

Oft hören wir Menschen sagen: „Eine sehr erschütternde Situation ist über mein Leben gekommen, die nicht das Ergebnis meiner Gedanken gewesen sein kann, da ich gewiß nie solch einen Gedanken gehegt habe, der zu solch einem Ergebnis hätte führen können.“ Sie vergessen dabei, daß in der spirituellen Welt Gleiches Gleiches anzieht und daß uns die Gedanken, die wir hegen, Freundschaften und Partnerschaften einer besonderen Art bringen. Diese wiederum führen Umstände und eine Umgebung herbei, die für jene Umstände verantwortlich sind, über die wir uns beschweren.

1. Induktives Denken ist der Vorgang des Objektiven Bewusstseins, durch den wir eine Anzahl unterschiedlicher Einzelfälle miteinander vergleichen, bis wir den gemeinsamen Nenner gefunden haben, aus dem sie alle hervorgehen.

2. Induktion (Ableiten oder auch Herleiten, d.h. vom Besonderen aufs Allgemeine schließen, Anm. d. Ü.) geschieht durch das Vergleichen von Tatsachen. Es ist diese Methode des Studiums der Natur, welche die Entdeckung einer Reihe von Gesetzen zur Folge hatte, die eine Ära des menschlichen Fortschritts markierte.

3. Es ist die Trennlinie zwischen Aberglaube und Intelligenz. Es hat die Elemente der Ungewißheit und Laune aus dem Leben des Menschen entfernt und sie durch Gesetz, Urteilsvermögen und Gewißheit ersetzt.

4. Es ist der in einem vorherigen Kapitel erwähnte „Wächter vor dem Tor“.

5. Wenn aufgrund dieses Prinzips die Welt, an die sich die Sinne gewöhnt haben, revolutioniert wurde; wenn die Sonne auf ihrem Kurs festgesetzt, die scheinbar flache Erde in eine Kugel umgeformt und auf die Reise um die Sonne geschickt, die unbelebte Masse in aktive Elemente aufgelöst wurde und – ganz gleich, worauf wir das Teleskop oder Mikroskop ausrichteten – sich das Universum mit Kraft, Bewegung und Leben gefüllt präsentierte, dann sind wir gezwungen, die Frage zu stellen, auf welche Art diese delikaten Organisationsformen in unserem Blickfeld in Ordnung und Bestand gehalten werden.

6. Gleiche Pole – oder gleiche Kräfte – stoßen einander ab oder bleiben füreinander undurchdringlich. Diese Ursache scheint im Allgemeinen ausreichend zu sein, den Sternen sowohl Ort und Distanz als auch den Menschen und Kräften ihren richtigen Platz zuzuordnen. So wie Menschen verschiedener Qualitäten Partnerschaften eingehen, so

ziehen sich unterschiedliche Pole an. Elemente wie Säuren und Gase, die keine gemeinsamen Eigenschaften haben, haften aneinander, und zwischen Angebot und Nachfrage wird ein allgemeiner Austausch aufrechterhalten.

7. So, wie das Auge nach Farben sucht, komplementär zu denen, die es sieht, und daraus Zufriedenheit erfährt, so leiten und bestimmen – im weitesten Sinne – Bedürfnis, Wollen und Wunsch die letztendliche Tat.

8. Es ist unser Privileg, sich dieses Prinzips bewußt und in Übereinstimmung damit tätig zu werden. Georges Cuvier sieht einen Zahn, der zu einer ausgestorbenen Tierrasse gehört. Dieser Zahn braucht einen Körper zur Ausführung seiner Funktion, und er definiert den von ihm benötigten, besonderen Körper mit solch einer Genauigkeit, daß Cuvier das Skelett dieses Tieres rekonstruieren kann.

9. In der Bewegung vom Uranus werden Störungen beobachtet. Urbain Le Verrier benötigt einen anderen Stern an einem bestimmten Platz, um das Sonnensystem in seiner (vom Menschen erkannten, Anm. d. Ü.) Ordnung zu halten, und Neptun erscheint genau an diesem Platz und zur vorhergesehenen Stunde.

10. Das instinktive Verlangen des Tieres und die intellektuellen Bedürfnisse von Cuvier, die Bedürfnisse der Natur und die des Bewusstseins von Le Verrier waren identisch – und somit auch die Ergebnisse. Hier die Gedanken einer Existenz, dort die Existenz. Ein wohl definierter, gesetzestreuer Wille liefert somit die Grundlage für die komplexeren Abläufe in der Natur.

11. Nachdem wir die uns von der Natur gelieferten Antworten korrekt aufgeschrieben und unsere Sinne mit der wachsenden Wissenschaft über ihre Oberfläche ausgestreckt haben; nachdem wir mit den Hebeln, die die Erde bewegen, Hand in Hand gegangen sind, werden wir uns eines solch nahen, vielschichtigen und tiefen Kontakts mit der äußeren Welt bewußt, daß unsere Bedürfnisse und Ziele nicht weniger mit dem harmonischen Treiben dieser umfangreichen Organisation identifiziert werden als das Leben, die Freiheit und die Glückseligkeit des Bürgers mit dem des Bestehens seiner Regierung.

12. Da die Interessen des Individuums durch die Waffen seines Landes – und seinen eigenen – geschützt werden und seine Versorgungsbedürfnisse von einem Grad abhängig sind, zu dem man sie universeller und steter fühlt, auf die gleiche Art und Weise bewahrt uns eine bewußte Teilnahme im Reich der Natur durch die Verbindung mit höheren Mächten vor den Ärgernissen niederer Kräfte. Durch einen Aufruf an die fundamentalen Gesetze des Widerstandes oder des Anreizes, welche sich mechanischer oder chemischer Mittel bedienen, wird die zu verrichtende Arbeit zwischen ihnen und dem Menschen zum größten Ruhm und Vorteil des Erfinders aufgeteilt.

13. Wenn Plato Zeuge von Aufnahmen der Sonne hätte werden können, die durch einen Fotografen erstellt wurden, oder hunderte ähnlicher Illustrationen dessen, was der Mensch durch Einarbeitung (in jedwede Thematik, Anm. d. Ü.) schaffen kann, hätte es ihn vielleicht an die geistige Hilfestellung seitens seines Meisters erinnert. In seinem eigenen Bewusstsein wäre dann vielleicht die Vision eines Landes entstanden, in dem alle manuelle, mechanische Arbeit und

Wiederholung den Kräften der Natur untergeordnet ist; wo all unsere Bedürfnisse durch rein geistige Handlungen mittels des Willens befriedigt und in Bewegung gesetzt werden, und wo das Angebot durch die entsprechende Nachfrage erschaffen wird.

14. Wie weit entfernt das Land auch erscheinen mag, induktives Denken hat den Menschen gelehrt, sich ihm zu nähern, und es hat ihn mit Wohltaten umgeben, welche gleichzeitig der Lohn für vergangene Treue und ein Anreiz für noch aufopferungsvollere Hingabe sind.

15. Es ist ebenso eine Hilfe, unsere Fähigkeiten für den noch ausstehenden Teil zu konzentrieren und zu stärken und uns durch die einfache Tatkraft des Bewusstseins in seiner reinsten Form fehlerfreie Lösungen sowohl für individuelle als auch universelle Probleme zu liefern.

16. Hier finden wir eine Methode, deren Kern der Glaube ist, daß das, was wir ersuchen, bereits vollendet ist, um es zu vollenden. Eine Methode, uns vererbt vom gleichen Plato, der außerhalb dieser Sphäre niemals finden konnte, wie diese Ideen letztendlich Wirklichkeit wurden.

17. Diese Auffassung wurde auch von Swedenborg in seiner Doktrin der Übereinstimmungen sorgfältig dargelegt, und ein noch größerer Lehrer sagte einmal: „Welch Dinge Du Dir immer wünschst, wenn Du betest, glaube, daß Du es bereits erhalten hast, und es wird Dir zuteil werden." (Markus 11:24). Der Unterschied der Zeiten in dieser Aussage ist bemerkenswert.

18. Wir müssen erst glauben, daß uns der Wunsch bereits erfüllt wurde; seine Vollendung wird dann folgen. Dies ist eine präzise Anweisung, von der schöpferischen Macht des Gedankens Gebrauch zu machen, indem wir dem Universellen, Subjektiven Bewusstsein die von uns gewünschte Sache als bereits bestehende Tatsache aufprägen.

19. Wir denken somit auf der Ebene des Absoluten, eliminieren alle Erwägungen beschränkender Umstände und pflanzen eine Saat, die – wenn ungestört – schlußendlich zu einer äußeren Darstellung führen wird.

20. Um es zu wiederholen: Induktives Denken ist der Vorgang des Objektiven Bewusstseins, durch den wir eine Anzahl voneinander getrennter Einzelfälle miteinander vergleichen, bis wir den gemeinsamen Nenner gefunden haben, aus dem sie allesamt hervorgehen. Wir sehen Menschen in jedem zivilisierten Land der Welt, die sich durch einen Vorgang Ergebnisse sichern, den sie selbst nicht zu verstehen scheinen und der ihnen mehr oder weniger Rätsel aufgibt. Unser Urteilsvermögen wird uns zu dem Zweck gegeben, uns des Gesetzes zu vergewissern, durch das diese Ergebnisse erzielt werden.

21. Die Durchführung dieses Gedankenvorganges ist solchen glücklichen Naturen vorbehalten, die all das besitzen, was andere durch Schwerstarbeit erwerben müssen; die nie mit ihrem Gewissen kämpfen müssen, da sie immer korrekt handeln; sich immer taktvoll aufführen; alles leicht erlernen; all das, was sie angefangen haben, mit fröhlicher Natur vollenden; in ewiger Harmonie mit sich selbst leben, ohne sich je groß Gedanken darüber zu machen, was sie tun, oder jemals Schwierigkeiten oder Mühe erfahren.

22. Die Frucht dieses Gedankens ist wie ein Geschenk der Götter; ein Geschenk aber, das wenige bisher erkennen, schätzen oder verstehen. Das Erkennen dieser erstaunlichen Kraft, die das Bewusstsein unter den richtigen Umständen besitzt, und die Tatsache, daß diese Kraft genutzt, geleitet und zur Lösung eines jeden menschlichen Problems verfügbar gemacht werden kann, ist von übergeordneter Bedeutung.

23. Alle Wahrheit ist dieselbe, ganz gleich, ob sie durch moderne, wissenschaftliche Begriffe oder in der Sprache apostolischer Zeiten ausgedrückt wird. Es gibt zaghafte Seelen, die nicht begreifen, daß die Vollständigkeit der Wahrheit mehrerer Aussagen bedarf – daß keine einzige, menschliche Formel jemals alle Seiten davon aufzeigen wird.

24. Veränderung, Gewichtung, neue Sprachen, neue Auslegungen und ungewöhnliche Perspektiven sind – wie manche meinen – keine Zeichen der Abkehr von der Wahrheit, sondern, ganz im Gegenteil, sind sie der Beweis dafür, daß sich der Wahrheit bezüglich neuer menschlicher Bedürfnisse genähert wurde und sie allgemein besser verstanden wird.

25. Die Wahrheit muß jeder Generation und jedem Menschen auf neue und verschiedene Art und Weise vermittelt werden, so daß, wenn der große Lehrer sagt: „Glaube, daß Du erhalten wirst, und Du wirst erhalten“, oder wenn Paulus sagt: „Glaube ist die Substanz der erhofften Dinge, der Beweis der noch unsichtbaren Dinge“, oder wenn die moderne Wissenschaft sagt: „Das Gesetz der Anziehung ist das Gesetz, durch welches das Denken mit seinem Objekt in Bezug steht“, dann enthält jede Aussage, wenn sie einer

Analyse unterzogen wird, genau dieselbe Wahrheit. Der einzige Unterschied liegt in der Form der Darstellung.

26. Wir stehen auf der Schwelle zu einer neuen Ära. Die Zeit ist gekommen, wo der Mensch die Geheimnisse der Meisterschaft erlernt hat und der Weg für eine neue soziale Ordnung vorbereitet wird, wundervoller als alles jemals Erträumte. Der Konflikt der modernen Wissenschaft mit der Theologie, die Studie der vergleichbaren Religionen, die ungeheure Kraft der sozialen Bewegungen – all diese machen den Weg frei für diese neue Ordnung. Sie mögen traditionelle Formen zerstört haben, die veraltet und kraftlos geworden sind, doch nichts von Wert ist verloren gegangen.

27. Ein neuer Glaube ist geboren; ein Glaube, der neue Ausdrucksformen erforderlich macht. Dieser Glaube nimmt in einem tiefen Bewusstsein der Kraft Formen an, welche sich in den gegenwärtigen spirituellen Aktivitäten zeigt, die überall ersichtlich sind.

28. Das Bewusstsein, das im Mineralreich schläft, in der Pflanze atmet, sich im Tierischen bewegt und seine höchste Entwicklung im Menschen erreicht, ist das Universelle Bewusstsein, und es ermutigt uns, den Abgrund zwischen Sein und Tun, wie auch zwischen Theorie und Praxis zu überbrücken, indem wir unser Verständnis der uns zugeordneten Herrschaft aufzeigen.

29. Die bei weitem großartigste Entdeckung aller Jahrhunderte ist die Macht des Denkens. Die Bedeutung dieser Entdeckung erreichte zwar ein wenig langsam das allgemeine Bewusstsein der Menschen, doch sie ist angekommen, und

die Bedeutung dieser größten aller Entdeckungen wird bereits auf allen Gebieten der Forschung aufgezeigt.

30. Du fragst, aus was diese schöpferische Kraft des Gedankens besteht? Sie besteht aus dem Schaffen von Ideen, und diese wiederum stellen sich dar durch das Annähern, Erfinden, Beobachten, Trennen, Entdecken, Analysieren, Entscheiden, Regeln, Kombinieren und der Anwendung von Masse und Kraft. Sie kann das bewerkstelligen, weil sie eine intelligente, schöpferische Kraft ist.

31. Denken erreicht seine höchste Aktivität, wenn es in seine eigenen geheimnisvollen Tiefen gestürzt wird; wenn es durch die Enge seines eigenen Selbst bricht und es von Wahrheit zu Wahrheit in die Regionen des ewigen Lichts voranschreitet, wo all das, was ist, was war oder jemals sein wird, zu einem einzigen großartigen Einklang verschmilzt.

32. Aus diesem Vorgang der Selbstbetrachtung entsteht Eingebung, welche schöpferische Intelligenz ist und zweifellos über jedes Element, jede Kraft oder jedes Gesetz der Natur erhaben, denn sie kann sie zu ihrem eigenen Nutzen verstehen, modifizieren, regeln oder anwenden – und somit besitzen.

33. Weisheit beginnt mit dem Zeitalter der Vernunft. Die Vernunft ist lediglich ein Verstehen des Wissens und der Prinzipien, durch die wir die wahre Bedeutung der Dinge kennenlernen. Weisheit ist dann erleuchtete Vernunft, und diese Weisheit führt zu Demut, denn Demut ist ein großer Teil der Weisheit.

34. Wir alle kennen viele Menschen, die das scheinbar Unmögliche erreicht haben; die sich lebenslange Träume erfüllt haben; die alles einschließlich sich selbst geändert haben. Wir haben manchmal die Demonstration einer scheinbar unwiderstehlichen Macht bestaunt, die scheinbar immer dann verfügbar war, wenn sie am meisten benötigt wurde, aber jetzt ist alles klar. Alles, was benötigt wird, ist ein Verständnis bestimmter genauer, fundamentaler Prinzipien und deren passende Anwendung.

35. Als Übung dieser Woche konzentriere Dich auf das folgende Bibtelzitat: „*Was immer Du Dir wünschst, wenn Du betest, glaube, daß Du es bereits erhalten hast, und es wird Dir zuteil werden.*“ Beachte, daß es hier keinerlei Beschränkung gibt. ‚Was immer‘ ist definitiv und bedeutet, daß die einzige Beschränkung in unserer Fähigkeit liegt, zu denken; mit der Gelegenheit identisch zu sein; im Notfall aufzuerstehen; sich zu erinnern, daß Glaube kein Schatten ist, sondern eine Substanz, „*die Substanz der erhofften Dinge, der Beweis der noch unsichtbaren Dinge.*“

FRAGEN UND ANTWORTEN

101. **Was ist induktives Denken?**
Der Vorgang des Objektiven Bewusstseins, durch den wir eine Anzahl voneinander getrennter Einzelfälle miteinander vergleichen, bis wir den gemeinsamen Nenner erkennen, aus dem alle hervorgehen.

102. **Was hat diese Studienmethode erreicht?**
Sie hat in der Entdeckung der Herrschaft von Gesetzen resultiert, die eine Epoche des menschlichen Fortschritts markiert hat.

103. **Was ist es, was Taten leitet und bestimmt?**
Es sind Bedürfnis, Wollen und Wunsch, welche im weitesten Sinne Taten leiten und bestimmen.

104. **Was ist die Formel für eine fehlerlose Lösung eines jeden individuellen Problems?**
Wir müssen glauben, daß sich unser Wunsch bereits erfüllt hat; sein Erreichen wird dann folgen.

105. **Welche großen Lehrer waren Fürsprecher?**
Jesus, Plato, Swedenborg.

106. **Was ist das Ergebnis dieses Gedankenprozesses?**
Wir denken auf der Ebene des Absoluten und säen eine Saat, die – wenn ungestört – Früchte trägt.

107. **Warum ist das wissenschaftlich exakt?**
Weil es ein natürliches Gesetz ist.

108. **Was ist Glaube?**
„Glaube ist die Substanz der erhofften Dinge, der Beweis der noch unsichtbaren Dinge."

109. **Was ist das Gesetz der Anziehung?**
Das Gesetz, durch das Glaube zur Darstellung gebracht wird.

110. **Welche Bedeutung verknüpfst Du mit dem Verständnis dieses Gesetzes?**
Es hat die Elemente der Ungewißheit und Laune aus dem Leben der Menschen verbannt und mit Gesetz, Urteilsvermögen und Gewißheit ersetzt.

12

WISSEN, WAGEN, WOLLEN, SCHWEIGEN

Teil Zwölf ist hiermit überreicht. Im vierten Absatz ist folgende Aussage zu finden: „Du muß zunächst das Wissen um Deine Macht und Kraft haben; zweitens: den Mut, zu wagen; drittens: das Vertrauen, es zu tun.“ Wenn Du Dich auf die gegebenen Gedanken konzentrierst, wenn Du ihnen Deine gesamte Aufmerksamkeit schenkst, wirst Du in jedem Satz eine Welt voller Bedeutung finden und wirst andere Gedanken anziehen, die damit in Einklang stehen. Du wirst Dir bald der vollen Bedeutung dieses lebenswichtigen Wissens bewußt werden, auf das Du Dich konzentrierst.

Wissen wendet sich von selbst nicht an; wir als Individuen müssen es anwenden, und die Anwendung besteht daraus, den Gedanken mit einem lebendigen Sinn zu versehen.

Die Zeit und Gedanken, die die meisten Menschen in zielloser Ausübung verschwenden, würden Wunder vollbringen, wenn sie auf ein spezielles Objekt ausgerichtet wären. Um das zu erreichen, ist es notwendig, Deine geistige Kraft auf einen spezifischen Gedanken zu lenken und ihn dort unter Ausschluß aller anderen Gedanken zu halten. Wenn Du jemals durch das Prisma einer Kamera geschaut hast, wirst Du festgestellt haben, daß das Bild insgesamt verschwommenen und unscharf war, wenn das Objekt in seiner Mitte nicht fokussiert wurde. Nach der Korrektur wurde das gesamte Bild jedoch klar und deutlich. Das zeigt die Kraft der Konzentration. Bis Du Dich nicht vollkommen auf das Objekt konzentrieren kannst, das Du im Blickfeld hast, wirst Du nur einen nebligen, verschwommenen, unwesentlichen, vagen und nicht zu unterscheidenden Umriß Deines Ideals haben, und das Ergebnis wird in Übereinstimmung mit Deinem geistigen Bild sein.

1. Es gibt kein Ansinnen im Leben, das nicht durch das wissenschaftliche Verständnis der schöpferischen Kraft des Gedankens bestmöglichst erreicht werden kann.

2. Die Kraft, zu denken, ist uns allen gemein. Der Mensch ist, weil er denkt. Des Menschen Kraft, zu denken, ist unbeschränkt; dementsprechend sind seine schöpferischen Kräfte ebenso unbeschränkt.

3. Wir wissen, daß Denken die von uns gedachte Sache für uns erschafft und wirklich näher bringt, doch wir finden es schwer, Angst, Sorge oder Entmutigung zu verbannen. Sie alle sind starke Gedankenkräfte, die kontinuierlich die von uns erwünschten Dinge entfernen, so daß es oft einen Schritt vorwärts und zwei Schritte zurück sind.

4. Der einzige Weg, sie am Zurückgleiten zu hindern, ist der, daß man voranschreitet. Ewige Achtsamkeit ist der Preis des Erfolges. Es gibt drei Schritte, und jeder davon ist absolut notwendig. Du mußt zunächst das Wissen um Deine Kraft haben. Zweitens: den Mut, es zu wagen. Drittens: das Vertrauen, es zu tun.

5. Mit dieser Grundlage kannst Du ein ideales Geschäft erschaffen, ein ideales Heim, ideale Freunde und eine ideale Umgebung. Du bist nicht eingeschränkt, was Material oder Kosten anbelangt. Denken ist allmächtig und hat die Kraft, von der unendlichen Bank der Ursprünglichen Substanz all das zu beziehen, was es benötigt. Dir stehen somit unendliche Ressourcen zur Verfügung.

6. Dein Ideal muß aber scharf, klar umrissen und endgültig sein. Heute ein Ideal zu haben, morgen ein anderes und nächste Woche ein drittes, bedeutet, daß Du Deine Kräfte verstreust und nichts erreichst. Das Ergebnis wird eine bedeutungslose und chaotische Kombination von Abfallmaterial sein.

7. Unglücklicherweise ist dies das Ergebnis, welches sich viele Menschen sichern, und die Ursache ist offensichtlich. Wenn ein Bildhauer mit einem Stück Marmor und einem Meißel beginnt, sein Ideal dann aber alle 15 Minuten ändert, was für ein Ergebnis kann er da erwarten? Und warum solltest Du beim Formen der großartigsten und plastischsten aller Substanzen – der einzig wahren Substanz – ein anderes Ergebnis erwarten?

8. Das Ergebnis dieser Entscheidungslosigkeit und dieses negativen Denkens zeigt sich häufig im Verlust materiellen Wohlstands. Als sicher aufgefasste Unabhängigkeit, die viele Jahre harter Arbeit und Anstrengung erforderte, verschwindet plötzlich. Man stellt dann oft fest, daß Geld und Grund gar keine Unabhängigkeit bedeuten. Im Gegenteil, die einzige Unabhängigkeit ist ein praktisches, anwendbares Wissen der schöpferischen Kraft des Denkens.

9. Diese praktische Arbeitsmethode kann nicht zu Dir kommen, wenn Du nicht lernst, daß die einzig wahre Kraft, über die Du verfügst, diejenige ist, Dich an das Göttliche und seine unveränderlichen Prinzipien anzupassen. Du kannst das Unendliche nicht ändern, aber Du kannst zu einem Verständnis seiner Natürlichen Gesetze kommen. Der Lohn dieses Verständnisses ist eine bewußte Erkenntnis Deiner Fähigkeit, Deine gedankliche Kraft dem Univer-

sellen Gedanken anzupassen, welcher allgegenwärtig ist. Deine Fähigkeit, mit dieser Allmacht zusammenzuarbeiten, wird auf das Ausmaß an Erfolg hindeuten, auf das Du triffst.

10. Die Kraft des Denkens hat viele Fälschungen, die mehr oder weniger faszinierend sind, die Ergebnisse aber werden schädigend anstatt hilfreich sein.

11. Natürlich produzieren Sorge, Angst und alle negativen Gedanken eine entsprechende Ernte. Jene, die diese Art von Gedanken unterhalten, müssen unausweichlich das ernten, was sie gesät haben.

12. Noch einmal: es gibt die Phänomensuchenden, die sich an sogenannten Beweisen und Demonstrationen ergötzen, die sie im Verlaufe materialisierender Sitzungen erhalten haben. Sie öffnen ihre geistigen Tore und tränken sich in dem giftigsten Fluß, der in der psychischen Welt gefunden werden kann. Sie scheinen nicht zu begreifen, daß es die Fähigkeit ist, negativ, empfänglich und passiv zu sein und somit all ihrer Lebenskraft beraubt zu werden, was sie befähigt, diese vibratorischen Gedankenformen herbeizuführen.

13. Dann gibt es auch die Hinduanbeter, die in den sich darstellenden Phänomenen, welche von sogenannten Adepten durchgeführt werden, eine Quelle der Kraft sehen, dabei aber vergessen oder es überhaupt nicht begreifen, daß, sobald der Wille entfernt wurde, die Formen vergehen und die vibratorischen Kräfte, aus denen sie bestehen, verschwinden.

14. Telepathie, oder Gedankenübertragung, hat beachtliche Aufmerksamkeit erhalten. Da es aber eines negativen, geistigen Zustands seitens des Empfängers bedarf, ist diese Praxis schädlich. Ein Gedanke mag mit der Absicht des Hörens oder Sehen gesendet worden sein, aber er wird die Bestrafung mit sich bringen, die der Umkehr dieses Prinzips anhaftet.

15. In vielen Fällen sind hypnotische Zustände sowohl für den Empfänger als auch den Ausübenden gefährlich. Niemand, der mit den Gesetzen vertraut ist, die in der geistigen Welt herrschen, würde nur daran denken zu versuchen, den Willen eines anderen zu beherrschen, denn wenn er es tut, entledigt er sich langsam aber sicher seiner eigenen Kraft.

16. All diese Perversionen haben eine zeitweise Befriedigung und für einige eine gewisse Faszination, doch es gibt eine unendlich größere Faszination in dem wahren Verständnis der inneren Welt der Macht; eine Macht, die durch Gebrauch wächst; die dauerhaft anstatt flüchtig ist; die nicht nur als Gegenmittel zur Heilung vergangener Fehler oder dem Ergebnis falschen Denkens eingesetzt werden kann, sondern auch zur Vorbeugung; die uns vor jeglicher Art und Form von Gefahr schützt und schlußendlich auch eine wahre schöpferische Kraft ist, mit der wir neue Umstände und neue Umgebungen erschaffen können.

17. Es ist Gesetz, daß Gedanken mit dem Objekt in Bezug stehen und es in der materiellen Welt in Übereinstimmung mit der in der geistigen Welt gedachten oder produzierten Sache darstellen werden. Wir stellen dann die absolute Notwendigkeit fest, daß jeder Gedanke die vererbte Saat der Wahrheit in sich trägt, so daß das Gesetz des Wachstums

das Gute zur Darstellung bringt, denn allein das Gute kann dauerhafte Kraft übertragen.

18. Das Prinzip, das dem Gedanken die dynamische Kraft gibt, mit seinem Ziel in Wechselbeziehung zu stehen und somit jede widrige menschliche Erfahrung zu meistern, ist das Gesetz der Anziehung, was nur ein anderer Name für Liebe ist. Dieses ist ein unendliches und grundlegendes Prinzip, innewohnend in allen Dingen, in jedem philosophischen System, in jeder Religion und jeder Wissenschaft. Man kann dem Gesetz der Liebe nicht entkommen. Es ist das Fühlen, das dem Gedanken Lebenskraft gibt. Fühlen ist Wünschen, und Wünschen ist Liebe. Mit Liebe durchtränktes Denken wird unbezwingbar.

19. Wir finden diese Wahrheit nachdrücklich betont, wo immer die Macht des Denkens verstanden wird. Das Universelle Bewusstsein ist nicht nur Intelligenz, sondern auch Substanz. Diese Substanz ist die anziehende Kraft, die Elektronen durch das Gesetz der Anziehung zusammenbringt, damit sie Atome formen können. Die Atome wiederum werden durch dasselbe Gesetz zusammengebracht und formen Moleküle. Moleküle nehmen objektive Formen an, und so finden wir, daß das Gesetz der Liebe die schöpferische Kraft hinter jeder Darstellung ist, nicht nur von Atomen, sondern von Welten, dem Universum, von allem, von dem sich die Vorstellungskraft ein Bild machen kann.

20. Es ist das Wirken dieses wunderbaren Gesetzes der Anziehung, das dazu geführt hat, daß Menschen durch die Jahrhunderte hindurch geglaubt haben, daß es irgendein Wesen geben muß, welches auf ihre Wünsche und Anfragen

antwortet und Ereignisse abändert, um ihren Bedürfnissen nachzukommen.

21. Es ist die Kombination von Gedanken und Liebe, die eine unwiderstehliche Kraft bilden, welche das Gesetz der Anziehung genannt wird. Alle Natürlichen Gesetze sind unwiderstehlich: das Gesetz der Anziehungskraft, das der Elektrizität oder jedes andere Gesetz, das mit mathematischer Genauigkeit funktioniert. Es gibt keine Abweichung. Es kann nur der Vertriebskanal sein, der unvollkommen ist. Wenn eine Brücke zusammenfällt, führen wir den Zusammenbruch nicht auf eine Abweichung des Gesetzes der Erdanziehung zurück. Wenn ein Licht ausgeht, ziehen wir nicht daraus den Schluß, daß man sich nicht auf die Gesetze der Elektrizität verlassen kann, und wenn das Gesetz der Anziehung durch eine unerfahrene oder uninformierte Person unvollständig demonstriert wird, schließen wir daraus auch nicht, daß das großartigste und unfehlbarste Gesetz, von dem das gesamte Schöpfungssystem abhängig ist, außer Kraft gesetzt wurde. Wir sollten vielmehr daraus schließen, daß es etwas mehr Verständnis dieses Gesetzes bedarf, aus dem gleichen Grund, wie die richtige Lösung für ein schwieriges Problem in der Mathematik auch nicht immer sofort und leicht zu erhalten ist.

22. Dinge werden in der geistigen oder spirituellen Welt erschaffen, bevor sie sich nach außen hin darstellen. Durch den einfachen Vorgang der Regelung unserer Gedankenkräfte können wir heute die Ereignisse erschaffen helfen, die in der Zukunft in unserem Leben eintreten werden, vielleicht sogar schon morgen. Geschultes Wünschen ist das kraftvollste Mittel, um das Gesetz der Anziehung in Bewegung zu setzen.

23. Der Mensch ist so aufgebaut, daß er sich zunächst die Werkzeuge erschaffen muß, durch die er die Kraft zum Denken erhält. Das Bewusstsein kann eine vollkommen neue Idee nicht verstehen, bis eine entsprechend schwingende Gehirnzelle zum Empfang vorbereitet wurde. Das erklärt, warum es für uns so schwierig ist, eine vollkommen neue Idee zu empfangen oder sie zu schätzen. Wir haben keine Gehirnzellen, die sie empfangen können. Wir sind somit skeptisch; wir glauben es nicht.

24. Wenn Du mit der Allmacht des Gesetzes der Anziehung und seinen wissenschaftlichen Methoden nicht vertraut bist, durch die es in die Tat umgesetzt werden kann, oder mit den unbegrenzten Möglichkeiten, die sie denjenigen eröffnet, die befähigt sind, den Vorteil aus den sich bietenden Ressourcen zu ziehen, fange jetzt an und erschaffe die benötigten Gehirnzellen, die Dich befähigen, die unbegrenzten Kräfte zu verstehen, die Du Dir durch die Zusammenarbeit mit natürlichen Gesetzen zu eigen machen kannst. Das geschieht durch Konzentration oder Aufmerksamkeit.

25. Die Absicht lenkt die Aufmerksamkeit. Kraft kommt durch Stille. Es ist durch Konzentration, daß tiefe Gedanken, weise Reden und alle Kräfte höherer Art erreicht werden.

26. Es ist in der Stille, daß Du in Kontakt mit der Allmächtigen Kraft des Unterbewusstseins trittst, aus dem alle Kraft entsteht.

27. Derjenige, der sich Weisheit, Macht oder dauerhaften Erfolg jeglicher Art erwünscht, wird all das nur im Innen finden; es ist ein Entfaltungsprozeß. Der Nicht-Denkende mag meinen, daß Stille sehr einfach erreicht werden kann,

aber man sollte sich daran erinnern, daß man nur in absoluter Stille in Kontakt mit der Göttlichkeit selbst kommt. Der Nicht-Denkende mag von dem unveränderbaren Gesetz hören und für sich selbst die Kanäle öffnen, durch die beharrliche Praxis und Konzentration zur Perfektion führen.

28. In dieser Woche gehe in denselben Raum, nimm denselben Stuhl und dieselbe Position wie zuvor. Entspanne Dich, lasse los – sowohl geistig als auch körperlich. Tue das immer. Versuche nie, geistige Arbeit unter Druck zu verrichten. Siehe zu, daß Du keine angespannten Muskeln oder Nerven hast; daß Du vollkommen entspannt bist. Erkenne jetzt Deine Einheit mit der Allmacht; tritt mit dieser Macht in Kontakt; komme zu dem tiefen und lebenswichtigen Verständnis, einer Schätzung und Realisierung der Tatsache, daß Deine Fähigkeit, zu denken, Deine Fähigkeit ist, auf das Universelle Bewusstsein einzuwirken und es zur Darstellung zu bringen. Erkenne, daß es jedes Bedürfnis befriedigt; daß Du genau die gleiche schlummernde Fähigkeit hast, die auch jedes andere Individuum jemals hatte oder jemals haben wird, denn jeder ist nur ein Ausdruck oder eine Darstellung des Einen. Alle sind Teile des Ganzen; es gibt keinen Unterschied in Art oder Qualität; der einzige Unterschied ist ein gradueller.

FRAGEN UND ANTWORTEN

111. **Wie kann jegliches Ansinnen im Leben am besten erreicht werden?**
Durch ein wissenschaftliches Verständnis der geistigen Natur des Denkens.

112. **Welche drei Schritte sind absolut notwendig?**
Das Wissen um unsere Kraft, den Mut, es zu wagen, das Vertrauen, es zu tun.

113. **Wie kann man sich ein praktisches Arbeitswissen sichern?**
Durch ein Verständnis der Natürlichen Gesetze.

114. **Was ist die Belohnung des Verständnisses dieser Gesetze?**
Ein bewußtes Erkennen unserer Fähigkeiten, uns dem Göttlichen und unveränderbaren Prinzip anzupassen.

115. **Was wird den Grad des Erfolges anzeigen, den wir antreffen werden?**
Der Grad, zu dem wir erkennen, daß wir das Unendliche nicht ändern können, sondern mit ihm zusammenarbeiten müssen.

116. **Was ist das Prinzip, das dem Gedanken seine dynamische Kraft gibt?**
Das Gesetz der Anziehung, das auf Schwingungen basiert, welche wiederum auf dem Gesetz der Liebe basieren. Denken - durchtränkt mit Liebe - wird unbezwingbar.

117. **Warum ist dieses Gesetz unwiderstehlich?**
Weil es ein Natürliches Gesetz ist. Alle Natürlichen Gesetze sind unwiderstehlich und unveränderlich und agieren mit mathematischer Genauigkeit. Es gibt keine Abweichung.

118. **Warum scheint es dann manchmal schwierig zu sein, eine Lösung für Probleme in unserem Leben zu finden?**
Aus dem gleichen Grund, daß es manchmal schwierig ist, eine richtige Lösung für mathematische Probleme zu finden. Der Anwender ist uninformiert oder unerfahren.

119. **Warum ist es für das Bewusstsein unmöglich, eine vollständig neue Idee zu verstehen?**
Wir haben keine entsprechend schwingenden Gehirnzellen, die in der Lage sind, die Idee zu empfangen.

120. **Wie sichert man sich Weisheit?**
Durch Konzentration; es ist ein Entfalten; es kommt von innen.

13

DAS GESETZ VON URSACHE UND WIRKUNG

Die Naturwissenschaften sind für das wunderbare Zeitalter der Erfindungen verantwortlich, in dem wir jetzt leben, doch es sind die Geisteswissenschaften, die jetzt eine Karriere anstreben, deren Möglichkeiten niemand vorhersagen kann.

Die Geisteswissenschaften waren vormals der Spielball der Ungebildeten, der Abergläubigen und der Mystiker, doch der Mensch ist jetzt nur noch an eindeutigen Methoden und vorzeigbaren Resultaten interessiert.

Uns ist bewußt geworden, daß Denken ein geistiger Vorgang ist, daß Vision und Vorstellungskraft der Tat und dem Ereignis vorangehen und daß der Tag des Träumers gekommen ist.

Die folgenden Zeilen von Herrn Herbert Kaufmann sind in dieser Hinsicht interessant:

„Sie sind die Architekten des Großartigen; ihre Vision liegt in ihren Seelen, sie dringen durch den Schleier und den Nebel des Zweifels und durchstoßen die Wände der ungeborenen Zeit. Das angetriebene Rad, die Spur aus Stahl und die sich drehende Schraube sind nur Schiffchen in dem Webstuhl, auf dem sie ihre magischen Teppiche weben. Schöpfer von Weltreichen, sie haben um großartigere Dinge gekämpft als um Kronen und um höhere Sitze als um Throne. Eure Häuser sind auf dem Land gebaut, das ein Träumer entdeckt hat. Die Bilder an ihren Wänden sind Visionen aus der Seele des Träumers.“

„Sie sind die Auserwählten, die Wegbereiter. Wände brechen zusammen und Reiche fallen auseinander; eine Gezeitenwelle kommt von der See daher und reißt die Festung von den Felsen. Die verrottenden Nationen verschwinden vom Band der Zeit, und nur die vom Träumer erschaffenen Dinge leben weiter."

Der nun folgende Teil Dreizehn erzählt, warum die Träume des Träumers wahr werden. Er erklärt uns das Gesetz der Verursachung, durch das Träumer, Erfinder, Autoren und Finanziers die Verwirklichung ihrer Träume herbeibringen. Er erklärt das Gesetz, durch das die unserem Bewusstsein eingeprägte Sache letztendlich unsere eigene wird.

1. In der Wissenschaft besteht ein Drang und – was auch bewiesen werden kann – eine Notwendigkeit, die Erklärung alltäglicher Tatsachen durch eine Verallgemeinerung derer zu suchen, die weniger geläufig sind und somit die Ausnahme bilden. So verursacht ein Vulkanausbruch Hitze, die andauernd im Inneren der Erde wirkt und der diese Erde vieles ihrer heutigen Gestalt verdankt.

2. So enthüllt der Blitz eine subtile Kraft, die ständig damit beschäftigt ist, Änderungen in der anorganischen Welt zu vollziehen. So wie tote Sprachen einst unter Nationen herrschten, so zeugt ein gigantischer Zahn in Sibirien oder ein Fossil in den Tiefen der Erde nicht nur von der Evolution längst vergangener Zeiten, sondern erklärt uns auch den Ursprung der Berge und Täler, die wir heute bewohnen.

3. Auf diese Art und Weise wurde eine Verallgemeinerung von Tatsachen, die selten oder fremdartig sind oder die Ausnahme bilden, zu einer magnetischen Nadel, die zu all den Entdeckungen der induktiven Wissenschaft geführt hat.

4. Diese Methode gründet auf Urteilsvermögen und Erfahrung und hat somit Aberglaube, in der Vergangenheit vorherrschende Annahmen und ein starres Festhalten an Überliefertem zerstört.

5. Es sind fast 300 Jahre vergangen, seitdem Lord Francis Bacon diese Studienmethode empfohlen hat, der die zivilisierten Nationen den größten Teil ihres Wohlstands und einen nicht unbeträchtlichen Teil ihres Wissens schulden: den Geist von engen Vorurteilen und vorgegebenen Theorien gründlicher zu reinigen, als durch die schärfste Ironie; die Aufmerksamkeit des Menschen zwischen Himmel und Erde erfolgreicher durch überraschende Experimente zu erlangen, als durch erzwungenes Aufzeigen ihrer eigenen Ignoranz; die erfinderischen Fähigkeiten durch die nahe Aussicht einer für alle nützlichen Entdeckung kraftvoller auszubilden, als durch gelehrte Tischgespräche, die angeblich die Funktionsgesetze unseres angeborenen Geistes durchleuchten sollten.

6. Die Methode von Bacon hat den Geist und das Ziel der großen griechischen Philosophen aufgegriffen und sie durch die neuen Wege der Naturbeobachtung (Forschung, Anm. d. Ü.) getragen, welche ein späteres Zeitalter bot. Sie hat somit Schritt für Schritt ein wundervolles Feld des Wissens in dem unendlichen Raum der Astronomie enthüllt, in dem mikroskopischen Ei der Embryologie und dem dunklen Alter der Geologie. Sie hat eine Ordnung des Voranschreitens freigelegt, welche die Logik Aristoteles niemals hätte entschleiern können, und die Materiekombinationen in bis dahin unbekannte Elemente analysiert, welche kein Gelehrter der Scholastik hätte jemals auseinander zwingen können.

7. Sie hat Leben verlängert; sie hat Schmerz gelindert; sie hat Krankheiten ausgelöscht; sie hat die Fruchtbarkeit des Bodens erhöht; sie hat dem Seemann neue Sicherheiten gegeben; sie hat große Flüsse mit Brücken überspannt, deren Form unseren Vätern unbekannt war; sie hat den Blitz vom Himmel zur Erde geleitet; sie hat die Nacht erleuchtet mit dem Strahlen des Tages; sie hat die Reichweite der menschlichen Sichtweite vergrößert; sie hat die Kraft im menschlichen Muskel vervielfacht; sie hat Bewegung beschleunigt; sie hat Entfernung verringert; sie hat Unterhaltung, Korrespondenz, alle freundlichen Pflichten und alle Erledigungen von Geschäften erleichtert; sie hat den Menschen befähigt, in die Tiefen des Meeres hinabzutauchen, sich in die Lüfte zu erheben und die gefährlichen Winkel der Erde sicher zu durchdringen.

8. Das ist somit die wahre Natur und der Umfang der Induktion. Je größer aber der vom Menschen erreichte Erfolg im Bereich der induktiven Wissenschaften ist, desto mehr drängt uns der gesamte Tenor ihrer Lehren und Beispiele zur Notwendigkeit, sorgsam, geduldig und genau die individuellen Tatsachen mit all den uns zur Verfügung stehenden Instrumenten und Ressourcen zu beobachten, bevor wir eine Aussage über allgemeine Gesetzmäßigkeiten wagen.

9. Um uns der Bedeutung des Funkens einer elektrischen Maschine unter den verschiedensten Gegebenheiten zu vergewissern, sollten wir wie Franklin ermutigt sein, die Frage über die Natur des Blitzes in Form eines Drachen an die Wolke zu richten. Um mit der Genauigkeit eines Galilei sicherzustellen, auf welche Art und Weise Körper fallen, können wir es mit Newton wagen, den Mond über die Kraft zu befragen, die ihn an die Erde bindet.

10. Kurzum: Durch den Wert, den wir der Wahrheit zuordnen; durch unsere Hoffnung auf einen steten und allgemeingültigen Fortschritt; durch das Abweisen tyrannischer Vorurteile, die unwillkommene Tatsachen ignorieren oder stören; durch das Errichten des Gerüstes der Wissenschaft auf einer breiten und unveränderlichen Grundlage, sowie durch unsere vollkommene Aufmerksamkeit bezüglich der seltensten wie auch der geläufigsten Erscheinungen.

11. Eine immer größer werdende Menge an Fakten kann durch Beobachtung gesammelt werden, aber die angesammelten Tatsachen sind für die Erklärung der Natur von sehr unterschiedlichem Wert. Da wir diejenigen nützlichen Qualitäten des Menschen am höchsten schätzen, die am seltensten vorkommen, so geht die natürliche Philosophie durch die Tatsachen hindurch und heftet derjenigen Klasse eine hervorragende Bedeutung an, die nicht durch die gewöhnlichen und täglichen Beobachtungen des Lebens erklärt werden können.

12. Wenn wir dann sehen, daß gewisse Personen eine ungewöhnliche Macht besitzen, welchen Schluß ziehen wir daraus? Zunächst mögen wir behaupten, daß dem nicht so sei, was schlichtweg eine Anerkennung unseres Informationsmangels ist, weil jeder ehrliche Forscher zugeben wird, daß es viele fremde und vormals unerklärliche Phänomene gibt, die andauernd stattfinden. Jene aber, die sich mit der schöpferischen Kraft des Denkens vertraut machen, werden sie nicht länger als unerklärlich betrachten.

13. Zweitens mögen wir behaupten, daß sie das Ergebnis eines übernatürlichen Wirkens seien, aber ein wissenschaftliches Verständnis der Natürlichen Gesetze würde uns über-

zeugen, daß es nichts Übernatürliches gibt. Jedes Phänomen ist das Ergebnis einer genauen, definitiven Ursache, und die Ursache ist ein unveränderbares Gesetz oder Prinzip, das mit unveränderlicher Genauigkeit tätig ist, ganz gleich, ob das Gesetz bewußt oder unbewußt in die Tat umgesetzt wurde.

14. Drittens mögen wir behaupten, daß wir uns auf „verbotenem Grund“ befänden; daß es einige Dinge gibt, die wir nicht wissen sollten. Dieser Einwand wurde gegen jeglichen Fortschritt menschlichen Wissens verwendet. Jedes Individuum, das eine neue Idee hervorgebracht hat, ganz gleich, ob es Kolumbus war, Darwin, Galilei, Fulton oder Emerson; sie alle wurden der Lächerlichkeit oder der Verfolgung preisgegeben, so daß dieser Einwurf niemals einer ernsthaften Betrachtung unterzogen werden konnte. Im Gegenteil, wir sollten jede Tatsache, auf die wir aufmerksam gemacht werden, sorgfältig betrachten, denn dadurch können wir uns schneller des Gesetzes vergewissern, auf dem sie basiert.

15. Es wird aufgezeigt, daß die schöpferische Kraft des Denkens jeden möglichen Umstand oder jede Erfahrung erklären wird, sei sie körperlich, verstandesmäßig oder spirituell.

16. Denken wird Umstände im Verhältnis zur vorherrschenden Geisteshaltung herbeiführen. Dementsprechend wird das Unglück das garantierte Resultat unseres Denkens sein, wenn wir Angst vor einem Unglück haben, da Angst eine kraftvolle Gedankenform ist.

17. Wenn wir an eine bestimmte Form materiellen Wohlstands denken, werden wir ihn uns sichern. Durch konzentriertes Denken werden uns die erforderlichen Umstände näher

gebracht und die entsprechende Leistung eingesetzt, was darin resultiert, daß die zur Verwirklichung unserer Wünsche notwendigen Umstände herbeigeführt werden. Wenn wir uns die erwünschten Dinge endlich sichern, bemerken wir oft, das sie nicht den von uns erwarteten Effekt haben. Das heißt, die Zufriedenstellung ist nur zeitweilig oder sogar das Gegenteil von dem, was wir erwartet haben.

18. Was ist dann die richtige Vorgehensweise? Was müssen wir denken, damit wir uns das sichern, was wir uns wirklich wünschen? Was Du und ich uns wünschen, wonach ein jeder sucht, ist Glückseligkeit und Harmonie. Wenn wir wahrhaftig glücklich sind, werden wir all das haben, was uns die Welt geben kann; nur wenn wir selber glücklich sind, können wir auch andere glücklich machen.

19. Wir können aber nicht glücklich sein, es sei denn, wir besitzen Gesundheit, Stärke, wohlgesonnene Freunde, eine angenehme Umgebung und ausreichende Versorgung – nicht nur, damit sie unsere Grundbedürfnisse abdecken kann, sondern auch den Komfort und Luxus zur Verfügung stellt, auf den wir sehr wohl ein Anrecht haben.

20. Die bisherige, orthodoxe Denkweise lautete, ein „Wurm“ zu sein, zufrieden mit dem, was immer uns gegeben wurde. Die moderne Idee bedeutet aber zu wissen, daß wir ein Anrecht auf das Beste von allem haben, daß „der Vater und ich eins sind“, und daß der „Vater“ das Universelle Bewusstsein, der Schöpfer, die Ursprungssubstanz ist, aus der alle Dinge hervorgehen.

21. Wenn wir nun zugeben, daß das alles theoretisch wahr ist, die Wahrheit über 2000 Jahre gelehrt wurde und dabei den

Kern eines jeden Systems der Philosophie oder Religion darstellt, wie sollen wir diese Wahrheit in unserem Leben praktisch anwenden? Wie können wir die wirklichen, greifbaren Ergebnisse hier und jetzt erreichen?

22. Zuerst müssen wir unser Wissen in die Praxis umsetzen. Nichts kann auf anderem Wege erreicht werden. Der Athlet kann sein Leben lang Bücher lesen oder Vorlesungen über Körpertraining besuchen, aber wenn er nicht damit beginnt, seine Stärke durch wirkliche Arbeit auszudrücken, wird er niemals irgendeine Stärke empfangen. Er wird letztlich genau das erhalten, was er gibt, aber er wird zuerst geben müssen. Es ist genau das Gleiche mit uns; wir werden genau das bekommen, was wir geben, zuerst müssen wir es aber geben. Es wird dann vielfältig zu uns zurückkehren. Geben ist schlichtweg ein geistiger Vorgang, denn Gedanken sind Ursachen und Umstände sind Wirkungen. Dementsprechend setzen wir durch Gedanken des Mutes, der Inspiration, Gesundheit oder Hilfe jeglicher Art Ursachen in Bewegung, die dann ihre Wirkung herbeiführen.

23. Denken ist eine geistige Tätigkeit und somit schöpferisch. Begehe hier aber keinen Fehler, denn Denken wird nichts erschaffen, es sei denn, es wird bewußt, systematisch und konstruktiv geleitet. Darin liegt der Unterschied zwischen leerem Denken, welches lediglich eine Zerstreuung der Anstrengung ist, und konstruktivem Denken, welches praktisch unbeschränktes Erreichen bedeutet.

24. Wir haben festgestellt, daß alles, was wir erhalten, durch das Gesetz der Anziehung zu uns kommt. Ein glücklicher Gedanke kann nicht in einem unglücklichen Bewusstsein bestehen. Dementsprechend muß sich das Bewusstsein

ändern. Während es sich ändert, müssen sich die Umstände, die auf das geänderte Bewusstsein treffen, stufenweise ändern, damit sie die Bedürfnisse der neuen Situation befriedigen.

25. Indem wir ein geistiges Bild oder ein Ideal erschaffen, projizieren wir einen Gedanken in die Universelle Substanz, aus der alle Dinge erschaffen werden. Diese Universelle Substanz ist allgegenwärtig, allmächtig und allwissend. Liegt es an uns, das Allwissende über den richtigen Kanal zu informieren, durch den sich unsere Anfrage verwirklicht? Kann das Endliche dem Unendlichen Rat geben? Das ist die Ursache des Versagens – jeglichen Versagens. Wir erkennen die allgegenwärtige Macht der Universellen Substanz, schaffen es aber nicht, die Tatsache anzuerkennen, daß diese Substanz nicht nur allgegenwärtig, sondern auch allmächtig und allwissend ist, und wir werden demnach Ursachen in Bewegung setzen, derer wir uns vollkommen unbewußt sind.

26. Wir können unsere Interessen am besten dadurch wahren, dass wir die unendliche Macht und unendliche Weisheit des Universellen Bewusstseins anerkennen und auf diesem Wege zu einem Kanal werden, durch den das Unendliche unsere Wünsche zur Darstellung bringen kann. Das bedeutet, daß Anerkennung Verwirklichung herbeiführt. Dementsprechend ist es diese Woche Deine Aufgabe, Gebrauch von dem Prinzip zu machen; die Tatsache anzuerkennen, daß Du ein Teil des Ganzen bist und daß ein Teil das Gleiche in Art und Qualität sein muß wie das Ganze. Der einzige Unterschied, der möglicherweise bestehen kann, ist ein gradueller.

27. Wenn diese großartige Tatsache beginnt, Dein Bewusstsein zu durchdringen; wenn Du zu der Überzeugung der Tatsache kommst, daß Du (nicht Dein Körper, sondern das Ego), das ‚Ich' – das Bewusstsein, das denkt – ein wesentlicher Teil des Großen Ganzen ist; daß es gleich in Substanz, Qualität und Art ist; daß der Schöpfer nichts von ihm Abweichendes hätte schaffen können, dann wirst auch Du in der Lage sein zu sagen: „Der Vater und Ich sind eins". Du wirst zu einem Verständnis der Schönheit, der Großartigkeit und der übersinnlichen Möglichkeiten kommen, welche Dir gegeben wurden.

FRAGEN UND ANTWORTEN

121. **Was ist die Methode, durch die Philosophen ihr Wissen erlangen und anwenden?**
Individuelle Tatsachen sorgfältig, geduldig, genau und mit all den ihnen zur Verfügung stehenden Instrumenten und Ressourcen zu beobachten, bevor sie eine Aussage über allgemeine Gesetzmäßigkeiten treffen.

122. **Wie können wir uns gewiß sein, daß diese Methode richtig ist?**
Dadurch, daß wir tyrannische Vorurteile nicht zulassen, die nicht willkommene Tatsachen ignorieren oder stören.

123. **Welche Klassen von Tatsachen sind die am höchstgeschätzten?**
Diejenigen, die nicht durch die tägliche Beobachtung des Lebens beschrieben werden können.

124. **Worauf basiert dieses Prinzip?**
Auf Urteilsvermögen und Erfahrung.

125. **Was zerstört es?**
Aberglaube, in der Vergangenheit vorherrschende Annahmen und starres Festhalten an Überliefertem.

126. **Wie wurden diese Gesetze entdeckt?**
Durch eine Verallgemeinerung von Tatsachen, die ungewöhnlich, selten, fremdartig und somit die Ausnahme waren.

127. **Wie können wir die Vielzahl fremdartiger und bis heute unerklärlicher Phänomene, die andauernd stattfinden, erklären?**
Durch die schöpferische Kraft des Denkens.

128. **Warum ist das so?**
Während wir eine neue Tatsache lernen, können wir sicher sein, daß sie das Ergebnis einer bestimmten Ursache ist und daß diese Ursache mit unveränderlicher Genauigkeit tätig ist.

129. **Was ist das Ergebnis dieses Wissens?**
Es wird die Ursache eines jeglichen Umstandes erklären, ganz gleich, ob körperlich, verstandesmäßig oder spirituell.

130. **Wie können wir unsere besten Interessen wahren?**
Durch die Anerkennung der Tatsache, daß das Wissen der schöpferischen Natur des Denkens uns in Verbindung mit der Unendlichen Macht bringt.

14

DIE DISZIPLIN DES DENKENS

Du hast durch Dein bisheriges Studium herausgefunden, daß Denken eine Bewusstseinshandlung ist, die mit schöpferischen Kräften ausgestattet ist. Das bedeutet, daß nicht nur einige, sondern alle Gedanken schöpferisch sind. Dasselbe Prinzip kann durch den Vorgang der Ablehnung (oder Nichtbeachtung) auf entgegengesetzte Weise in die Tat umgesetzt werden.

Das Bewußte und Unterbewußte sind lediglich zwei Phasen einer Handlung in Verbindung mit einem Bewusstsein. Die Beziehung zwischen dem Unterbewußten und dem Bewußten ist analog zu dem einer Wetterfahne und der Atmosphäre.

Genau so, wie sich der niedrigste Atmosphärendruck auf die Wetterfahne auswirkt, so wirkt sich der niedrigste Gedanke, den der bewußte Verstand unterhält, in einem genauen Verhältnis zur Tiefe des Gedankens, der durch Gefühl und Intensität charakterisiert wird, im Unterbewusstsein aus.

Daraus folgt: Wenn Du unzufriedenstellende Umstände ablehnst, entziehst Du ihnen die schöpferische Kraft; Du schneidest sie an der Wurzel ab; Du entziehst ihnen den Lebenssaft.

Erinnere Dich, daß das Gesetz des Wachstums notwendigerweise jegliche Darstellung in der objektiven Welt regelt. Das Ablehnen nicht zufriedenstellender Umstände wird keine sofortigen Resultate herbeiführen. Eine Pflanze wird für einige Zeit bestehen bleiben, nachdem ihre Wurzeln abgeschnitten wurden, aber sie wird Schritt für Schritt verwelken und schlußendlich ganz verschwinden, so daß das Entziehen Deiner Gedanken diese nicht zufriedenstellenden Umstände schrittweise, aber mit Gewißheit beenden wird.

Du wirst feststellen, daß das der Gegenkurs zu dem ist, den wir normalerweise einschlagen würden.

Er wird somit die umgekehrte Wirkung erzielen, die man sich im Normalfall sichern würde. Die meisten Personen konzentrieren sich absichtlich auf nicht zufriedenstellende Umstände und geben ihnen somit das Maß an Energie und Lebenskraft, das für ihr kraftvolles Wachstum notwendig ist.

1. Die Universelle Energie, in der alle Bewegung, Licht, Hitze und Farbe ihren Ursprung haben, hat mit den Beschränkungen der vielfältigen Auswirkungen – deren Ursache sie ist – direkt nichts zu tun, sondern ist ihnen allen überlegen. Die Universelle Substanz ist die Quelle aller Macht, Weisheit und Intelligenz.

2. Diese Intelligenz anzuerkennen, bedeutet, sich mit der wissenden Qualität des Bewusstseins bekannt zu machen, sich dadurch der Universellen Substanz zu nähern und sie in eine harmonische Beziehung zu Deinen eigenen Angelegenheiten zu bringen.

3. Das ist etwas, was selbst der gelehrteste Lehrer der physikalischen Wissenschaften noch nicht versucht hat – es ist ein Feld der Entdeckung, dem er sich bisher noch nicht gewidmet hat. In der Tat, nur die wenigsten der materialistischen Schulen haben überhaupt den ersten Strahl dieses Lichts erfaßt. Es scheint ihnen nicht gedämmert zu haben, daß Weisheit überall genauso verfügbar ist wie Kraft und Substanz.

4. Manche werden fragen: „Wenn diese Prinzipien wahr sind, warum beweisen wir sie dann nicht?“ Da die fundamentalen

Prinzipien offensichtlich richtig sind, warum erhalten wir dann nicht die richtigen Ergebnisse? Nun, wir tun es! Wir erhalten Ergebnisse in Übereinstimmung mit unserem Verständnis des Gesetzes, sowie der Fähigkeit, es entsprechend anzuwenden. Wir sichern uns keine Ergebnisse der Gesetze, welche die Elektrizität regeln, bis jemand das Gesetz formuliert hat und uns zeigt, wie es anzuwenden ist.

5. Das stellt uns in eine gänzlich neue Beziehung zu unserer Umwelt. Es eröffnet uns Möglichkeiten, von denen wir vorher nicht einmal geträumt haben. All das geschieht durch eine geordnete Abfolge von Gesetzen, die sich dann auf natürliche Weise in unserer neuen Geisteshaltung wiederfinden.

6. Bewusstsein ist schöpferisch. Das Prinzip, auf dem dieses Gesetz beruht, ist solide und legitim und der Natur der Sache innewohnend. Diese schöpferische Kraft hat ihren Ursprung aber nicht im Individuum, sondern im Universellen, welches der Ursprung aller Energie und Substanz ist. Das Individuum ist einfach nur der Vertriebskanal dieser Energie. Das Individuum ist das Mittel, durch den das Universelle die vielfältigen Kombinationen erschafft, welche sich durch das Entstehen von Erscheinungen darstellen.

7. Wir wissen, daß Wissenschaftler eine immense Anzahl von Molekülen aufgegliedert haben. Diese Moleküle wurden in Atome zerlegt, die Atome in Elektronen (und diese seitdem in zahlreiche andere noch kleinere Elemente, Anm. d. Ü.). Die Entdeckung von Elektronen in Vakuumglastuben zeigt eindeutig, daß diese Elektronen allen Raum ausfüllen; daß sie überall vorhanden sind; daß sie allgegenwärtig sind. Sie füllen alle materiellen Körper aus und bewohnen das, was

wir den leeren Raum nennen. Das ist dann die Universelle Substanz, aus der alle Dinge entstehen.

8. Elektronen würden für immer Elektronen bleiben, es sei denn, sie werden angewiesen, wie sie sich zu Atomen oder Molekülen zu formen haben. Dieser Anweiser ist das Bewusstsein. Eine Anzahl von Elektronen, die sich um ein Kraftzentrum bewegen, stellt ein Atom dar. Atome verbinden sich in vollkommen geordneten, mathematischen Verhältnissen und bilden Moleküle. Diese wiederum vereinen sich miteinander, um die Vielzahl der Verbindungen zu erstellen, durch die das Universum Form und Gestalt annimmt.

9. Das leichteste, bekannte Atom ist das Wasserstoffatom, 1.700 Mal schwerer als ein Elektron. Ein Quecksilberatom ist 300.000 Mal schwerer als ein Elektron. Elektronen sind rein negative Elektrizität. Da sie die gleiche potentielle Geschwindigkeit haben wie alle andere kosmische Energie, z.B. Hitze, Licht, Elektrizität oder Gedanken, spielen weder Zeit noch Raum eine Rolle.

10. Die Art und Weise, wie die Lichtgeschwindigkeit festgestellt wurde, ist dabei interessant. Die Lichtgeschwindigkeit wurde im Jahre 1676 von dem dänischen Astronomen Olaf Christensen Römer durch die Beobachtung der Jupitermonde festgestellt. Wenn die Erde Jupiter am nächsten war, erschien die Finsternis ca. 8 1/2 Minuten zu früh für die Berechnungen, und wenn die Erde am weitesten von Jupiter entfernt war, waren sie ca. 8 1/2 Minuten zu spät. Römer schloß daraus, daß der Grund darin liegt, daß das Licht 17 Minuten braucht, um vom Planeten den Durchmesser der Erdumlaufbahn zu durchqueren, welche den Unterschied der Distanz von der Erde zum Jupiter maß. Diese

Berechnung wurde seitdem bestätigt und beweist, daß sich Licht mit ca. 300.000 Kilometern pro Sekunde bewegt.

11. Elektronen stellen sich im Körper als Zellen dar und verfügen über ausreichend Bewusstsein und Intelligenz, um ihre Funktionen im menschlichen Körperaufbau auszuführen. Jeder Teil des Körpers besteht aus Zellen, von denen einige unabhängig voneinander arbeiten, andere in Gemeinschaften. Manche sind damit beschäftigt, Gewebe zu bilden, während andere dabei sind, die verschiedenen, für den Körper notwendigen Ausscheidungen zu bilden. Einige agieren dabei als Materialträger, andere wiederum sind die Chirurgen, deren Aufgabe es ist, Schäden zu beheben. Wieder andere sind mit der Müllabfuhr vergleichbar und entfernen die Abfallprodukte, und wieder andere sind allzeit bereit, Angreifer oder andere unerwünschte Eindringlinge der Keimfamilie zu vertreiben.

12. All diese Zellen verfolgen ein gemeinsames Ziel, und jede von ihnen ist nicht nur ein lebendiger Organismus, sondern auch mit einer Intelligenz ausgestattet, die sie befähigt, alle notwendigen Pflichten zu erfüllen. Sie ist auch mit ausreichend Intelligenz versehen, Energien zur Fortsetzung ihres eigenen Lebens zu speichern. Sie muß sich somit ausreichend Nahrung sichern, und es wurde herausgefunden, daß sie dabei durchaus wählerisch ist.

13. Jede Zelle wird geboren, vermehrt sich, stirbt ab und wird absorbiert. Die Aufrechterhaltung der Gesundheit und des Lebens selbst hängt von der beständigen Wiederherstellung dieser Zellen ab.

14. Es ist also offensichtlich, daß Bewusstsein in jedem Atom des Körpers vorhanden ist. Dieses Bewusstsein ist negatives Bewusstsein, und die Kraft des Individuums, zu denken, ist positive Energie, so daß auf diese Weise das negative Bewusstsein gesteuert werden kann. Das ist die wissenschaftliche Erklärung für metaphysisches Heilen und wird jeden dazu befähigen, der das Prinzip versteht, auf dem diese bemerkenswerten Phänomene beruhen.

15. Das negative Bewusstsein, das in jeder Zelle des Körpers vorhanden ist, wurde Unterbewusstsein genannt, denn es handelt ohne unser bewußtes Wissen. Wir haben festgestellt, daß dieses Unterbewusstsein für den Willen des (Wach-)Bewusstseins empfänglich ist.

16. Alle Dinge haben ihren Ursprung im Bewusstsein. Erscheinungen (Phänomene, Wirklichkeiten, Darstellungen, Anm. d. Ü.) sind ein Ergebnis des Denkens. So sehen wir, daß die Dinge selbst keinen Ursprung, keinen Bestand oder Wirklichkeit haben. Da sie durch das Denken erschaffen wurden, können sie durch das Denken auch wieder zerstört werden.

17. In der Geistes – wie auch der Naturwissenschaft werden Experimente durchgeführt, in denen jede erfolgreiche Entdeckung den Menschen seinem möglichen Ziel einen Schritt näher bringt. Wir stellen fest, daß jeder Mensch das Spiegelbild der während seiner Lebenszeit aufrecht erhaltenen Gedanken ist. Das ist seinem Gesicht, seiner Form, seinem Charakter und seiner Umgebung aufgeprägt.

18. Hinter jeder Wirkung steht eine Ursache. Wenn wir den Weg bis zu ihrem Ursprung zurückverfolgen, werden wir das schöpferische Prinzip finden, aus dem einst alles entstand.

Beweise dafür sind mittlerweile so umfassend, daß diese Wahrheit allgemein akzeptiert wird.

19. Die objektive Welt wird durch eine unsichtbare und bisher unerklärliche Macht gesteuert. Wir haben dieser Macht ein Gesicht gegeben und sie „Gott" genannt. Jetzt haben wir gelernt, sie als durchdringende Essenz oder als Prinzip ‚von allem, was existiert' zu betrachten: Das Unendliche oder das Universelle Bewusstsein.

20. Dem Universellen Bewusstsein, unendlich und allmächtig wie es ist, liegen unbeschränkte Ressourcen in der Hand. Wenn wir erkennen, daß es allgegenwärtig ist, können wir nur zu der Schlußfolgerung kommen, daß wir ein Ausdruck oder eine Darstellung dieses Bewusstseins sind.

21. Die Anerkennung und das Verständnis der Ressourcen des Unterbewusstseins wird zeigen, daß der einzige Unterschied zwischen dem Unterbewusstsein und dem Universellen Bewusstsein ein gradueller ist. Sie unterscheiden sich nur wie sich ein Wassertropfen vom Ozean unterscheidet. Sie sind gleich in Art und Qualität; der Unterschied ist ebenso graduell.

22. Willst Du - kannst Du - den Wert dieser überaus wichtigen Tatsache schätzen? Erkennst Du, daß Dich die Anerkennung dieser immensen Tatsache in Kontakt mit der Allmacht bringt? Das Unterbewusstsein ist das verbindende Element zwischen dem Universellen Bewusstsein und Deinem Bewusstsein. Ist es nicht offensichtlich, daß das (Wach-)Bewusstsein Gedanken vorschlagen kann, welche das Unterbewusstsein in die Tat umsetzt? Und weil das Unterbewusstsein eins ist mit dem Universellen, ist es

FRAGEN UND ANTWORTEN

131. **Was ist die Quelle aller Weisheit, Macht und Intelligenz?**
Das Universelle Bewusstsein.

132. **Worin haben alle Bewegung, Licht, Hitze und Farbe ihren Ursprung?**
In der Universellen Energie, die eine Manifestation des Universellen Bewusstseins ist.

133. **Wo entsteht die schöpferische Kraft des Denkens?**
Im Universellen Bewusstsein.

134. **Was ist Denken?**
Bewusstsein in Bewegung.

135. **Wie wird das Universelle in Form aufgeteilt?**
Das Individuum ist das Medium, mit dem das Universelle die verschiedenen Kombinationen produziert, die in dem Entstehen von Erscheinungen resultieren.

136. **Wie wird das erreicht?**
Die Macht des Denkens ist die Fähigkeit des Individuums, auf das Universelle einzuwirken und es zur Darstellung zu bringen.

137. **Was ist die erste Darstellungsform, die, soweit wir es wissen, das Universelle annimmt?**
Elektronen, die allen Raum ausfüllen. (Neuzeitliche Untersuchungen haben hier mittlerweile weitergeführt, jedoch mehr auf einer technisch-hypothetischen als auf einer philosophischen, theosophischen oder gar praktischen Seite, Anm. d. Ü.).

138. **Wo haben alle Dinge ihren Ursprung?**
Im Bewusstsein.

139. **Was ist das Ergebnis einer Änderung des Denkens?**
Eine Änderung in den Umständen.

140. **Was ist das Ergebnis einer harmonischen Geisteshaltung?**
Harmonische Lebensumstände.

15

DIE BEWUSSTE ZUSAMMENARBEIT MIT DER ALLMACHT

Experimente, die mit auf Pflanzen gefundenen Parasiten durchgeführt wurden, zeigen, daß selbst die einfachsten Lebensformen in der Lage sind, Vorteile aus dem Natürlichen Gesetz zu ziehen. Das folgende Experiment wurde von Jacques Loeb, M.D., Ph. D., gemacht – einem Mitglied des Rockefeller Instituts.

Um auftragsgemäß diesen Beweis zu erbringen, wurden eingetopfte Rosenbüsche in ein Zimmer gebracht und vor ein geschlossenes Fenster gestellt. Als die Pflanzen austrockneten, wuchsen den vorher flügellosen Parasiten Flügel. Nach der Metamorphose verließen die Tiere die Pflanzen, flogen zum Fenster hinüber und krochen anschließend an der Scheibe hoch.

Es ist offensichtlich, daß diese kleinen Insekten herausfanden, daß die Pflanzen, auf denen sie lebten, tot waren und daß sie sich aus dieser Quelle nichts mehr zu essen oder trinken hätten sichern können. Die einzige Methode, durch die sie sich vor dem Verhungern haben retten können, war die, zeitweise Flügel wachsen zu lassen und zu fliegen, was sie dann auch taten.

Experimente wie diese zeigen, daß sowohl das Allwissende als auch die Allmacht allgegenwärtig sind, und daß selbst das kleinste Lebewesen im Notfall seinen Vorteil daraus ziehen kann.

Teil Fünfzehn wird Dir mehr über das Gesetz berichten, mit dem wir leben. Es wird erklären, daß diese Natürlichen Gesetze zu unserem Vorteil funktionieren; daß alle Umstände und Erfahrungen, die uns zuteil werden, zu unserem Vorteil sind; daß wir Stärke im Verhältnis zum Aufwand gewinnen und daß unsere

Glückseligkeit am besten durch eine bewußte Zusammenarbeit mit diesen Natürlichen Gesetzen erreicht wird.

1. Die Gesetze, mit denen wir leben, wurden nur zu unserem Vorteil entworfen. Diese Gesetze sind unveränderlich, und wir können ihrer Tätigkeit nicht entkommen.

2. Alle großartigen, ewigen Kräfte verrichten ihr Werk in der Stille, aber es liegt in unserer Macht, uns in Einklang mit ihnen einzufinden und somit ein verhältnismäßig friedvolles und glückliches Leben zu leben.

3. Schwierigkeiten, Unstimmigkeiten und Hindernisse zeigen, daß wir es entweder ablehnen, das loszulassen, was wir nicht länger brauchen, oder ablehnen, das anzunehmen, was uns dienlich wäre.

4. Wachstum wird durch einen Austausch des Alten durch das Neue erreicht, des Guten durch das Bessere. Es ist eine bedingte oder gegenseitige Tat, in der jeder von uns eine vollständige Gedankeneinheit darstellt. Diese Vollständigkeit ermöglicht es uns, nur das zu empfangen, was wir geben.

5. Wir können das, was uns fehlt, nicht erhalten, wenn wir zäh an dem festhalten, was wir zuvor erhalten haben. Wir sind in der Lage, unsere Umstände bewußt zu steuern, sobald wir die Bedeutung dessen spüren, was wir anziehen. Dann sind wir in der Lage, jeder Erfahrung nur das abzugewinnen, was wir für unser weiteres Wachstum benötigen. Unsere Fähigkeit, dies zu tun, bestimmt den Grad an Harmonie oder Glückseligkeit, den wir erreichen.

6. Die Fähigkeit, nur das herauszuziehen, was wir für unser Wachstum brauchen, steigt kontinuierlich an, während wir höheren Ebenen und weiteren Visionen entgegenstreben. Je ausgeprägter unser Vermögen, zu wissen, was wir wollen, desto sicherer werden wir, ihre Anwesenheit (die der Allmacht, Anm. d. Ü.) zu bemerken, sie anzuziehen und aufzunehmen. Nichts wird uns erreichen, außer dem, was wir für unser Wachstum benötigen.

7. Alle Umstände und Erfahrungen, die zu uns kommen, tun das zu unserem eigenen Nutzen. Schwierigkeiten und Hindernisse werden uns so lange begegnen, bis wir ihre Weisheit aufgenommen und von ihnen das Wichtigste für unser weiteres Wachstum erworben haben.

8. Daß wir ernten, was wir säen, ist mathematisch exakt. Wir erlangen dauerhafte Stärke genau in dem Ausmaß der zum Überwinden der Schwierigkeiten erforderlichen Anstrengungen.

9. Die unerbittlichen Erfordernisse des Wachstums verlangen von uns, daß wir die größte Art von Anziehung auf das ausüben, was in vollkommener Übereinstimmung mit uns ist. Unsere größte Glückseligkeit wird am besten dadurch erreicht, daß wir ein Verständnis dieser Natürlichen Gesetze erlangen und bewußt mit ihnen zusammenarbeiten.

10. Um Lebenskraft zu besitzen, muß der Gedanke mit Liebe durchtränkt werden. Liebe ist das Produkt von Emotionen. Es ist unablässig, daß die Emotionen gesteuert und durch Intellekt und Überlegung geleitet werden.

11. Es ist die Liebe, die dem Gedanken Lebenskraft verleiht und ihn dadurch zum Sprießen befähigt. Das Gesetz der Anziehung, oder das Gesetz der Liebe – beide sind ein und dasselbe – wird das zu seinem Wachstum und seiner Reife benötigte Material mitbringen.

12. Die erste Form, die der Gedanke finden wird, ist Sprache, bzw. Worte. Das bestimmt die Bedeutung von Worten. Sie sind die erste Darstellung des Gedankens – der Behälter, in dem der Gedanke getragen wird. Sie greifen nach dem Äther, und durch das in Bewegung setzen desselben geben sie den Gedanken erneut in Form von Klängen wieder.

13. Denken kann zu allen möglichen Taten führen, aber was immer die Tat auch sein mag, es ist einfach nur der Gedanke, der versucht, sich in sichtbarer Form Ausdruck zu verschaffen. Es ist offensichtlich, daß wir uns nur wünschenswerte Gedanken leisten können, wenn wir uns wünschenswerte Umstände herbeisehnen.

14. Das führt zu der unausweichlichen Schlußfolgerung, daß wir es uns ausschließlich leisten können, an Überfluß zu denken, wenn wir Überfluß in unserem Leben auszudrücken wollen. Da Worte lediglich formgebende Gedanken sind, müssen wir besonders vorsichtig sein und ausnahmslos eine erbauliche und harmonische Sprache benutzen, die sich – wenn letztlich in objektiver Form dargestellt – zu unserem Vorteil herausstellt.

15. Wir können den Bildern nicht entkommen, die wir unserem Bewusstsein unaufhörlich aufprägen. Das Fotografieren von fehlerhaften Vorstellungen ist genau das, was durch den Gebrauch von Worten geschieht, wenn wir irgendeine Form

von Sprache verwenden, die nicht mit unserem Wohlbefinden übereinstimmt.

16. Während unser Denken klarer wird und höhere Ebenen erreicht, drücken wir mehr und mehr Leben aus. Das wird mit zunehmender Leichtigkeit erreicht, während wir „Wortbilder“ benutzen, die klar definiert und somit frei von jeglichen Vorstellungen sind, die ihnen auf niederen Gedankenebenen anhaften.

17. Wir müssen unsere Gedanken durch Worte ausdrücken, und wenn wir Gebrauch von den höheren Formen der Wahrheit machen wollen, dürfen wir in dieser Hinsicht nur sorgfältig und intelligent ausgewähltes Material benutzen, das dieses Ziel in Betracht zieht.

18. Diese wundervolle Macht, Gedanken in Form von Worten zu kleiden, ist das, was den Menschen vom Rest des Tierreichs unterscheidet. Durch das geschriebene Wort war er in der Lage, Jahrhunderte zurückzuschauen und die bewegenden Episoden zu sehen, durch die er zu seinem heutigen Erbe gekommen ist.

19. Er wurde befähigt, in Gemeinschaft mit den größten Schreibern und Denkern aller Zeiten zu kommen. Eine zusammengefaßte Aufzeichnung von allem, was wir heute besitzen, ist somit ein Ausdruck des Universellen Bewusstseins, welches versucht, durch den Verstand des Menschen Gestalt anzunehmen.

20. Wir wissen, daß das Universelle Bewusstsein das Erschaffen von Gestalt zum Ziel hat. Wir wissen, daß der individuelle Gedanke ebenso versucht, sich stets in Form auszudrü-

cken. Wir wissen, daß das Wort eine Form von Gedanken ist und daß ein Satz eine Kombination von Gedankenformen ist. Wenn wir demnach unser Ideal schön und stark wünschen, müssen wir zusehen, daß die Worte, aus denen dieser Tempel schlußendlich gestaltet wird, genau und sorgfältig zusammengestellt sind, denn Genauigkeit beim Bilden von Worten und Sätzen ist die höchste Form der Architektur der Zivilisation und ein Durchgang zum Erfolg.

21. Worte sind Gedanken und somit eine unsichtbare und unbezwingbare Macht, die sich schließlich in derjenigen Gestalt darstellt, die ihr gegeben wird.

22. Worte können geistige Orte werden, die für immer leben, oder sie können Baracken werden, die der erste Wind davonträgt. Sie können sowohl das Auge als auch das Ohr entzücken. Sie können alles Wissen enthalten. In ihnen finden wir sowohl die Geschichte der Vergangenheit als auch die Hoffnung der Zukunft. Sie sind die lebendigen Boten, aus denen jegliche menschliche oder übermenschliche Tat geboren wird.

23. Die Schönheit des Wortes besteht aus der Schönheit des Gedankens. Die Macht des Wortes besteht aus der Macht des Gedankens, und die Macht des Gedankens besteht aus seiner Lebenskraft. Woran erkennen wir dann einen lebenskräftigen Gedanken? Was sind seine besonderen Merkmale? Die Antwort lautet: Er muß Prinzip haben. Wie aber können wir das Prinzip erkennen?

24. Es gibt ein Prinzip der Mathematik, aber keines des Fehlers. Es gibt ein Prinzip der Gesundheit, aber keines der Krankheit. Es gibt ein Prinzip der Wahrheit, aber keines der Lüge.

Es gibt ein Prinzip des Lichts, aber keines der Dunkelheit, und es gibt ein Prinzip der Fülle, aber keines der Armut.

25. Wie sollen wir erkennen, daß das wahr ist? Indem wir das Prinzip der Mathematik korrekt anwenden, können wir uns der Ergebnisse gewiß sein. Wo es Gesundheit gibt, gibt es keine Krankheit. Wenn wir die Wahrheit wissen, können wir nicht durch den Fehler getäuscht werden. Wenn wir Licht hereinlassen, kann es keine Dunkelheit geben, und wo Fülle existiert, da kann es keine Armut geben.

26. Dieses sind selbstverständliche Tatsachen, aber die wichtigste Wahrheit ist die, daß ein Gedanke, der dieses Prinzip enthält, lebenskräftig ist, also Leben enthält und schließlich Wurzeln schlägt. Die Tatsache, daß negative Gedanken sicher und gewiß aus dem Weg geräumt werden, weil sie durch ihre wahre Natur keine Überlebenskraft haben, scheint allerdings oft übersehen zu werden.

27. Dies ist eine Tatsache, die Dich befähigen wird, jegliche Art von Unstimmigkeit, Mangel oder Beschränkung zu zerstören.

28. Es steht außer Frage, daß derjenige, „der weise genug ist, zu verstehen", umgehend erkennt, daß ihm die schöpferische Kraft des Gedankens eine unbesiegbare Waffe in die Hand legt und ihn zum Meister seines Schicksals macht.

29. In der physischen Welt gibt es ein Gesetz des Ausgleichs, welches besagt: „Das Erscheinen einer bestimmten Menge an Energie an einer Stelle bedeutet das Verschwinden einer gleichen Menge an Energie an einer anderen Stelle." So stellen wir fest, daß wir nur das erhalten können, was wir

geben. Wenn wir uns einer gewissen Tat hingeben, müssen wir bereit sein, die Verantwortung für die Entwicklung dieser Tat zu übernehmen. Das Unterbewusstsein kann nicht urteilen – es nimmt uns beim Wort. Wir haben nach etwas gefragt; jetzt werden wir es erhalten. Wir haben unser Bett gemacht; jetzt müssen wir uns dort niederlassen. Die Form wurde gegossen; die Fäden werden das von uns erschaffene Muster weben.

30. Aus diesem Grund muß unsere Einsicht so ausgeübt werden, daß der von uns erwogene Gedanke keine geistigen, moralischen oder körperlichen Keime enthält, die wir in unserem Leben nicht dargestellt sehen wollen.

31. Einsicht ist eine Fähigkeit des Bewusstseins, durch die wir in die Lage versetzt werden, Tatsachen und Umstände über große Entfernung zu untersuchen – es ist eine Art menschliches Teleskop. Einsicht befähigt uns, in jeglichen Unterfangen sowohl die Schwierigkeiten als auch die Möglichkeiten zu erkennen.

32. Einsicht befähigt uns, auf die Hindernisse vorbereitet zu sein, auf die wir treffen werden. Dadurch können wir sie überwinden, bevor sie die Möglichkeit haben, Probleme zu verursachen.

33. Einsicht befähigt uns, zu unserem Vorteil zu planen, um unsere Aufmerksamkeit und Gedanken in die richtige Richtung zu lenken, anstatt sie in Kanäle zu schleusen, die uns keinerlei nennenswerte Rendite einbringen.

34. Einsicht ist für das Erreichen eines jeden großen Ziels absolut unabdingbar, und mit ihr können wir in jedes geistige Feld eintreten, es entdecken und es besitzen.

35. Einsicht ist das Produkt der inneren Welt und wird durch Stille – durch Konzentration – entwickelt.

36. Als Übung dieser Woche konzentriere Dich auf Einsicht. Nimm Deine gewohnte Position ein und konzentriere den Gedanken auf die Tatsache, daß das Wissen der schöpferischen Kraft des Gedankens nicht gleichzeitig bedeutet, daß Du auch über die Kunst des Denkens verfügst. Lasse den Gedanken auf der Tatsache weilen, daß Wissen sich nicht von selbst anwendet; daß unsere Taten nicht durch Wissen geregelt werden, sondern durch Gebrauch, Priorität und Gewohnheit; daß die einzige Art und Weise, durch die wir Wissen zur Anwendung bringen können, eine bestimmte, bewußte Anstrengung unsererseits ist. Rufe Dir die Tatsache ins Gedächtnis, daß sich unbenutztes Wissen aus dem Bewusstsein entfernt; daß der Wert der Information in der Anwendung des Prinzips liegt. Fahre mit diesem Gedankengang fort, bis Du ausreichend Einsicht erlangt hast, ein bestimmtes Programm zur Anwendung dieses Prinzips für Deine eigenen, speziellen Herausforderungen zu formulieren.

FRAGEN UND ANTWORTEN

141. **Was bestimmt den Grad der Harmonie, den wir erreichen werden?**
Unsere Fähigkeit, aus jeder Erfahrung das zu ziehen, was wir für unser Wachstum brauchen.

142. **Was zeigen Schwierigkeiten und Hindernisse an?**
Daß sie für unsere Weisheit und unser geistiges Wachstum notwendig sind.

143. **Wie können diese Schwierigkeiten vermieden werden?**
Durch ein bewußtes Verständnis über eine Zusammenarbeit mit Natürlichen Gesetzen.

144. **Was ist das Prinzip, durch welches sich Gedanken in Form darstellen?**
Das Gesetz der Anziehung.

145. **Wie wird das notwendige Material gesichert, durch das Wachstum, Entwicklung und Reife Deiner Idee Gestalt annehmen?**
Das Gesetz der Liebe, welches das schöpferische Prinzip des Universums ist, gibt dem Gedanken Lebenskraft, und dieses Gesetz der Anziehung liefert durch das Gesetz des Wachstums die notwendige Substanz.

146. **Wie sichert man sich erwünschte Umstände?**
Durch das Hegen von ausschließlich wünschenswerten Gedanken.

147. **Woher stammen unerwünschte Umstände?**
Durch das Denken, Diskutieren und Visualisieren von Umständen des Mangels, der Beschränkung, Krankheit, Disharmonie und der Unstimmigkeit jeglicher Art. Diese geistige Fotografie fehlerhafter Konzepte wird vom Unterbewusstsein aufgenommen, und das Gesetz der Anziehung wird sie unweigerlich in objektiver Form darstellen. Daß wir das ernten, was wir säen, ist wissenschaftlich exakt.

148. **Wie kann jegliche Art von Angst, Mangel, Beschränkung, Armut oder Unstimmigkeit überwunden werden?**
Dadurch, daß Fehler durch Prinzip ersetzt werden.

149. **Wie können wir das Prinzip erkennen?**
Durch eine bewußte Anerkennung der Tatsache, daß Wahrheit Fehler ausnahmslos zerstört. Wir müssen nicht mit großem Aufwand die Dunkelheit hinaus schaufeln; es ist lediglich notwendig, das Licht einzuschalten. Dasselbe Prinzip gilt für jegliche Form negativen Denkens.

150. **Welchen Wert hat Erkenntnis?**
Sie befähigt uns, den Wert der Anwendung des von uns erlangten Wissens zu verstehen. Viele scheinen zu denken, daß sich Wissen automatisch anwendet, was aber keinesfalls der Wahrheit entspricht.

16

DAS ERSCHAFFEN WISSENSCHAFTLICH WAHRER IDEALE

Die Aktivitäten des planetarischen Universums werden von dem Gesetz der Periodizität (Rhythmus/Wiederkehr, Anm. d. Ü.) geregelt. Alles, was lebt, hat Perioden der Geburt, des Wachstums, der Reife und des Niedergangs. Diese Perioden werden vom „Gesetz der Sieben" geregelt.

Das „Gesetz der Sieben" regelt die Wochentage, die Mondphasen, die Harmonie von Ton, Licht, Hitze, Elektrizität, Magnetismus und atomarer Struktur. Es bestimmt das Leben von Individuen und von Nationen, und es beherrscht die Aktivitäten der Wirtschaftswelt.

Leben ist Wachstum, und Wachstum ist Veränderung. Alle sieben Jahre treten wir in einen neuen Zyklus ein. Die ersten sieben Jahre sind die Periode der frühen Kindheit. Die nächsten sieben Jahre sind die Periode der Kindheit, die den Anfang individueller Verantwortung repräsentiert. Die nächsten sieben repräsentieren die Periode das Erwachsenwerdens. Die vierte Periode markiert das Erreichen des vollen Wachstums. Die fünfte Periode ist die schaffende Periode, in der die Menschen beginnen, Grund und Boden, Besitztümer, ein Haus und eine Familie zu erwerben. Die nächste, von 35 bis 42, ist eine Periode von Reaktionen und Veränderungen, und dieser wiederum folgt eine Periode des Wiederaufbaus, der Anpassung und Erholung, damit man bereit ist für einen neuen Zyklus der Sieben, der mit dem 50. Lebensjahr beginnt.

Es gibt viele, die meinen, daß die Welt gerade im Begriff ist, die sechste Periode zu verlassen; daß sie bald in die siebte Periode eintritt; die Periode der Wiederanpassung, des Wiederaufbaus und der Harmonie; die Periode, die oft als Jahrtausendwende beschrieben wird.

Diejenigen, denen diese Zyklen bekannt sind, wird es nicht stören, wenn Dinge scheinbar falsch laufen. Im Gegenteil: sie können die Prinzipien anwenden, die in diesen Lektionen umrissen werden, mit voller Gewißheit, daß ein höheres Gesetz unweigerlich alle anderen Gesetze steuert, und daß sie durch ein Verständnis und eine bewußte Anwendung spiritueller Gesetzmäßigkeiten jede scheinbare Schwierigkeit in eine Segnung umwandeln können.

1. Wohlstand ist das Produkt von Arbeit. Kapital ist eine Wirkung – keine Ursache; ein Diener – kein Meister; ein Mittel – kein Zweck.

2. Die am häufigsten akzeptierte Definition von Wohlstand ist die, daß er aus allen nützlichen und angenehmen Dingen besteht, die einen Tauschwert besitzen. Es ist dieser Tauschwert, der die grundlegende Eigenschaft von Wohlstand ausmacht.

3. Wenn wir den kleinen Beitrag in Betracht ziehen, den Wohlstand zum Glück des Besitzers hinzugefügt hat, stellen wir fest, daß der wahre Wert nicht in seiner Nützlichkeit, sondern seinem Tauschwert liegt.

4. Dieser Tauschwert ermöglicht es dem Wohlstand, Sachen von wahrem Wert zu sichern, durch die wir unsere Ideale verwirklichen können.

5. Wohlstand sollte somit niemals als Zweck fungieren, sondern als ein Mittel zum Erreichen dessen. Erfolg hängt von

einem höheren Ideal ab, als dem Anhäufen von Reichtum, und der, der solchen Erfolg ersehnt, muß ein Ideal erschaffen, dem er bereit ist entgegenzustreben.

6. Mit solch einem Ideal im Bewusstsein können und werden die Wege und Mittel bereitgestellt werden; man sollte aber nicht den Fehler begehen, die Mittel durch den Zweck zu ersetzen. Es muß ein bestimmter, fester Sinn bestehen - ein Ideal.

7. Prentice Mulford sagte: „Ein erfolgreicher Mensch ist derjenige, der das größte geistige Verständnis besitzt, und jeglicher Reichtum kommt von einer überragenden und wahrhaftigen, geistigen Macht." Unglücklicherweise gibt es solche, denen es nicht gelingt, diese Kraft zu erkennen. Sie vergessen, daß Andrew Carnegies Mutter die Familie unterstützt hat, als sie nach Amerika kamen; daß Harrimans Vater ein armer Angestellter mit einem Jahresgehalt von $200 war; daß Sir Thomas Lipton mit nur 25c begonnen hat. Diese Männer hatten keine andere verläßliche Macht, sie haben aber dennoch nicht versagt.

8. Die schöpferische Macht hängt vollständig von geistiger Kraft ab. Es gibt drei Schritte: Idealisierung, Visualisierung und Verwirklichung. Jeder Industriekapitän macht ausschließlich von dieser Kraft Gebrauch. In einem Artikel in Everybody's Magazine gibt Henry M. Flagler, der Standard Oil Multimillionär, zu, daß das Geheimnis seines Erfolges seine Kraft war, eine Sache in ihrer Vollständigkeit zu sehen. Die folgende Unterhaltung mit dem Reporter zeigt seine Kraft der Idealisierung, Konzentration und Visualisierung – allesamt geistige Kräfte.

9. „Haben Sie sich wirklich die ganze Sache vorgestellt? Ich meine, haben Sie, oder konnten Sie wirklich ihre Augen schließen und die Gleise sehen? Und die Züge sich darüber bewegen? Und die Signalhörner pfeifen hören? Sind Sie wirklich so weit gegangen?“ „Ja.“ „Wie deutlich?“ „Sehr deutlich!“

10. Hier haben wir eine Vision des Gesetzes; wir sehen „Ursache und Wirkung“. Wir sehen, daß der Gedanke notwendigerweise der Tat vorausgeht und sie somit bestimmt. Wenn wir einsichtig sind, werden wir zu der Überzeugung der bemerkenswerten Tatsache kommen, daß kein zufälliger Umstand auch nur für einen Moment bestehen kann und daß die menschliche Erfahrung das Ergebnis eines geordneten und harmonischen Verfahrens ist.

11. Der erfolgreiche Geschäftsmann ist mehr denn je ein Idealist. Er strebt nach immer höheren Standards. Diese feinen Kräfte des Gedankens, so wie sie sich in unseren täglichen Launen herauskristallisieren, sind das, was das Leben ausmacht.

12. Denken ist das plastische Material, mit dem wir uns die Bilder unseres wachsenden Begriffsvermögens vom Leben erschaffen. Der Nutzen bestimmt seine Existenz. Wie mit allen anderen Dingen, ist unsere Fähigkeit, dieses umfassend zu erkennen und zu gebrauchen, die notwendige Bedingung für ihr Erreichen.

13. Verfrühter Wohlstand ist nichts als der Vorreiter der Niedergangs und des Unglücks, denn wir können nichts von dem dauerhaft festhalten, was wir uns nicht erarbeitet oder verdient haben.

14. Die Umstände, die wir in der äußeren Welt antreffen, stehen in Einklang mit den Umständen, die wir in der inneren Welt vorfinden. Diese werden uns durch das Gesetz der Anziehung gebracht. Wie sollen wir dann bestimmen, was wir in die innere Welt hineinlassen?

15. Was immer durch die Sinne oder den objektivem Verstand ins Bewusstsein eintritt, wird dieses beeindrucken und in einem geistigen Bild resultieren, welches zu einem Muster für die schöpferischen Energien wird. Diese Erfahrungen sind zum größten Teil das Ergebnis unserer Umwelt, von Gelegenheiten, vergangenem Denken und anderen Formen negativen Denkens und müssen einer sorgfältigen Analyse unterzogen werden, bevor man sie weiterhin erwägt. Auf der anderen Seite können wir uns durch unsere internen Denkvorgänge unsere eigenen mentalen Bilder formen; unabhängig von den Gedanken anderer; unabhängig von äußeren Umständen; unabhängig von jeglicher Art von Umgebung. Es ist durch die Ausübung dieser Macht und Kraft, daß wir unser eigenes Schicksal, unseren Körper, unseren Verstand und unsere Seele steuern können.

16. Es ist durch die Ausübung dieser Macht, daß wir das Schicksal den Händen des Zufalls entreißen können und bewußt die von uns erwünschten Erfahrungen schaffen, denn wenn wir uns bewußt einen Umstand vorstellen, wird sich dieser Umstand letztendlich in unserem Leben verwirklichen. Es ist somit offensichtlich, daß in letzter Analyse das Denken die alleinige Ursache des Lebens ist.

17. Demnach bedeutet die Steuerung unseres Denkens die Steuerung von Umständen, Umgebung und Schicksal.

18. Wie aber sollen wir das Denken steuern? Wie sieht dieser Vorgang aus? Zu denken bedeutet, einen Gedanken zu erschaffen, aber das Ergebnis des Gedankens hängt von seiner Form, seiner Qualität und seiner Lebenskraft ab.

19. Die Form wird von den geistigen Bildern, aus denen sie entsteht, abhängen. Diese wiederum hängt von der Tiefe des Eindrucks, der Nachdrücklichkeit der Idee, der Klarheit der Vision und der Stärke des Bildes ab.

20. Die Qualität hängt von ihrer Substanz ab, und das hängt von dem Material ab, aus dem das Bewusstsein besteht. Wenn dieses Material aus Gedanken des Nachdrucks, der Stärke, des Mutes und der Bestimmtheit gewebt ist, dann wird der Gedanke auch diese Qualitäten besitzen.

21. Letzten Endes hängt die Lebenskraft von dem Gefühl ab, mit dem der Gedanke durchtränkt ist. Wenn der Gedanke konstruktiv ist, wird er Lebenskraft besitzen; er wird leben; er wird wachsen, sich entwickeln, sich ausbreiten; er wird kreativ sein; er wird für seine vollständige Entwicklung alles Notwendige heranziehen.

22. Wenn der Gedanke zerstörerisch ist, wird er den Keim der eigenen Auflösung in sich tragen. Er wird sterben, aber währenddessen wird er Krankheit und jede andere Form von Unstimmigkeit mit sich bringen.

23. All das nennen wir „böse“, und wenn wir es uns selbst erschaffen, neigen einige von uns dazu, diese Schwierigkeiten einer höheren Wesenheit zuzuordnen, aber diese höhere Wesenheit ist schlicht und ergreifend Bewusstsein im Gleichgewicht.

24. Es ist weder gut noch schlecht; es ist einfach nur.

25. Unsere Fähigkeit, es in Formen zu unterteilen, ist unsere Fähigkeit, Gut oder Böse zu manifestieren.

26. Gut und Böse sind demnach keine Einheiten; sie sind einfach nur Worte, die wir dazu benutzen, das Ergebnis unserer Handlungen aufzuzeigen, und diese Handlungen werden wiederum durch den Charakter unserer Gedanken vorherbestimmt.

27. Wenn unser Gedanke konstruktiv und harmonisch ist, manifestieren wir das Gute; wenn er zerstörerisch und unstimmig ist, manifestieren wir das Böse.

28. Wenn Du den Wunsch hegst, Dir eine anders geartete Umgebung vorzustellen, besteht der Vorgang einfach nur darin, das Ideal im Bewusstsein zu halten, bis Deine Visionen selbiges verwirklicht haben. Verschwende keinerlei Gedanken an Personen, Orte oder Dinge; diese haben kein Platz im Absoluten. Die von Dir erwünschte Umgebung wird alles Notwendige beinhalten; die richtigen Personen und die richtigen Dinge werden zur richtigen Zeit am richtigen Ort sein.

29. Es ist manchmal nicht sofort offensichtlich, wie Charakter, Fähigkeit, Erreichen, Erlangen, Umwelt und Schicksal durch die Kraft der Visualisierung gesteuert werden können, aber es ist eine wissenschaftlich exakte Tatsache.

30. Du wirst sehen, daß das, was wir denken, die Qualität unseres Bewusstseins bestimmt und daß die Qualität des Bewusstseins wiederum unsere Fähigkeit und geistige

Kapazität bestimmt. Du wirst somit verstehen, daß ein Verbessern unserer Fähigkeiten selbstverständlich zu einer Zunahme an Leistungsvermögen und zu einer größeren Kontrolle über die Umstände führt.

31. Es wird deutlich, daß Natürliche Gesetze auf eine perfekt natürliche und harmonische Art und Weise ablaufen. Alles scheint nur „so zu geschehen". Wenn Du einen Beweis für diese Tatsache brauchst, vergleiche einfach nur die Ergebnisse Deiner Anstrengungen in Deinem eigenen Leben – wenn Deine Taten durch hohe Ideale hervorgerufen wurden oder wenn Du selbstsüchtige oder anderweitige Motive hattest. Du wirst keinen weiteren Beweis benötigen.

32. Wenn Du die Verwirklichung eines jeden Wunsches herbeiführen möchtest, erschaffe Dir in Deinem Bewusstsein durch die Visualisierung des Wunsches ein Bild des Erfolges. Auf diese Weise wirst Du erfolgreich sein. Du wirst die Wünsche in Deinem Leben durch wissenschaftliche Methoden verwirklichen.

33. Wir können nur das sehen, was bereits in der objektiven Welt existiert; was wir aber visualisieren, besteht bereits in der geistigen Welt. Diese Visualisierung ist ein wichtiger Teil dessen, was eines Tages in der objektiven Welt erscheinen wird, wenn wir unserem Ideal treu bleiben. Der Grund dafür ist nicht schwer zu verstehen: Visualisierung ist eine Form der Vorstellung. Dieser Vorgang des Denkens formt Eindrücke im Bewusstsein, und diese Eindrücke formen wiederum Konzepte und Ideale. Diese wiederum sind die Pläne, aus denen der Meisterarchitekt die Zukunft webt.

34. Psychologen sind zu dem Schluß gekommen, daß es nur einen Sinn gibt – den Sinn des Fühlens – und daß alle anderen Sinne nur Abwandlungen dieses einen Sinnes sind. Weil dies wahr ist, wissen wir, warum das Gefühl der Ursprung jeglicher Macht ist; warum die Emotionen den Intellekt so einfach überwinden können und warum wir Gefühl in unsere Gedanken einfließen lassen müssen, wenn wir uns Ergebnisse herbeiwünschen. Gedanken und Gefühle sind eine unwiderstehliche Kombination.

35. Visualisierung muß natürlich durch den Willen gesteuert werden. Wir müssen uns genau das vorstellen, was wir auch wollen. Wir müssen umsichtig sein, damit sich die Vorstellungskraft nicht verändert. Die Vorstellungskraft ist ein guter Diener, aber ein schlechter Meister. Wenn wir sie nicht kontrollieren, wird sie uns schnell zu allen Arten von Spekulation und Schlüssen führen, welche jedweder Tatsachenbasis und Grundlage entbehren. Jede Art plausibler Meinung würde dann ohne analytische Untersuchung akzeptiert werden, mit dem unausweichlichen Ergebnis eines geistigen Chaos.

36. Wir dürfen deshalb nur solche geistigen Ideale erstellen, von denen wir wissen, daß sie wissenschaftlich wahr sind. Unterziehe jede Idee einer eindringlichen Analyse und akzeptiere nichts, was nicht wissenschaftlich exakt ist. Wenn Du das tust, wirst Du nur das angehen, was Du auch durchführen kannst, und Erfolg wird Deine Anstrengungen krönen. Das ist es, was Geschäftsleute Weitsicht nennen. Es ist mehr oder weniger das gleiche wie Einsicht, und es ist eines der größten Geheimnisse des Erfolges in allen bedeutsamen Unterfangen.

160. **Was ist wissenschaftliches Denken?**
Die Anerkennung der schöpferischen Natur geistiger Energie und unsere Fähigkeit, sie zu steuern.

17

DURCH KONZENTRATION ZU INTUITIVER WAHRNEHMUNG

Die Art von Gott, die ein Mensch bewußt oder unbewußt anbetet, deutet auf den intellektuellen Stand des Anbeters hin.

Frage einen Indianer nach Gott, und er wird Dir einen Häuptling eines glorreichen Stammes beschreiben. Frage einen Heiden nach Gott, und er wird Dir von einem Gott des Feuers, einem Gott des Wassers, einem Gott von diesem, jenem oder gar etwas anderem erzählen.

Frage einen Israeliten nach Gott, und er wird Dir von dem Gott von Moses erzählen, der es für angemessen hielt, durch Zwangsmaßnahmen zu herrschen; deshalb die 10 Gebote. Oder von Josua, der die Israeliten in den Kampf geführt, Eigentum beschlagnahmt, Gefangene ermordet und Städte in Schutt und Asche gelegt hat.

Die sogenannten Heiden machten „Götzenbilder" ihrer Götter, die sie gewohnt waren anzubeten, doch zumindest für den intelligentesten unter ihnen waren diese Bilder nur eine sichtbare Stütze, die sie befähigte, sich mental auf die Qualitäten einzustimmen, die sie in ihrem Leben zu verwirklichen wünschten.

Wir im 20. Jahrhundert (zur Zeit, als Charles Haanel das Master Key System verfaßte, Anm. d. Ü.) beten in Theorie einen Gott der Liebe an, aber in der Praxis schaffen wir für uns selbst „Götzenbilder" von Wohlstand, Macht, Mode, Sitten und Gebräuchen. Wir fallen vor ihnen nieder und beten sie an. Wir konzentrieren uns auf sie, woraufhin sie sich in unserem Leben verwirklichen.

Der Student, der den Inhalt von Teil Siebzehn meistert, wird die Symbole nicht mehr mit der Wirklichkeit verwechseln. Er wird an Ursachen, nicht an Wirkungen interessiert sein. Er wird sich auf die Wirklichkeiten des Lebens konzentrieren und anschließend von den Ergebnissen nicht enttäuscht werden.

1. Es wird uns gesagt, daß der Mensch „die Herrschaft über alle Dinge“ hat. Diese Herrschaft wird uns durch das Bewusstsein gegeben. Denken ist die Tätigkeit, die alle untergeordneten Prinzipien lenkt. Das höchste Prinzip bestimmt aufgrund seiner hochwertigeren Grundlage und Qualität notwendigerweise die Umstände, Aspekte und Beziehungen von allem, mit dem es (das Prinzip) in Kontakt kommt.

2. Die Schwingungen der geistigen Kräfte sind die feinsten und kraftvollsten, die es gibt. Für jene, die ein Verständnis der Natur und Überlegenheit dieser geistigen Kraft haben, wird körperliche Kraft bedeutungslos.

3. Wir sind daran gewöhnt, das Universum durch die Linse unserer fünf Sinne zu betrachten, und aus diesen Erfahrungen entstehen unsere vermenschlichenden Konzepte. Wahre Konzepte kann man sich jedoch nur durch geistige Einsicht sichern. Diese Einsicht bedarf einer Beschleunigung der Schwingungen des Bewusstseins, und das wiederum kann nur dadurch sichergestellt werden, daß das Bewusstsein beharrlich auf einen vorgegebenen Weg ausgerichtet wird.

4. Dauerhafte Konzentration bedeutet einen gleichmäßigen, ununterbrochenen Gedankenfluß und ist das Resultat eines geduldigen, beharrlichen, standhaften und wohlgeregelten Verfahrens.

5. Großartige Erfindungen sind das Ergebnis langwieriger Untersuchungen. Die Wissenschaft der Mathematik bedarf Jahre konzentrierter Anstrengung, um sie zu meistern, und auch die größte Wissenschaft, die des Bewusstseins, wird ausschließlich durch konzentrierte Anstrengung offenbart.

6. Konzentration wird oft mißverstanden. Ihr scheint die Idee von Anstrengung oder Aktivität anzuhaften, wenn genau das Gegenteil notwendig ist. Die Großartigkeit eines Schauspielers liegt in der Tatsache, daß er sich in der Darstellung seines Charakters vergißt, sich so sehr damit identifiziert, daß die Zuschauer durch den Realismus seiner Darstellung mitgerissen werden. Das wird Dir eine gute Vorstellung wahrer Konzentration geben. Du solltest so an Deinem Denken interessiert sein, so mit dem Thema beschäftigt sein, daß Du Dir nichts Anderem bewußt wirst. Solche Konzentration führt zu intuitiver Wahrnehmung und sofortiger Einsicht in die Natur des Objekts, auf das man sich konzentriert.

7. Jegliches Wissen ist das Ergebnis dieser Art von Konzentration. So wurden dem Himmel und der Erde ihre Geheimnisse entrissen. So wird das Bewusstsein zu einem Magneten, und der Wunsch, wissen zu wollen, zieht die Wahrheit unwiderstehlich an – er macht sie sich zu eigen.

8. Wünschen ist größtenteils unterbewußt. Bewußtes Wünschen wird kaum zur Darstellung des Objekts führen, wenn letzteres nicht in greifbarer Nähe ist. Unterbewußtes Wünschen (und damit ist das „instinktive Verlangen" gemeint, von dem Haanel in einem vorherigen Kapitel sprach. Anm. d. Ü.) erregt die ruhenden Fähigkeiten des Bewusstseins,

und schwerwiegende Probleme scheinen sich wie von selbst aufzulösen.

9. Das Unterbewusstsein kann durch Konzentration erweckt und in jegliche Richtung tätig werden – uns jedem Zwecke dienend. Die Praxis der Konzentration erfordert die Kontrolle des körperlichen, mentalen und geistigen Wesens. Alle Modi des Bewusstseins, ganz gleich, ob körperlich, mental oder geistig, müssen unter Kontrolle sein.

10. Spirituelle Wahrheit ist somit der leitende Faktor. Das ist es, was Dich befähigen wird, dem beschränkten Erreichen zu entwachsen und einen Punkt zu erreichen, wo Du Denkweisen in Charakter und Bewusstsein umwandeln kannst.

11. Konzentration bedeutet nicht das bloße Denken von Gedanken, sondern die Umwandlung dieser Gedanken in praktische Werte. Der Durchschnittsmensch hat keinerlei Vorstellung von der Bedeutung der Konzentration. Da ist immer der Ruf nach dem „haben wollen", aber nie der Ruf nach dem „sein wollen". Er versteht nicht, daß er das eine nicht ohne das andere haben kann; daß er zuerst das „Königreich" finden muß, bevor er „Dinge hinzufügen" kann. Sporadischer Enthusiasmus ist wertlos; nur durch grenzenloses Selbstvertrauen wird das Ziel erreicht.

12. Der Verstand mag dieses Ideal noch ein wenig zu hoch ansetzen und daraufhin den Erwartungen nicht gerecht werden. Er mag versuchen, auf ungeschulten Schwingen emporzusteigen und, anstatt zu fliegen, wieder zur Erde stürzen. Das aber ist kein Grund, keinen weiteren Versuch zu unternehmen.

13. Schwäche ist das einzige Hindernis hinsichtlich geistiger Errungenschaften. Weise Deine Schwäche körperlichen Beschränkungen oder geistigen Ungewißheiten zu und versuche es erneut. Leichtigkeit und Perfektion werden durch Wiederholung erreicht.

14. Der Astronom konzentriert sein Bewusstsein auf die Sterne, die dann ihre Geheimnisse freigeben. Der Geologe konzentriert sein Bewusstsein auf den Aufbau der Erde, und wir haben Geologie. So ist es mit allen Dingen. Der Mensch konzentriert sein Bewusstsein auf die Probleme des Lebens, und das Ergebnis wird in der riesigen und komplexen sozialen Ordnung der heutigen Zeit offensichtlich.

15. Alle geistigen Entdeckungen und Errungenschaften sind das Ergebnis von Wunsch und Konzentration. Wunsch ist der stärkste Handlungsantrieb. Je nachdrücklicher der Wunsch, desto verläßlicher die Offenbarung. Wunsch in Verbindung mit Konzentration wird der Natur jedes Geheimnis entlocken.

16. Durch die Anerkennung großartiger Gedanken; durch das Erfahren großartiger Emotionen, die mit großartigen Gedanken im Einklang stehen, wird das Bewusstsein in einen Zustand versetzt, wo es beginnt, den Wert höherer Dinge zu schätzen.

17. Die Intensität eines Moments ernsthafter Konzentration und das intensive Verlangen zu werden und zu erreichen, wird Dich weiter bringen, als Jahre langsamer und forcierter, äußerer Anstrengung. Es wird die Gitterstäbe des Glaubens, der Schwäche, der Unfähigkeit und Selbsterniedrigung

lockern, und Du wirst in den Genuß der Siegesfreude kommen.

18. Initiative und Originalität wird durch Beständigkeit und Kontinuität geistiger Anstrengung entwickelt. Die Geschäftswelt lehrt uns den Wert der Konzentration und ermutigt Charakterentscheidungen. Sie entwickelt praktische Erkenntnis und schnelle Entschlußfreudigkeit. Das geistige Element ist der vorherrschende, leitende Faktor in einer jeden wirtschaftlichen Anstrengung. Alle wirtschaftlichen Beziehungen sind eine Veräußerlichung des Wunsches.

19. Viele der beständigen und wichtigen Fähigkeiten werden durch eine Anstellung in der Wirtschaft entwickelt. Das Bewusstsein wird gefestigt und geleitet; es wird effizient. Die grundlegende Notwendigkeit ist das Stärken des Bewusstseins, damit es sich über die Störungen und verleitenden Impulse des tierhaften Menschen hinwegsetzen kann und somit den Konflikt zwischen dem höheren und niederen Selbst erfolgreich löst.

20. Wir alle sind Dynamos, aber der Dynamo selbst ist nichts. Das Bewusstsein muß den Dynamo antreiben; dann ist er nützlich, und seine Energie kann konzentriert werden. Das Bewusstsein ist eine Maschine mit ungeahnten Kräften. Denken ist eine immer währende Kraft. Es ist der Herrscher und Schöpfer über alle Formen und all jene Ereignisse, die in Form auftreten. Physische Energie ist nichts im Vergleich zu der Allmacht des Denkens, denn Denken befähigt den Menschen, alle anderen natürlichen Kräfte nutzbar zu machen.

21. Schwingung ist die Handlung des Denkens. Es ist die Schwingung, die hinausreicht und all das zur Konstruktion und zum Bau benötigte Material anzieht. Es gibt nichts Geheimnisvolles bezüglich der Kraft des Denkens. Konzentration bedeutet lediglich, daß Bewusstsein auf einen bestimmten Punkt gebündelt werden kann, wo es eins wird mit dem Objekt seiner Aufmerksamkeit. So wie zu sich genommenes Essen die Essenz des Körpers ist, so absorbiert das Bewusstsein das Objekt seiner Aufmerksamkeit und verleiht ihm Leben und Dasein.

22. Wenn Du Dich auf eine wichtige Angelegenheit konzentrierst, wird die intuitive Kraft aktiv und Hilfe wird in Form von Informationen kommen, die zum Erfolg führen werden.

23. Intuition (auch „Eingebung" genannt, Anm. d. Ü.) kommt ohne die Hilfe von Erfahrungen oder von Erinnerungsvermögen zu Schlußfolgerungen. Intuition löst oft Probleme, die über das Verständnis des Urteilsvermögens hinausgehen. Intuition kommt oft mit einer verblüffenden Geschwindigkeit. Es enthüllt die von uns gesuchte Wahrheit so direkt, daß sie von einer höheren Macht zu kommen scheint. Intuition kann kultiviert und entwickelt werden; dazu muß sie erkannt und geschätzt werden. Wenn dem intuitiven Besucher ein königlicher Empfang bereitet wird, wird er wiederkommen. Je freundlicher der Empfang, desto zahlreicher seine Besuche. Wenn er aber ignoriert oder vernachlässigt wird, werden seine Besuche selten und rar.

24. Intuition kommt gewöhnlich in der Stille. Großartige Geister suchen oft die Einsamkeit. Dort ist es, wo all die größeren Probleme des Lebens gelöst werden. Aus diesem Grund hat jeder Geschäftsmann, der es sich leisten kann, ein

eigenes Büro, wo er ungestört ist. Wenn Du Dir kein eigenes Büro leisten kannst, kannst Du wenigstens ein Plätzchen finden, wo Du für einige Minuten am Tag allein sein kannst. Dort kannst Du das Denken entlang der Linien trainieren, die Dich befähigen, die zum Erreichen notwendige, unbezwingbare Kraft zu entwickeln.

25. Bedenke, daß das Unterbewusstsein grundsätzlich allmächtig ist; daß es keine Grenzen für die Dinge gibt, die es tun kann, wenn ihm die Macht gegeben wird, tätig zu werden. Der Grad des Erfolges wird von der Natur Deines Wunsches bestimmt. Wenn die Natur Deines Wunsches in Einklang mit Natürlichem Gesetz oder dem Universellen Bewusstsein ist, wird es schrittweise den Verstand befreien und Dir unbezwingbaren Mut geben.

26. Jedes überwundene Hindernis, jeder erreichte Sieg, wird Dir mehr Glauben an Deine Kraft geben, und Du wirst immer größere Fähigkeiten erlangen. Deine Stärke wird durch Deine geistige Einstellung bestimmt. Wenn es eine Einstellung des Erfolges ist und dauerhaft mit einem unabänderlichen Vorsatz gehalten wird, wirst Du aus dem unsichtbaren Raum die Dinge anziehen, nach denen Du still verlangst.

27. Indem Du den Gedanken im Bewusstsein hältst, wird er schrittweise greifbare Form annehmen. Ein bestimmtes Ziel setzt Ursachen in Bewegung, die in die unsichtbare Welt hinausreichen und das notwendige Material finden, um Deinem Ziel zu dienen.

28. Du magst Symbolen der Macht nachjagen anstatt der Macht selber. Du magst Berühmtheit anstelle von Ehre,

Reichtum anstelle von Wohlstand, Position anstelle von Dienst nachjagen. In jedem Fall wirst Du feststellen, daß sie gerade in dem Moment zu Asche werden, wo Du sie erreichst.

29. Verfrühter Wohlstand oder Positionen können nicht gehalten werden, weil sie nicht verdient wurden. Wir erhalten nur das, was wir geben, und die, die ohne zu geben versuchen zu erhalten, werden immer wieder feststellen, daß das Gesetz des Ausgleichs stets eine exakte Balance herbeiführt.

30. Das Rennen wurde gewöhnlicherweise ums Geld oder andere Symbole der Macht geführt, aber mit einem Verständnis der wahren Quelle der Macht können wir es uns leisten, diese Symbole zu ignorieren. Ein Mensch mit einem großen Bankkonto wird es nicht für nötig befinden, seine Taschen mit Gold zu beladen. Genau so ist es auch mit dem Menschen, der die wahre Quelle der Kraft gefunden hat: er wird nicht länger an Vortäuschungen oder Überheblichkeit interessiert sein.

31. Denken führt gewöhnlicherweise nach außen hin in evolutionäre Richtungen, aber es kann auch nach innen gerichtet werden, wo es die grundlegenden Prinzipien der Dinge erfaßt: das Herz der Dinge, den Geist der Dinge. Wenn Du zum Herz der Dinge gelangst, wird es vergleichsweise einfach sein, sie zu verstehen und zu befehligen.

32. Das ist so, weil der Geist einer Sache die Sache selbst ist; der lebenswichtige Teil von ihr; die wahre Substanz. Die Form ist dann einfach nur die äußere Darstellung der inneren geistigen Aktivität.

33. Als Übung dieser Woche konzentriere Dich so gut wie möglich auf Deine Übereinstimmung mit den in dieser Übung umrissenen Methoden. Lasse keine bewußte, mit Deinem Ziel in Verbindung stehende Anstrengung oder Tätigkeit zu. Entspanne Dich vollständig; vermeide – was die Resultate anbelangt – jegliche ängstliche Gedanken. Erinnere Dich, daß Kraft durch Stille kommt. Lasse den Gedanken auf Deinem Objekt verweilen, bis er vollständig darin aufgegangen ist; bis Du Dir nichts anderem mehr bewußt bist.

34. Wenn Du Angst beseitigen willst, konzentriere Dich auf Mut.

35. Wenn Du Mangel beseitigen willst, konzentriere Dich auf Überfluß.

36. Wenn Du Krankheit beseitigen willst, konzentriere Dich auf Gesundheit.

37. Konzentriere Dich immer auf das Ideal als eine bereits bestehende Tatsache. Das ist die Keimzelle, das Lebensprinzip, welches voraus schreitet und jene Ursachen in Bewegung setzt, die den notwendigen Bezug leiten, steuern und herbeiführen, welcher sich schlußendlich in Form darstellt.

FRAGEN UND ANTWORTEN

161. **Was ist die wahre Methode der Konzentration?**
Sich mit dem Objekt eines Gedanken so zu identifizieren, daß Du Dir nichts anderem mehr bewußt bist.

162. **Was ist das Resultat dieser Methode der Konzentration?**
Unsichtbare Kräfte werden in Bewegung gesetzt, welche unwiderruflich mit Deinem Gedanken übereinstimmende Umstände herbeiführen.

163. **Was ist der leitende Faktor dieser Methode des Denkens?**
Spirituelle Wahrheit.

164. **Warum ist das so?**
Weil die Natur unseres Wunsches in Einklang mit Natürlichem Gesetz sein muß.

165. **Was ist der praktische Wert dieser Methode der Konzentration?**
Denken wird in Charakter umgewandelt, und Charakter ist der Magnet, der die Umgebung des Individuums erschafft.

166. **Was ist der lenkende Faktor einer jeglichen wirtschaftlichen Unternehmung?**
Das Bewusstsein.

167. **Warum ist das so?**
Weil Bewusstsein der Herrscher und Erschaffer aller Formen und aller Ereignisse ist, die in äußerer Gestalt auftreten.

168. **Wie funktioniert Konzentration?**
Durch die Entwicklung der Kräfte der Wahrnehmung, Weisheit, Intuition und des Scharfsinns.

169. **Warum ist die Intuition dem Urteilen überlegen?**
Weil es nicht von Erfahrung oder dem Gedächtnis abhängig ist und häufig Lösung zu unseren Problemen durch Methoden hervorbringt, derer wir vollkommen unbewußt sind.

170. **Was ist das Ergebnis, wenn Symbolen anstelle der Wirklichkeit nachgejagt wird?**
Sie werden häufig gerade dann, wenn wir sie erreichen, zu Asche, denn das Symbol ist nur die äußere Form der inneren geistigen Aktivität; somit wird die Form vergehen, es sei denn, wir haben Besitz von ihrer geistigen Wirklichkeit ergriffen.

18

DAS GESETZ DER ANZIEHUNG

Um zu wachsen, müssen wir das für unser Wachstum notwendige Material erhalten. Dies wird durch das Gesetz der Anziehung herbeigeführt. Dieses Prinzip ist die einzige Möglichkeit, das Individuum vom Universellen zu unterscheiden.

Überlege Dir für einen Moment, was ein Mann wäre, wenn er nicht ein Ehemann, Vater oder Bruder wäre; wenn er nicht an der gesellschaftlichen, wirtschaftlichen, politischen oder religiösen Welt interessiert wäre. Er wäre nichts als ein abstraktes, theoretisches Ego. Er besteht somit nur in seinem Bezug zum Ganzen, in seinem Bezug zu anderen Menschen, in seinem Bezug zur Gesellschaft. Dieser Bezug – und nichts Anderes – macht seine Umwelt aus.

Es ist offensichtlich, daß das Individuum die Differenzierung des einen Universellen Bewusstseins ist, das ‚jeden Menschen mit Licht erfüllt, der auf die Welt kommt'. Seine sogenannte Individualität oder Persönlichkeit besteht lediglich aus der Art und Weise, wie diese sich zum Ganzen verhält. Das ist es, was wir Umgebung nennen, und sie wird durch das Gesetz der Anziehung herbeigeführt. Teil Achtzehn, der hiermit folgt, hat mehr zu diesem wichtigen Gesetz beizutragen.

1. Es vollzieht sich ein Wandel im Denken der Welt. Dieser Wandel entwickelt sich still in unserer Mitte und ist bedeutungsvoller als jeder andere, den die Welt seit dem Niedergang des Heidentums erfahren hat.

2. Die gegenwärtige Revolution in den Meinungen der Menschen aller Klassen, den höchsten und kultiviertesten

ebenso wie der Arbeiterklasse, steht ohne Vergleich in der Geschichte der Welt.

3. Die Wissenschaft hat letztens (Anfang des 20. Jahrhunderts, Anm. d. Ü.) solch großartige Entdeckungen gemacht; hat eine Unendlichkeit von Ressourcen entdeckt; hat so enorme Möglichkeiten und unerwartete Kräfte freigesetzt, daß Wissenschaftler mehr und mehr daran zweifeln, gewisse Theorien als etabliert und über jeglichen Zweifel erhaben anzusehen oder andere Theorien als absurd und unmöglich abzutun.

4. Eine neue Zivilisation wird geboren: Bräuche, Glaubensbekenntnisse und Vorangegangenes haben ausgedient; Vision, Vertrauen und Dienst treten an ihren Platz. Die Fesseln der Tradition werden von der Menschheit abgelegt, und während die Auswüchse des Materialismus verwertet werden, wird das Denken befreit und die Wahrheit erhebt sich in ganzer Pracht vor einer erstaunten Menge.

5. Die ganze Welt steht am Vorabend eines neuen Bewusstseins, einer neuen Macht und einer neuen Verwirklichung innerhalb ihres Selbst.

6. Die Physik hat Materie in Moleküle aufgelöst, Moleküle in Atome, Atome in Energie, und es wurde Mr. J. A. Fleming in einer Rede vor der Royal Institution überlassen, diese Energie in Bewusstsein aufzulösen. Er sprach: „In seinem letztendlichen Wesen mag Energie für uns immer unverständlich bleiben, mit der Ausnahme der Darstellung ihrer direkten Tätigkeit, die wir Bewusstsein oder Willen nennen."

7. Und dieses Bewusstsein ist das Innewohnende und Letztendliche. Es steht der Materie, wie auch dem Spirituellen voran. Es ist der aufrecht haltende, Energie spendende, alles durchdringende Geist des Universums.

8. Jede lebendige Sache muß von dieser allmächtigen Intelligenz versorgt werden. Wir stellen fest, daß der Unterschied in den individuellen Lebensformen hauptsächlich an dem Grad dieser Intelligenz gemessen wird, die sie darstellen. Es ist größere Intelligenz, die ein Tier an eine höhere Stelle setzt als die Pflanze; den Menschen höher als das Tier. Wir stellen fest, daß diese höhere Intelligenz wiederum durch die Macht des Individuums aufgezeigt wird, seine Taten zu lenken und sich somit bewußt an seine Umgebung anzupassen.

9. Es ist diese Anpassung, die die Aufmerksamkeit der großartigen Geister beschäftigt, und diese Anpassung besteht aus nichts anderem als dem Erkennen einer bestehenden Ordnung im Universellen Bewusstsein. Es ist wohlbekannt, daß uns dieses Bewusstsein genau in dem Ausmaß folgt, zu dem wir zuerst ihm gefolgt sind.

10. Es ist die Anerkennung von natürlichen Gesetzen, die uns befähigt hat, Zeit und Raum zu überwinden, in der Luft zu fliegen und Eisen schwimmen zu lassen. Je höher der Grad der Intelligenz, desto größer wird unsere Anerkennung dieser natürlichen Gesetze, und desto größer wird die Macht, die wir besitzen können.

11. Die Anerkennung, daß das ‚Selbst' eine Individualisierung der Universellen Intelligenz ist, befähigt uns, diejenigen Formen der Intelligenz zu kontrollieren, die dieses Niveau der Selbsterkennung noch nicht erreicht haben. Sie wissen

nicht, daß diese Universelle Intelligenz alle Dinge durchdringt, immer bereit, in Aktion zu treten. Sie wissen nicht, daß es auf jede Anfrage antwortet; sie sind somit in Knechtschaft zu dem Gesetz ihres eigenen Seins.

12. Denken ist schöpferisch, und das Prinzip, auf dem dieses Gesetz beruht, ist solide, legitim und der Natur der Dinge innewohnend. Diese schöpferische Kraft entsteht aber nicht im Individuum selbst, sondern im Universellen, welches der Ursprung und die Grundlage aller Energie und Substanz ist. Das Individuum ist einfach nur ein Kanal für die Verteilung dieser Energie.

13. Das Individuum ist lediglich das Medium, mit dessen Hilfe das Universelle die verschiedenen Kombinationen erschafft, welche im Erschaffen von Erscheinungen resultieren. Diese sind vom Gesetz der Schwingung abhängig, wodurch verschiedene Schwingungsraten in der Ursprungssubstanz neue Substanzen nur in genauen, numerischen Verhältnissen erschaffen.

14. Denken ist die unsichtbare Verbindung, durch die das Individuum mit dem Universellen kommuniziert; das Endliche mit dem Unendlichen; das Sichtbare mit dem Unsichtbaren. Denken ist die Magie, durch die ein Mensch in ein denkendes, wissendes, fühlendes und tatkräftiges Wesen umgewandelt wird.

15. So, wie der richtige Apparat das Auge befähigt hat, in Millionen von Kilometern Entfernung neue Sterne zu entdecken, so wurde der Mensch mit dem richtigen Verständnis in die Lage versetzt, mit dem Universellen Bewusstsein zu kommunizieren – dem Ursprung aller Macht.

16. Das gewöhnlich entwickelte Verständnis ist nichts weiter als ein Glaube – was absolut gar nichts aussagt. Die Eingeborenen der Kannibalen-Inseln glauben etwas, aber das allein beweist gar nichts.

17. Der einzige Glaube, der für alle von Wert ist, ist ein Glaube, der auf die Probe gestellt und als Tatsache aufgezeigt wurde. Er ist dann nicht länger ein Glaube, sondern zu einem lebendigen Vertrauen oder einer lebendigen Wahrheit geworden.

18. Diese Wahrheit wurde durch Hunderttausende von Menschen auf die Probe gestellt und wurde als Wahrheit genau in dem Verhältnis zur Nützlichkeit des von ihnen benutzten Apparates herausgefunden.

19. Ein Mensch würde nicht erwarten, Sterne, Hunderte von Millionen von Kilometern entfernt, ohne ein ausreichend starkes Teleskop zu entdecken. Genau aus diesem Grund ist die Wissenschaft kontinuierlich dabei, größere und leistungsfähigere Teleskope zu bauen. Sie wird deshalb unaufhörlich mit neu hinzugewonnenem Wissen über die Himmelskörper belohnt.

20. Genau so verhält es sich auch mit Verständnis: Menschen machen andauernd Fortschritte in den Methoden, die sie benutzen, um in Verbindung mit dem Universellen Bewusstsein und seinen unendlichen Möglichkeiten zu treten.

21. Das Universelle Bewusstsein manifestiert sich im Objektiven durch das Prinzip der Anziehung, welches jedes Atom auf jedes andere Atom in unendlichen Abstufungen ausübt.

22. Es ist durch dieses Prinzip des Verbindens und Anziehens, daß Dinge zusammengebracht werden. Dieses Prinzip ist von universeller Anwendbarkeit und ist das einzige Mittel, durch das die Absicht der Schöpfung vollendet wird.

23. Der Ausdruck des Wachstums wird auf wunderschöne Weise mithilfe dieses Universellen Prinzips herbeigeführt.

24. Um zu wachsen, müssen wir das für unser Wachstum Notwendige erhalten. Da wir aber jederzeit eine vollständige Denkeinheit sind, ermöglicht uns diese Vollständigkeit, nur in dem Maße zu empfangen, wie wir auch geben. Wachstum ist somit von einer Wechselwirkung abhängig, und wir stellen fest, daß auf der Bewusstseinsebene Gleiches Gleiches anzieht; daß geistige Schwingungen nur in dem Ausmaß ihrer Harmonie antworten.

25. Es ist klar, daß Gedanken des Überflusses nur auf ähnliche Gedanken antworten werden. Der Wohlstand des Individuums wird als das angesehen, was er in sich bereits ist. Innerer Wohlstand ist das Geheimnis des Anziehens äußeren Wohlstands. Die Fähigkeit, etwas zu erschaffen, wurde als wirkliche Quelle des Wohlstands des Individuums angesehen. Es ist aus diesem Grund, daß derjenige, der sein Herz in die geistige Arbeit steckt, gewiß auf unbegrenzten Erfolg treffen wird. Er wird geben und geben, und je mehr er gibt, desto mehr wird er erhalten.

26. Was tun die großen Finanziers der Wall Street, die Industriekapitäne, die Staatsmänner, die großen Anwälte der Firmen, die Erfinder, die Physiker, die Autoren – was trägt jeder von ihnen zu der Summe des menschlichen Glücks bei, wenn nicht die Macht ihres Denkens?

27. Denken ist die Energie, durch die das Gesetz der Anziehung in die Tat umgesetzt wird, welches sich schließlich als Fülle oder Überfluß darstellt.

28. Das Universelle Bewusstsein ist statisches Bewusstsein oder Substanz im Gleichgewicht. Es unterscheidet sich in der Form durch unsere Kraft, zu denken. Denken ist die dynamische Phase des Bewusstseins.

29. Macht hängt von einem Machtbewusstsein ab; wir müssen sie gebrauchen, oder wir werden sie verlieren, und wenn wir uns ihrer nicht bewußt sind, können wir sie nicht anwenden.

30. Der Gebrauch dieser Kraft hängt von Aufmerksamkeit ab; der Grad der Aufmerksamkeit bestimmt unsere Fähigkeit, Wissen zu erlangen (was eine andere Bezeichnung für Macht ist).

31. Aufmerksamkeit wird als das herausragende Merkmal des Genies angesehen. Die Kultivierung der Aufmerksamkeit hängt von Übung ab.

32. Der Anreiz der Aufmerksamkeit ist Interesse. Je größer das Interesse, desto größer die Aufmerksamkeit. Je größer die Aufmerksamkeit, desto größer sind Interesse, Aktion und Reaktion. Beginne damit, aufmerksam zu sein. Binnen kurzem wirst Du Interesse erweckt haben. Dieses Interesse wird mehr Aufmerksamkeit anziehen, und diese Aufmerksamkeit wird mehr Interesse produzieren und so weiter. Diese Übung wird Dich befähigen, mehr Aufmerksamkeitskraft zu kultivieren.

33. Diese Woche konzentriere Dich auf Deine Kraft, schöpferisch tätig zu sein. Suche Einsicht und Wahrnehmung. Versuche, eine logische Grundlage für das Vertrauen zu finden, welches sich in Dir befindet. Lasse den Gedanken auf der Tatsache ruhen, daß der physische Mensch lebt und sich bewegt und sein Wesen in dem Erhalter allen organischen Lebens hat – der Luft; daß er zum Leben atmen muß. Dann lasse den Gedanken auf der Tatsache ruhen, daß der geistige Mensch auch lebt und sich bewegt und sein Wesen in einer ähnlichen, aber feineren Energie hat, von der er zum Leben abhängig ist. Bedenke auch, daß in der physischen Welt kein Leben Form annimmt, bis nicht die Saat gesät ist, und daß keine höhere Frucht als die der Eltern gezogen werden kann. So ist es auch in der geistigen Welt, wo keine Wirkung erzielt werden kann, bis nicht die Saat gesät ist. Die Frucht wird von der Natur der Saat abhängen. Deine Ergebnisse hängen von der Wahrnehmung ‚der Gesetze der Verursachung' ab – der höchsten Entwicklung des menschlichen Bewusstseins.

FRAGEN UND ANTWORTEN

171. **Wie misst man den Unterschied zwischen den individuellen Leben?**
Durch den Grad der Intelligenz, den sie darstellen.

172. **Wie beschreibt man das Gesetz, mit dem das Individuum andere Formen der Intelligenz steuern kann?**
Das Erkennen des Selbst als Individualisierung der Universellen Intelligenz.

173. **Woher stammt die schöpferische Kraft?**
Aus dem Universellen.

174. **Wie erschafft das Universelle Form?**
Durch das Individuum.

175. **Was ist die Verbindung zwischen dem Individuum und dem Universellen?**
Das Denken.

176. **Was ist das Prinzip, durch das sich die Möglichkeiten der Existenz ausdrücken?**
Das Gesetz der Liebe.

177. **Wie wird dieses Prinzip zum Ausdruck gebracht?**
Durch das Gesetz des Wachstums.

178. **Von welchen Umständen hängt das Gesetz des Wachstums ab?**
Von wechselseitigen Handlungen. Das Individuum ist zu jeder Zeit vollständig, und das macht es möglich, nur in dem Maße zu empfangen, wie wir auch geben.

179. **Was ist es, was wir geben?**
Das Denken.

180. **Was empfangen wir?**
Denken, welches stets im Gleichgewicht befindende Substanz ist und sich konstant durch das, was wir denken, in Form ausdrückt.

19

DIE ENTWICKLUNG DER LEBENSKRAFT

Angst ist eine kraftvolle Gedankenform. Sie lähmt die Nervenzentren und beeinflußt somit den Blutkreislauf. Dieses wiederum lähmt das Muskelsystem, so daß sich Angst auf das gesamte Wesen auswirkt: Körper, Gehirn und Nerven; physisch, geistig und muskulär.

Natürlich ist der Weg, die Angst zu überwinden, der, sich der Macht bewußt zu werden. Was ist sie, diese mysteriöse Lebenskraft, die wir Macht nennen? Wir wissen es nicht, aber wir wissen auch nicht, was Elektrizität ist.

Wir wissen aber, daß, wenn wir uns an die Erfordernisse halten, die das Gesetz der Elektrizität steuern, sie unser gehorsamer Diener sein wird; daß sie unsere Häuser und Städte erleuchtet, unsere Maschinen laufen läßt und uns auf vielen nützlichen Wegen dienlich ist.

So verhält es sich auch mit der Lebenskraft. Obwohl wir nicht wissen, was sie ist und es vielleicht auch nie wissen werden, wissen wir, daß sie eine grundlegende Kraft ist, die sich durch unsere lebendigen Körper ausdrückt. Wenn wir uns dann an die Regeln und Gesetze halten, die sie steuern, können wir uns einem größeren Zufluß dieser Lebensenergie öffnen und somit den größtmöglichen Grad mentaler, moralischer und spiritueller Effizienz zum Ausdruck bringen.

Dieser Teil erzählt uns von einem einfachen Weg, diese Lebenskraft zu entwickeln. Wenn Du die in dieser Lektion umrissenen Informationen umsetzt, wirst Du bald ein Gespür für Macht entwickeln, welcher seit jeher das herausragende Merkmal von Genies ist.

1. Die Suche nach der Wahrheit ist nicht länger ein zufälliges Abenteuer, sondern ein systematischer Vorgang und ist logisch in seiner Durchführung. Jeder Art von Erfahrung wird eine Stimme zur Beeinflussung der Entscheidung verliehen.

2. Durch die Suche nach der Wahrheit suchen wir die letztendliche Ursache. Wir wissen, daß jede menschliche Erfahrung eine Auswirkung ist. Wenn wir uns dann der Ursache vergewissern und herausfinden, daß wir diese Ursache bewußt steuern können, wird auch die Auswirkung der Erfahrung unserer Kontrolle unterliegen.

3. Die menschliche Erfahrung wird dann nicht mehr des Schicksals Spielball sein; der Mensch wird nicht mehr Kind des Glücks, sondern des Geschicks sein. Deshalb werden Schicksal, Glück und höhere Fügung genauso gesteuert werden, wie der Kapitän sein Schiff oder der Lokführer seinen Zug steuert.

4. Alle Dinge sind schließlich in dasselbe Element auflösbar, und da sie dadurch übertragbar sind, eins ins andere, müssen sie immer in Bezug und nie im Gegensatz zueinander stehen.

5. In der physischen Welt gibt es zahllose Unterschiede, denen aus Gründen der Bequemlichkeit bestimmte Namen zugeordnet wurden. Es sind Größen, Farben, Schattierungen oder Folgen aller Dinge. Es gibt einen Nordpol und einen Südpol, ein Innen und ein Außen, ein Sichtbares und ein

Unsichtbares, aber diese Ausdrücke dienen uns lediglich dazu, Extreme in Kontrast zu setzen.

6. Sie sind die Namen, die wir zwei unterschiedlichen Teilen einer Einheit gegeben haben. Die beiden Extreme sind relativ; sie sind nicht voneinander getrennte Einheiten, sondern zwei Teile oder Aspekte eines Ganzen.

7. In der geistigen Welt finden wir dasselbe Gesetz. Wir sprechen von Wissen und Ignoranz, aber Ignoranz ist lediglich ein Mangel an Wissen und somit lediglich ein Wort, das die Abwesenheit von Wissen ausdrückt; in sich selbst hat es keinerlei Bedeutung.

8. In der moralischen Welt finden wir wiederum dasselbe Gesetz. Wir sprechen von „gut" und „böse", aber das Gute ist eine Wirklichkeit – etwas Greifbares – während das sogenannte Böse schlicht und ergreifend der negative Umstand, die Abwesenheit des Guten ist. Das Böse wird manchmal als ein sehr lebensnaher Umstand angesehen; es hat aber keinerlei Bedeutung, keine Lebenskraft, kein Leben. Wir wissen das, weil es jederzeit durch das Gute zerstört werden kann. So wie Wahrheit Fehler und Licht Dunkelheit vertreibt, so verschwindet das Böse, wenn das Gute erscheint. Es gibt demnach nur ein einziges Prinzip in der moralischen Welt.

9. Wir finden genau dasselbe Gesetz in der spirituellen Welt. Wir sprechen von Bewusstsein und Materie als zwei getrennte Einheiten, aber klare Erkenntnis macht es offensichtlich, daß es nur ein operatives Prinzip gibt, und das ist das Bewusstsein.

10. Bewusstsein ist das Wahre und das Ewige. Materie ändert sich ständig; wir wissen, daß in den Äonen der Zeit hundert Jahre nur einen Tag bedeuten. Wenn wir in einer Stadt stehen und unser Auge auf den zahlreichen großen und bemerkenswerten Gebäuden ruhen lassen, uns die Eisenbahnen, die Autos, das Telefon und all die anderen Annehmlichkeiten der modernen Zivilisation betrachten, so mögen wir uns daran erinnern, daß keines von ihnen auch nur vor hundert Jahren existierte, und wenn wir in hundert Jahren an gleicher Stelle stehen, werden wir mit großer Wahrscheinlichkeit nur noch wenig davon vorfinden.

11. Im Tierreich finden wir dasselbe Gesetz des Wechsels. Die Millionen und Abermillionen von Tieren kommen und gehen mit einer Lebensspanne von einigen Jahren. In der Pflanzenwelt ist die Veränderung noch schnelllebiger. Viele Pflanzen und fast alle Gräser kommen und gehen innerhalb nur eines einzigen Jahres. Wenn wir zum Anorganischen übergehen, erwarten wir, etwas mehr Beständigkeit zu finden. Doch während wir den anscheinend soliden Kontinent betrachten, wird uns gesagt, daß er aus dem Ozean aufstieg. Wir sehen gigantische Berge, und uns wird gesagt, daß sich dort, wo sie stehen, einst ein See befand, und wenn wir in Ehrerbietung vor den großen Klippen im Yosemite Valley stehen, können wir leicht die Spur der Gletscher verfolgen, die alles vor sich herschoben.

12. Wir stehen im Angesicht kontinuierlicher Veränderung. Wir wissen, daß diese Veränderung nichts als die Evolution des Universellen Bewusstseins ist; des großartigen Vorgangs, durch den alle Dinge kontinuierlich erschaffen und wiedererschaffen werden. Wir werden uns bewußt, daß Materie nichts als eine Form ist, die das Bewusstsein annimmt und

somit nur ein Umstand ist. Materie an sich hat keinerlei Prinzip; Bewusstsein ist das alleinige Prinzip.

13. Uns wurde daraufhin klar, daß Bewusstsein das einzige Prinzip ist, das in der physischen, mentalen, moralischen und spirituellen Welt tätig ist.

14. Wir wissen auch, daß Bewusstsein (Mind, Anm. d. Ü.) statisch ist, Bewusstsein im Ruhezustand. Wir wissen auch, daß die Fähigkeit des Denkens die ist, auf das Universelle Bewusstsein einzuwirken und es in dynamisches Bewusstsein oder Bewusstsein in Bewegung umzuwandeln.

15. Um dies zu tun, muß Treibstoff in Form von Nahrung zugeführt werden, da der Mensch ohne Nahrung nicht denken kann. So stellen wir fest, daß selbst eine geistige Aktivität wie das Denken nicht in Quellen der Freude und des Gewinns umgewandelt werden kann, es sei denn durch den Gebrauch materieller Hilfsmittel.

16. Es bedarf einer Art von Energie, um Elektrizität zu sammeln und sie in eine dynamische Kraft umzuwandeln. Es benötigt die Sonnenstrahlen, um die zum Erhalt des Pflanzenlebens notwendige Energie zur Verfügung zu stellen. So bedarf es auch Energie in Form von Nahrung, um das Individuum zum Denken und somit zum Einwirken auf das Universelle Bewusstsein zu befähigen.

17. Du magst wissen, daß Denken kontinuierlich und unaufhörlich Form annimmt; daß es nach Ausdruck sucht, oder Du weißt es nicht: Die Tatsache aber bleibt bestehen, daß in Deinem Gesundheitszustand, Deinen Geschäftsbeziehungen und Deiner Umgebung deutlich wird, daß Deine

Gedanken kraftvoll, konstruktiv und positiv sind. Wenn Dein Gedanke schwach, kritisch, zerstörerisch und allgemein negativ ist, wird es sich in Deinem Körper als Angst, Sorge und Nervosität widerspiegeln; in Deinen Finanzen als Mangel oder Beschränkung und in Deiner Umgebung als unstimmige Umstände.

18. Jeglicher Wohlstand ist ein Ergebnis von Macht; Besitztümer sind nur dann von Wert, wenn sie Macht übertragen. Ereignisse sind nur dann von Bedeutung, wenn sie sich auf Macht auswirken. Alle Dinge stellen gewisse Formen und Abstufungen von Macht dar.

19. Ein Wissen um Ursache und Wirkung, wie durch die Gesetze aufgezeigt wird, die Dampf, Elektrizität, chemische Verwandtschaft und Erdanziehung regeln, befähigt den Menschen, mutig zu planen und furchtlos durchzuführen. Diese Gesetze werden Natürliche Gesetze genannt, denn sie regeln die physische Welt. Aber nicht alle Kraft ist physische Kraft; es gibt auch mentale, moralische und geistige Kraft.

20. Was sind unsere Schulen, unsere Universitäten, wenn nicht geistige Kraftwerke – Orte, an denen geistige Kraft entwickelt wird?

21. So, wie es viele mächtige Kraftwerke für die Kraftanwendung auf Maschinen gibt, durch die Rohmaterial gesammelt und in die Bedürfnisse und den Komfort des Lebens umgewandelt wird, so sammeln geistige Kraftwerke das Rohmaterial, kultivieren und entwickeln es zu einer Kraft, welche allen natürlichen Kräften, so bewundernswert sie auch sein mögen, unendlich überlegen ist.

22. Was ist dieses Rohmaterial, welches in den Tausenden geistiger Kraftwerke in aller Welt gesammelt und zu einer Kraft entwickelt wird, welche offensichtlich jede andere Kraft steuert? In seiner statischen Form ist es Bewusstsein – in seiner dynamischen Form ist es Denken.

23. Diese Kraft ist überlegen, weil sie auf einer höheren Ebene existiert; weil sie den Menschen dazu befähigt hat, die Gesetze zu entdecken, durch die diese wunderbaren Kräfte der Natur gebündelt werden konnten, welche so die Arbeit von Hunderttausenden von Menschen verrichten können. Es hat den Menschen befähigt, Gesetze zu entdecken, durch die Zeit und Raum aufgehoben und das Gesetz der Anziehungskraft überwunden wurde.

24. Denken ist die Lebenskraft oder Energie, die da entwickelt wird und in den letzten 50 Jahren so erstaunliche Ergebnisse erzielt und so eine Welt erschaffen hat, die dem Menschen vor 50 oder selbst 25 Jahren noch vollkommen unvorstellbar gewesen wäre. Wenn solche Ergebnisse durch die Organisation dieser geistigen Kraftwerke in nur 50 Jahren erreicht wurden, was wird man dann in den nächsten 50 Jahren alles erwarten können?

25. Die Substanz, aus der alle Dinge erschaffen werden, ist in ihrer Menge unbeschränkt. Wir wissen, daß das Licht mit 300.000 km pro Sekunde reist, daß es Sterne so weit entfernt gibt, daß ihr Licht 2.000 Jahre braucht, um uns zu erreichen. Wir wissen, daß solche Sterne in allen Teilen des Universums existieren. Wir wissen auch, daß dieses Licht in Wellen kommt und daß, wenn der Äther (auf dessen Schwingen es reist) nicht beständig wäre, dieses Licht uns nicht erreichen würde. Wir können dann nur zu dem Schluß

kommen, daß diese Substanz, oder Äther, oder Rohmaterial, universell vorhanden ist.

26. Wie nun stellt sich die Substanz in Form dar? In der Elektrischen Wissenschaft wird eine Batterie durch das Verbinden gegenüberliegender Pole von Zink und Kupfer gebildet, das einen Stromfluß von der einen zur anderen Seite verursacht und somit Energie bereitstellt. Derselbe Vorgang wird in Bezug auf jede Art von Polarität wiederholt, und da alle Formen schlichtweg von der Schwingungsrate und konsequenterweise dem Verhältnis der Atome zueinander abhängen, müssen wir die Polarität ändern, wenn wir die Form der Darstellung ändern möchten. Das ist das Prinzip der Verursachung.

27. Als Übung dieser Woche konzentriere Dich, und wenn ich das Wort „konzentrieren" benutze, meine ich all das, was das Wort beinhaltet. Gehe so sehr in dem Objekt Deines Gedankens auf, daß Du Dir nichts Anderem mehr bewußt wirst. Tue das jeden Tag für einige Minuten. Du nimmst Dir die notwendige Zeit zum Essen, damit der Körper genährt werden kann; warum nimmst Du Dir nicht die Zeit, Deine geistige Nahrung aufzunehmen?

28. Lasse den Gedanken auf der Tatsache ruhen, daß Erscheinungen trügerisch sind. Die Erde ist weder flach, noch steht sie still. Der Himmel ist kein Dom; die Sonne bewegt sich nicht; die Sterne sind keine kleinen Flecken aus Licht, und von Materie, von der man einst annahm, daß sie fix sei, weiß man nun, daß sie sich in einem Zustand unaufhörlicher Bewegung befindet.

29. Versuche Dir klarzumachen, daß sich der Tag schnell nähert – sein Morgen dämmert schon – wo die Formen des Denkens und der Handlung einem sich anhäufenden Wissen um die Funktion dieser unendlichen Prinzipien schnellstens angepaßt werden müssen.

FRAGEN UND ANTWORTEN

181. **Wie werden Extreme in Gegensatz zueinander gestellt?**
Ihnen wurden bestimmte Namen gegeben, so wie innen und außen, oben und unten, hell und dunkel, gut und böse.

182. **Sind sie getrennte Einheiten?**
Nein, sie sind Teile oder Aspekte eines Ganzen.

183. **Was ist das einzige schöpferische Prinzip in der physischen, mentalen und geistigen Welt?**
Das Universelle Bewusstsein, oder die Unendliche Energie, aus der alle Dinge stammen.

184. **Wie stehen wir mit diesem schöpferischen Prinzip in Beziehung?**
Durch unsere Fähigkeit zu denken.

185. **Wie wird dieses schöpferische Prinzip in die Handlung umgesetzt?**
Denken ist die Saat, die sich in Handlungen äußert, und Handlungen äußern sich in Formen.

186. **Wovon hängt Form ab?**
Von der Schwingungsrate.

187. **Wie kann die Schwingungsrate geändert werden?**
Durch geistige Handlungen.

188. **Wovon hängen geistige Handlungen ab?**
Von Polarität, Aktion und Reaktion, zwischen dem Individuum und dem Universellen.

189. **Findet schöpferische Energie ihren Ursprung im Individuum oder im Universellen?**
Im Universellen, aber das Universelle kann sich nur durch das Individuum ausdrücken.

190. **Warum ist das Individuum notwendig?**
Weil das Universelle statisch ist, und weil es Energie bedarf, um es in Bewegung zu setzen. Dieses (in Bewegung setzen)wird durch Nahrung bereitgestellt, welche in Energie umgewandelt wird. Diese wiederum befähigt das Individuum zum Denken. Wenn das Individuum aufhört zu essen, wird es aufhören zu denken. Es wirkt dann nicht länger auf das Universelle ein. Konsequenterweise gibt es dann nicht länger Aktion oder Reaktion; das Universelle ist dann nur reines Bewusstsein in statischer Form – Bewusstsein in Ruhestellung.

20

DAS DENKEN ALS WIRKLICHE AUFGABE DES LEBENS

Über viele Jahre hinweg hat es eine endlose Diskussion über den Ursprung des Bösen gegeben. Die Theologen haben uns gesagt, daß Gott Liebe ist und daß Gott allgegenwärtig ist. Wenn das wahr ist, gibt es keinen Ort, wo Gott nicht ist. Aber wo sind dann das Böse, Satan und die Hölle?

Dann laß uns mal sehen:

- Gott ist Geist (oder Bewusstsein).
- Gott ist das schöpferische Prinzip des Universums.
- Der Mensch wurde im Abbild und der Ähnlichkeit Gottes erschaffen.
- Der Mensch ist ein geistiges Wesen.
- Die einzige Fähigkeit, die der Geist besitzt, ist die Kraft zu denken. Denken ist ein schöpferischer Vorgang.
- Jegliche Form ist das Ergebnis von Denkvorgängen.
- Das Zerstören von Form muß auch das Ergebnis von Denkvorgängen sein.
- Fiktive Darstellungen von Form sind das Ergebnis der schöpferischen Kraft des Gedankens, so wie in der (Fremd- oder Bühnen-)Hypnose.
- Offenkundige Darstellungen von Form sind das Ergebnis der schöpferischen Kraft des Gedankens, so wie im Spiritualismus.
- Erfindung, Organisation und aufbauende Handlungen jeglicher Art sind das Ergebnis der schöpferischen Kraft des Gedankens, so wie bei der Konzentration.

Wenn sich die schöpferische Kraft des Gedankens zum Nutzen der Menschheit darstellt, nennen wir das Ergebnis ‚gut'. Wenn sich die schöpferische Kraft des Gedankens auf eine zerstörerische und üble Art und Weise darstellt, nennen wir das Ergebnis ‚böse'.

Das zeigt den Ursprung von ‚gut' als auch ‚böse'; sie sind lediglich geformte Worte, die die Natur des Ergebnisses unseres Denkens oder unseres schöpferischen Vorgangs beschreiben sollen. Notwendigerweise geht Denken der Tat voraus und bestimmt sie vorher; die Tat geht dem Umstand voraus und bestimmt diesen vorher. In Teil Zwanzig werden wir mehr Licht auf dieses wichtige Thema werfen.

1. Das Bewusstsein einer Sache ist die Sache selbst; es ist fixiert, unveränderlich und ewig. Dein Bewusstsein ist – Du selbst; ohne das Bewusstsein wärst Du nichts. Es wird durch Deine Anerkennung und seine Möglichkeiten aktiv.

2. Du magst all den Reichtum des Christentums haben, aber bis Du ihn erkennst und gebrauchst, wird er keinen Wert haben. So ist es auch mit geistigem Reichtum: Bevor Du ihn nicht erkennst und benutzt, wird er keinerlei Wert haben. Die einzige Bedingung geistiger Kraft ist ihr Gebrauch oder ihre Anerkennung.

3. Alle großartigen Dinge kommen durch Anerkennung; das Zepter der Macht ist Bewusstsein, das Denken sein Bote, und dieser Bote webt unaufhörlich die Wirklichkeiten der unsichtbaren Welt in die Umstände und Umgebungen Deiner objektiven Welt.

4. Denken ist die wirkliche Aufgabe des Lebens; Macht ist das Ergebnis. Du hast tagtäglich mit der magischen Kraft des Denkens und des Bewusstseins zu tun. Welche Ergebnisse

kannst Du erwarten, solange Du Dir der Kraft nicht bewußt bist, welche Deiner Kontrolle unterstellt wurde?

5. Solange Du das tust, beschränkst Du Dich auf oberflächliche Umstände und machst Dich zu einer Belastung für diejenigen, die denken. Sowohl für die, die ihre Macht anerkennen als auch für die, die wissen, daß sie arbeiten müssen, wenn sie nicht denken. Und je weniger wir denken, desto mehr müssen wir arbeiten – und um so weniger erhalten wir für unsere Arbeit.

6. Das Geheimnis aller Macht ist ein vollkommenes Verständnis der Prinzipien, Kräfte, Methoden und Kombinationen des Bewusstseins sowie ein vollkommenes Verständnis unserer Beziehung zum Universellen Bewusstsein. Man tut gut daran, sich zu erinnern, daß dieses Prinzip unveränderlich ist. Wenn dem nicht so wäre, wäre es nicht zuverlässig. Alle Prinzipien sind unveränderlich.

7. Diese Stabilität ist Deine Chance. Du bist sein aktives Attribut, der Kanal für seine Aktivität. Das Universelle kann nur durch das Individuum tätig werden.

8. Wenn Du wahrzunehmen beginnst, daß die Essenz des Universellen in Dir selbst ist – Du die Essenz bist – wirst Du beginnen, Dinge zu tun. Du wirst beginnen, Deine Macht zu spüren. Sie ist der Treibstoff, der Deine Vorstellungskraft anfeuert; welcher dem Gedanken Lebenskraft verleiht; welcher Dich befähigt, mit all den unsichtbaren Kräften des Universums in Verbindung zu treten. Es ist die Kraft, die Dich befähigen wird, furchtlos zu planen und meisterhaft auszuführen.

9. Wahrnehmung wird aber nur in der Stille kommen. Dieses scheint die zwingende Bedingung für alle großen Ziele zu sein. Du bist eine visualisierende Einheit. Die Vorstellungskraft ist Deine Werkstatt. Es ist dort, wo Dein Ideal Gestalt annehmen muß.

10. Da das vollkommene Verständnis der Natur dieser Macht eine grundlegende Bedingung für ihre Darstellung ist, stelle Dir immer wieder die gesamte Methode vor, so daß Du sie benutzen kannst, wann immer die Gelegenheit es erforderlich macht. Unendliche Weisheit bedeutet, dieser Methode zu folgen, durch die uns die Eingebung des allmächtigen Universellen Bewusstseins jederzeit zur Verfügung steht.

11. Wir können es unterlassen, diese innere Welt anzuerkennen und sie so aus unserem Bewusstsein ausschließen, aber sie wird dennoch die grundlegende Tatsache jeglicher Existenz bleiben. Wenn wir lernen, sie anzuerkennen, nicht nur in uns selbst, sondern in allen Personen, Ereignissen, Dingen und Umständen, werden wir das ‚Königreich des Himmels' gefunden haben, von dem uns gesagt wird, daß es ‚in uns' sei.

12. Unser Scheitern ist das Ergebnis der Funktion genau desselben Prinzips. Das Prinzip ist unveränderlich. Seine Funktion ist exakt, es gibt keine Abweichung. Wenn wir Mangel, Beschränkung oder Unstimmigkeit denken, werden wir ihre Früchte an jeder Hand erleben. Wenn wir Armut, Unglück oder Krankheit denken, werden die Gedankenboten den Auftrag wie jede andere Art von Gedanken umgehend ausführen, und das Ergebnis wird genauso vorherbestimmbar sein. Wenn wir Angst vor einem kommenden Unglück haben, werden wir in der Lage sein, mit Hiob zu sagen: „Die Sache, vor der ich Angst hatte, ist über mich gekommen".

Wenn wir unfreundlich oder ignorant denken, werden wir die Ergebnisse unserer Ignoranz anziehen.

13. Diese Macht des Denkens, wenn verstanden und korrekt benutzt, ist das größte, jemals erträumte, arbeitsparende Gerät. Wenn sie aber nicht verstanden wurde oder ungenau benutzt wird, wird das Ergebnis – wie wir bereits gesehen haben – aller Wahrscheinlichkeit nach unglücklich sein. Durch die Hilfe dieser Macht kannst Du vertrauensvoll Sachen unternehmen, die scheinbar unmöglich sind, denn diese Macht ist das Geheimnis aller Erleuchtung, aller Genies.

14. Inspiriert zu werden bedeutet, vom normalen Weg abzuweichen, abseits ausgetretener Pfade zu wandeln, da alle außerordentlichen Ergebnisse außerordentliche Mittel erforderlich machen. Wenn wir zu der Erkenntnis der Einheit aller Dinge kommen, und daß die Quelle aller Macht in uns ist, zapfen wir die Quelle der Inspiration an.

15. Inspiration ist die Kunst der Empfänglichkeit; die Kunst der Selbstverwirklichung; die Kunst, das Individuelle Bewusstsein dem des Universellen Bewusstseins anzupassen; die Kunst, den richtigen Mechanismus an die Quelle aller Macht anzuschließen; die Kunst, dem Formlosen Form zu geben; die Kunst, ein Kanal für den Fluß der unendlichen Weisheit zu werden; die Kunst, die Allgegenwärtigkeit der Allmacht anzuerkennen.

16. Ein Verständnis und ein Schätzen der Tatsache, daß die Unendliche Macht allgegenwärtig und somit im unendlich Kleinen als auch im unendlich Großen vorhanden ist, wird uns befähigen, ihre Essenz aufzunehmen. Ein weiteres Verständnis der Tatsache, daß diese Macht Bewusstsein

und somit untrennbar ist, wird uns befähigen, ihr Vorhandensein an allen Punkten zur gleichen Zeit wertzuschätzen.

17. Ein Verständnis dieser Tatsache, zunächst intellektuell, dann emotional, wird uns befähigen, tief aus diesem Ozean der unendlichen Macht zu schöpfen. Ein intellektuelles Verständnis allein wird uns nicht hilfreich sein; die Emotionen müssen in die Tat umgesetzt werden. Denken ohne Gefühle ist leblos. Die erforderliche Kombination ist Denken und Gefühle.

18. Inspiration kommt von innen. Stille ist notwendig. Die Sinne müssen beruhigt, die Muskeln entspannt, die Ruhe kultiviert werden. Wenn Du so in den Besitz eines Sinnes von Gelassenheit und Kraft gekommen bist, wirst Du bereit sein, die Information, Eingebung oder Weisheit zu erhalten, welche für die Entwicklung Deines Ziels notwendig sein mag.

19. Verwechsle diese Methoden nicht mit denen eines Wahrsagers; sie haben nichts miteinander gemein. Inspiration ist die Kunst der Empfänglichkeit und schafft das Beste im Leben. Es ist Deine Aufgabe, diese unsichtbaren Kräfte zu verstehen und zu befehligen, anstatt Dich von ihnen befehligen oder beherrschen zu lassen. Macht bedeutet Dienst. Eingebung bedeutet Macht. Die Methoden der Eingebung zu verstehen und anzuwenden bedeutet, zu einem Übermenschen zu werden.

20. Wir können mit jedem Atemzug überschwänglicher leben, wenn wir bewußt mit dieser Absicht atmen. Das WENN ist in diesem Fall eine sehr wichtige Bedingung, da die Absicht die Aufmerksamkeit regelt, und ohne die Aufmerksamkeit kannst Du Dir nur die Ergebnisse sichern, die sich auch

jeder andere sichert. Das bedeutet: Das Angebot ist gleich der Nachfrage.

21. Um sich ein größeres Angebot zu sichern, muß die Nachfrage erhöht werden, und während Du bewußt die Nachfrage erhöhst, wird das Angebot folgen – Du wirst Dich in einem immer größeren Angebot von Leben, Energie und Vitalität vorfinden.

22. Der Grund dafür ist nicht schwer zu verstehen, aber er ist ein weiteres dieser vitalen Geheimnisse des Lebens, die im Allgemeinen anscheinend nicht geschätzt werden. Wenn Du ihn Dir zu eigen machst, wird er sich als eine der größten Wirklichkeiten des Lebens herausstellen.

23. Uns wird gesagt, daß ‚wir in Ihm leben, uns bewegen und unser Wesen haben', und daß ‚Er' Bewusstsein ist, daß ‚Er' Liebe ist, so daß wir jedes Mal, wenn wir atmen, dieses Leben, diese Liebe und dieses Bewusstsein einatmen. Das ist Pranische Energie oder Pranischer Äther – wir könnten keinen einzigen Moment ohne ihn bestehen. Es ist die kosmische Energie; es ist das Leben des Solarplexus.

24. Jedes Mal, wenn wir atmen, füllen wir unsere Lungen mit Luft, und zur gleichen Zeit kräftigen wir unseren Körper mit diesem Pranischen Äther, welcher das Leben selbst ist, so daß wir die Möglichkeit haben, eine bewußte Verbindung mit allem Leben, aller Intelligenz und aller Substanz herzustellen.

25. Ein Wissen um Deine Beziehung und um Deine Einheit mit diesem das Universum regelnden Prinzip, sowie die einfache Methode, durch die Du Dich bewußt mit ihr identifizieren kannst, gibt Dir ein wissenschaftliches Verständnis

eines Gesetzes, durch das Du Dich von Krankheit, Mangel oder Beschränkung jeglicher Art befreien kannst. In der Tat befähigt es Dich, den ‚Odem des Lebens' in Deine eigenen Nasenlöcher zu blasen.

26. Dieser ‚Atem des Lebens' ist eine überbewußte Realität. Es ist die Essenz des ‚ICH BIN'. Es ist wahres ‚Sein', oder Universelle Substanz, und unsere bewußte Einheit mit ihr befähigt uns, sie zu orten und somit die Macht dieser schöpferischen Energie auszuüben.

27. Denken ist eine schöpferische Schwingung, und die Qualität der erschaffenen Umstände hängt von der Qualität unseres Denkens ab, weil wir keine Kräfte ausdrücken können, die wir nicht besitzen. Wir müssen somit ‚sein', bevor wir ‚tun' können, und wir können nur in dem Ausmaß ‚tun', zu dem wir ‚sind', und was wir ‚tun', stimmt notwendigerweise mit dem überein, was wir ‚sind', und was wir ‚sind', hängt davon ab, was wir ‚denken'.

28. Jedes Mal, wenn Du denkst, startest Du eine Verursachungskette, deren Umstände in genauer Übereinstimmung mit der Qualität des Gedankens stehen, der ihn erschaffen hat. Denken, das im Einklang mit dem Universellen Bewusstsein steht, wird in entsprechenden Umständen resultieren. Denken, das zerstörerisch oder unstimmig ist, wird die entsprechenden Resultate erschaffen. Du kannst Denken konstruktiv oder zerstörerisch einsetzen, aber das unveränderliche Gesetz wird es Dir nicht erlauben, einen Gedanken einer Art zu pflanzen und die Frucht einer anderen zu ernten. Dir steht es vollkommen frei, diese wunderbare, schöpferische Kraft zu benutzen, wie Du willst, aber Du mußt die Konsequenzen akzeptieren.

29. Das ist die Gefahr dessen, was wir Willenskraft nennen. Es gibt solche, die zu denken scheinen, daß sie durch Willenskraft dieses Gesetz zwingen können; daß sie die Saat einer Art säen und sie durch Willenskraft zum Tragen einer anderen Frucht bringen können. Das grundlegende Prinzip der schöpferischen Kraft liegt im Universellen. Somit ist die Idee, eine Übereinstimmung mit unseren Wünschen durch die Kraft des individuellen Willens zu erzwingen, ein verkehrtes Konzept, welches für eine Weile erfolgreich sein mag, aber letztendlich zum Fehlschlagen bestimmt ist, weil es sich dieselbe Kraft, die es zu benutzen sucht, zum Feind macht.

30. Es ist das Individuum, das versucht, das Universelle zu zwingen; das Endliche in Konflikt mit dem Unendlichen zu bringen. Unser dauerhaftes Wohlbefinden wird am besten durch eine bewußte Zusammenarbeit mit der kontinuierlichen Vorwärtsbewegung des Großen Ganzen gewährleistet.

31. Als Übung dieser Woche gehe in die Stille und konzentriere Dich auf die Tatsache, daß „in Ihm wir leben, uns bewegen und unser Wesen haben" wörtlich zu nehmen und wissenschaftlich genau ist; daß Du BIST, weil Er IST; daß, wenn Er allgegenwärtig ist, Er in Dir sein muß; daß, wenn Er in allem ist, Du in Ihm sein mußt; daß Er Bewusstsein ist, und daß Du in „seinem Abbild und seiner Ähnlichkeit" erschaffen wurdest; daß der einzige Unterschied zwischen seinem Bewusstsein und Deinem Bewusstsein ein gradueller ist; daß ein Teil dasselbe in Art und Qualität sein muß wie das Ganze. Wenn Du Dir das klar vorstellen kannst, wirst Du das Geheimnis der schöpferischen Kraft des Denkens gefunden haben. Du wirst die Quelle von sowohl Gut als auch Böse gefunden haben. Du wirst das Geheimnis der wundervollen Kraft der Konzentration gefunden haben; Du

wirst den Schlüssel zur Lösung eines jeglichen Problems gefunden haben, ganz gleich, ob körperlich, finanziell oder emotional.

FRAGEN UND ANTWORTEN

191. **Von welchen Umständen hängt Macht ab?**
Von Anerkennung und Gebrauch.

192. **Was ist Anerkennung?**
Das Bewusstsein.

193. **Wie werden wir uns der Macht bewußt?**
Durch Denken.

194. **Was ist dann die wirkliche Aufgabe des Lebens?**
Korrektes, wissenschaftliches Denken.

195. **Was ist korrektes, wissenschaftliches Denken?**
Die Fähigkeit, unsere Gedankenprozesse an den Willen des Universellen anzupassen. In anderen Worten: mit Natürlichen Gesetzen zusammenzuarbeiten.

196. **Wie wird das erreicht?**
Durch das Sichern eines vollständigen Verständnisses der Prinzipien, Kräfte, Methoden und Kombinationen des Bewusstseins.

197. **Was ist dieses Universelle Bewusstsein?**
Die grundlegende Tatsache allen Bestehens.

198. **Was ist die Ursache allen Mangels, aller Beschränkung, Krankheit und Unstimmigkeit?**
Sie besteht aufgrund der Funktion genau desselben Gesetzes. Das Gesetz funktioniert unaufhaltsam und bringt kontinuierlich die mit dem schöpferischen Gedanken übereinstimmenden Umstände herbei.

199. **Was ist Eingebung?**
Die Kunst der Verwirklichung des allgegenwärtigen Allwissens.

200. **Wovon hängen die Umstände ab, die wir antreffen?**
Von der Qualität unseres Denkens, weil das, was wir „tun", davon abhängt, was wir „sind", und das, was wir „sind", davon abhängt, was wir „denken".

21

GROSSE GEDANKEN ALS GEHEIMNIS DES ERFOLGES

Es ist mir ein Privileg, Dir hiermit Teil 21 zu überreichen. In Absatz 7 wirst Du finden, daß es eines der Geheimnisse des Erfolges, eine der Methoden, den Sieg zu organisieren, eine der Errungenschaften des Meister-Bewusstseins ist, großartige Gedanken zu denken.

In Absatz 8 wirst Du feststellen, daß alles, was wir für eine bestimmte Zeit in unserem Bewusstsein halten, unserem Unterbewusstsein aufgeprägt und so zu einem Muster wird, welches die schöpferische Energie in Dein Leben und Deine Umgebung weben wird. Es ist das Geheimnis der wundervollen Macht des Gebets.

Wir wissen, daß das Universum durch Gesetze geregelt wird; daß es für jede Wirkung eine Ursache geben muß; und daß dieselbe Ursache unter den gleichen Bedingungen unweigerlich dieselbe Wirkung erzielen wird.

Wenn jemals ein Gebet beantwortet wurde, wird es immer beantwortet werden – wenn man sich an die richtigen Umstände hält. Dieses muß zwangsläufig wahr sein, andernfalls wäre das Universum ein Chaos anstatt ein Kosmos. Die Antwort auf ein Gebet unterliegt somit einem Gesetz, und dieses Gesetz ist bestimmt, exakt und wissenschaftlich, genauso wie die Gesetze, welche die Anziehungskraft oder Elektrizität regeln. Ein Verständnis dieses Gesetzes entfernt die Basis des Christentums aus dem Bereich des Aberglaubens und der Leichtgläubigkeit und platziert sie auf dem festen Felsen wissenschaftlichen Verständnisses.

Unglücklicherweise gibt es aber vergleichsweise wenige Menschen, die wissen, wie man betet. Sie verstehen, daß es Gesetze gibt, welche die Elektrizität, Mathematik und Chemie regeln, aber aus einem unerklärlichen Grund scheint es ihnen nicht aufzufallen, daß es auch geistige Gesetze gibt und daß diese geistigen Gesetze gleichermaßen bestimmt, wissenschaftlich und exakt sind und mit unveränderlicher Genauigkeit voran schreiten.

1. Das wahre Geheimnis der Macht ist ein Bewusstsein für Macht. Das Universelle Bewusstsein ist bedingungslos. Dementsprechend, je bewußter wir uns unserer Einheit mit diesem Bewusstsein werden, desto weniger bewußt werden wir uns der ehemaligen Bedingungen und Beschränkungen. Während wir uns von diesen Beschränkungen befreien, kommen wir zu einer Verwirklichung des Uneingeschränkten – wir sind frei!

2. Sobald wir uns dieser unerschöpflichen Macht der inneren Welt bewußt werden, beginnen wir diese Macht anzuzapfen und die größeren Möglichkeiten, die uns diese Erkenntnis beschert hat, anzuwenden und zu entwickeln. Das geschieht nur deswegen, weil sich all das, dessen wir uns bewußt werden, unweigerlich in der objektiven Welt darstellt – sich in Form Ausdruck verschafft.

3. Das ist so, weil das Unendliche Bewusstsein als die Quelle, aus der alle Dinge entstehen, eins und unteilbar ist. Jedes Individuum ist ein Kanal, durch den sich die Unendliche Energie darstellt. Unsere Fähigkeit, zu denken, ist unsere Fähigkeit, auf die Universelle Substanz einzuwirken, und was wir denken ist das, was in der objektiven Welt erschaffen oder produziert wird.

4. Das Ergebnis dieser Entdeckung ist schlichtweg bewundernswert und bedeutet, daß Bewusstsein außerordentlich in seiner Qualität und unbeschränkt in seiner Menge ist und somit unzählige Möglichkeiten beinhaltet. Sich dieser Macht bewußt zu werden, bedeutet, zu einem energiegeladenen Menschen zu werden. Es hat den gleichen Effekt wie das Verbinden eines normalen Kabels mit einem, das Strom leitet. Wenn das individuelle Bewusstsein das Universelle Bewusstsein berührt, empfängt es alle notwendige Macht. Das ist die innere Welt. Alle Wissenschaften erkennen die Wirklichkeit dieser Welt an, und jegliche Macht ist von unserer Anerkennung dieser Welt abhängig.

5. Die Fähigkeit, unvollständige Umstände zu beseitigen, hängt von geistiger Handlung ab, und die geistige Handlung hängt von dem Bewusstsein für Macht ab. Je bewußter wir uns (also) unserer Einheit mit der Quelle aller Macht werden, desto größer wird unsere Macht, jegliche Umstände zu steuern und zu meistern.

6. Großartige Ideen haben die Neigung, kleinere Ideen auszulöschen, so daß es angeraten ist, großartige Ideen so lange zu halten, bis sie kleine oder unerwünschte Neigungen zerstört haben. Das wird zahllose unsägliche und nervende Hindernisse aus Deinem Weg räumen. Du bist Dir auch einer größeren Gedankenwelt bewußt geworden, hast somit Deine geistige Leistungsfähigkeit erhöht und Dich in eine Position gebracht, wo Du etwas von Wert erreichen kannst.

7. Das ist eines der Geheimnisse des Erfolges, eine der Methoden, den Sieg zu organisieren, eine der Errungenschaften des Meisterdenkers: er denkt große Gedanken. Die schöpferische Energie des Bewusstseins findet es nicht schwieriger,

mit großen Situationen umzugehen als mit kleinen. Bewusstsein ist im unendlich Großen ebenso vorhanden wie im unendlich Kleinen.

8. Wenn wir uns dieser Tatsachen bezüglich des Bewusstseins klar werden, verstehen wir, wie wir uns jeglichen Umstand heranziehen können, indem wir die entsprechenden Umstände in unserem Bewusstsein schaffen, denn all das, was für eine bestimmte Zeit im Bewusstsein gehalten wird, wird schließlich dem Unterbewusstsein aufgeprägt und dadurch zu einem Muster, welches die schöpferische Energie in das Leben und die Umgebung des Individuums weben wird.

9. So werden Umstände neu erschaffen. Wir stellen fest, daß unser Leben schlichtweg das Spiegelbild unserer hauptsächlichen Gedanken ist, unserer geistigen Einstellung. Wir stellen dann fest, daß die Wissenschaft des wahrhaften Denkens die einzige Wissenschaft ist; daß sie alle anderen Wissenschaften einschließt.

10. Aus dieser Wissenschaft lernen wir, daß jeder Gedanke einen Abdruck im Gehirn hinterläßt; daß diese Abdrücke geistige Neigungen hervorrufen; daß diese Neigungen Charakter, Fähigkeiten und Ziele erschaffen; und daß die vereinten Taten von Charakter, Fähigkeiten und Ziel die Erfahrungen bestimmen, die wir im Leben antreffen werden.

11. Diese Erfahrungen kommen durch das Gesetz der Anziehung zu uns. Durch die Funktion dieses Gesetzes finden wir in der äußeren Welt die Erfahrungen, die mit denen der inneren Welt übereinstimmen.

12. Der vorherrschende Gedanke oder die Geisteshaltung ist der Magnet. Das Gesetz besagt: "Gleiches zieht Gleiches an". Konsequenterweise wird die Geisteshaltung unweigerlich solche Umstände anziehen, die mit ihrer Natur in Übereinstimmung stehen.

13. Diese Geisteshaltung ist unsere Persönlichkeit und besteht aus den Gedanken, die wir in unserem Bewusstsein erschaffen haben. Wenn wir eine Veränderung in den Umständen erwünschen, ist es lediglich notwendig, unsere Gedanken zu ändern. Das wiederum wird unsere Geisteshaltung ändern, welche unsere Persönlichkeit ändern wird, die wiederum Personen, Dinge, Umstände oder Erfahrungen ändern wird, auf die wir im Leben treffen.

14. Es ist jedoch keine leichte Angelegenheit, die Geisteshaltung zu ändern. Es kann aber durch dauerhafte Anstrengung erreicht werden. Die Geisteshaltung ist nach den geistigen Bildern, die dem Gehirn aufgeprägt wurden, strukturiert. Wenn Du diese Bilder nicht magst, zerstöre die Negative und erschaffe neue Bilder. Das ist die Kunst der Visualisierung.

15. Sobald Du das getan hast, wirst Du damit beginnen, neue Dinge anzuziehen, und diese neuen Dinge werden in Übereinstimmung mit den neuen Bildern stehen. Um das zu bewerkstelligen, drücke dem Bewusstsein ein perfektes Bild des Wunsches auf, den Du verwirklicht sehen willst, und halte dieses Bild im Bewusstsein, bis die Ergebnisse erzielt sind.

16. Wenn der Wunsch einer ist, der nach Bestimmtheit, Fähigkeit, Talent, Mut, Macht oder jeder anderen geistigen Kraft

verlangt, sind das die notwendigen Zutaten für Dein Bild. Baue sie mit ein; sie sind ein lebenswichtiger Bestandteil des Bildes; sie sind das Gefühl, welches sich mit dem Gedanken vereint und die unwiderstehliche, magnetische Kraft erschafft, mit der Du die von Dir benötigten Dinge an Dich heranziehst. Sie geben dem Bild Leben, und Leben bedeutet Wachstum, und sobald es zu wachsen beginnt, ist das Ergebnis praktisch gesichert.

17. Zögere nicht, in allem, was Du unternimmst, dem höchstmöglichen Ziel entgegenzustreben, denn die Geisteskräfte sind immer bereit, sich einem entschlossenen Willen zu widmen, in dem Bemühen, seine höchsten Bestrebungen in Taten, Vollendungen und Ereignissen herauszukristallisieren.

18. Ein Beispiel, wie diese Geisteskräfte funktionieren, wird durch die Methode aufgezeigt, durch die sich alle unsere Gewohnheiten bilden. Wir tun eine Sache, tun sie dann erneut, dann wieder und wieder, bis sie einfach und vielleicht nahezu automatisch wird. Dieselbe Regel trifft auf das Brechen jeder und aller schlechten Gewohnheiten zu. Wir hören auf, eine Sache zu tun, vermeiden sie erneut, dann wieder und wieder, bis wir vollkommen von ihr befreit sind. Sollten wir hin und wieder fehlschlagen, bedeutet das keinesfalls, die Hoffnung zu verlieren, denn das Gesetz ist absolut und unbezwingbar und rechnet uns jede Anstrengung und jeden Erfolg hoch an, selbst wenn unsere Anstrengungen und Erfolge manchmal unterbrochen werden.

19. Es gibt keine Beschränkung in dem, was dieses Gesetz für Dich tun kann. Wage es, an Deine eigenen Ideen zu glauben. Erinnere Dich, daß die Natur Deinem Ideal

anpassungsfähig ist. Siehe das Ideal als bereits vollendete Tatsache.

20. Der wirkliche Kampf des Lebens dreht sich um Ideen. Es ist der, der von den Wenigen gegen die Vielen gekämpft wird. Auf der einen Seite ist der aufbauende und schöpferische Gedanke, auf der anderen der zerstörerische und negative. Der schöpferische Gedanke wird von einem Ideal beherrscht, der passive Gedanke von Erscheinungen. Auf beiden Seiten finden sich Menschen der Wissenschaft, des Schreibens und der Geschäftswelt.

21. Auf der schöpferischen Seite sind Menschen, die ihre Zeit in Laboratorien oder über Mikroskopen und Teleskopen verbringen, Seite an Seite mit den Menschen, die die wirtschaftliche, politische und wissenschaftliche Welt beherrschen. Auf der negativen Seite sind Menschen, die ihre Zeit damit verbringen, Gesetz und Präzedens zu untersuchen; Menschen, die Theologie mit Religion verwechseln; Staatsmänner, die Macht mit Recht verwechseln, und all die Millionen, die Vorangegangenes dem Fortschritt vorzuziehen scheinen; die ewig nach hinten anstatt nach vorne schauen; die nur die äußere Welt sehen, aber nichts von der Inneren wissen.

22. In der letzten Analyse gibt es nur diese beiden Klassen. Alle Menschen werden ihren Platz auf der einen oder anderen Seite einnehmen. Sie werden vorwärts gehen müssen oder zurück. Es gibt in einer Welt, wo alles in Bewegung ist, keinen Stillstand. Es ist der Versuch stillzustehen, welcher willkürlichen und unfairen Gesetzen Zustimmung und Kraft gibt.

23. Daß wir uns in einer Übergangsperiode befinden, wird durch die Unruhen offensichtlich, die überall zu finden sind. Das Klagen der Menschheit ist gleich dem Grollen der himmlischen Artillerie, mit niedrigen und drohenden Tönen beginnend, dann zunehmend, wie der Ton, der von Wolke zu Wolke geschickt wird und mit seinem Blitz Luft und Erde spaltet.

24. Die Wächter, welche die vorgerücktesten Außenposten der industriellen, politischen und religiösen Welt bewachen, rufen sich verängstigt zu: "Was wird uns wohl die Nacht bringen?" Die Gefahr und Unsicherheit der von ihnen eingenommenen Positionen und der Versuch, sie zu halten, wird mit jeder Stunde offensichtlicher. Das Morgengrauen einer neuen Ära verkündet, daß die gegenwärtige Ordnung der Dinge nicht länger bestehen kann.

25. Die Auseinandersetzung zwischen der alten und der neuen Ordnung – das Kreuz der sozialen Probleme – ist gänzlich eine Frage der Überzeugung im Bewusstsein der Menschen, wie sie die Natur des Universums verstehen. Wenn sie verstehen, daß diese übersinnlichen Kräfte des Bewusstseins – oder die des Kosmos – in jedem Individuum ruhen, wird es möglich sein, Gesetze zu erschaffen, welche die Freiheiten und Rechte der Masse garantieren, anstatt die Privilegien einiger weniger weiterhin aufrechtzuerhalten.

26. Solange die Menschen die kosmische Macht als eine nicht menschliche und der Menschheit fremdartige Macht ansehen, wird es für eine angeblich privilegierte Klasse vergleichsweise einfach sein, mit göttlichem Recht zu herrschen, ungeachtet aller Proteste der sozialen Schichten. Das wahre Interesse der Demokratie besteht somit in dem Ausdruck der Befreiung und der Anerkennung der Göttlich-

keit des menschlichen Bewusstseins. Es besteht darin, anzuerkennen, daß alle Macht von innen kommt; daß kein menschliches Wesen mehr Macht hat als jedes andere menschliche Wesen, mit Ausnahme dessen, was ihm willentlich zuteil wurde. Die alte Ordnung wollte uns glauben machen, daß das Gesetz den Gesetzgebern übergeordnet war. Hierin liegt der Kern gesellschaftlicher Verbrechen in jeglicher Form von Privilegien und persönlicher Ungleichheit, sowie der Institutionalisierung einer fatalistischen Glaubenslehre göttlicher Vorsehung.

27. Das Göttliche Bewusstsein ist das Universelle Bewusstsein. Es macht keine Ausnahmen, es verteilt keine Vorzüge. Es agiert nicht durch bloße Laune, Ängstlichkeit, Eifersucht oder Zorn. Es kann ihm nicht geschmeichelt werden; es kann nicht durch Anfrage oder Sympathie bewegt oder gedrängt werden, den Menschen mit einem Bedürfnis zu versorgen, welches er für sein Glück oder selbst für sein Bestehen notwendig betrachtet. Das Göttliche Bewusstsein macht keine Ausnahme, irgendein Individuum zu bevorzugen. Wenn aber das Individuum seine Einheit mit dem Universellen Prinzip versteht und verwirklicht, wird es als bevorzugt erscheinen, weil es die Quelle aller Gesundheit, allen Wohlstands und aller Macht gefunden hat.

28. Als Übung dieser Woche konzentriere Dich auf die Wahrheit. Versuche Dir vorzustellen, daß Dich die Wahrheit frei macht. Das bedeutet: Nichts kann sich Dir dauerhaft in den Weg Deines vollkommenen Erfolges stellen, wenn Du lernst, die wissenschaftlich korrekten Denkmethoden und Prinzipien anzuwenden.

Erkenne, daß Du in Deiner Umgebung Dein eigenes Seelenpotential veräußerlichst.

Erkenne, daß Dir die Stille eine stets verfügbare und nahezu unbegrenzte Möglichkeit bietet, die höchste Auffassung der Wahrheit zu erwecken. Versuche zu verstehen, daß Allmacht selbst absolute Stille ist; alles andere ist Wechsel, Aktivität und Beschränkung. Stille Gedankenkonzentration ist die wahre Methode des Erreichens, des Erwachens und des Ausdrucks der wundervollen, potentiellen Macht der inneren Welt.

FRAGEN UND ANTWORTEN

201. **Was ist das wahre Geheimnis von Macht?**
Das Machtbewusstsein, denn all das, dessen wir uns bewußt werden, wird unweigerlich in der objektiven Welt dargestellt und in greifbarer Form ausgedrückt.

202. **Was ist der Ursprung dieser Macht?**
Das Universelle Bewusstsein, aus dem alle Dinge entstehen, und welches eins und unteilbar ist.

203. **Wie stellt sich diese Macht dar?**
Durch das Individuum. Jedes Individuum ist ein Kanal, durch den diese Energie in Form aufgeteilt wird.

204. **Wie können wir mit dieser Allmacht in Verbindung treten?**
Unsere Fähigkeit, zu denken, ist unsere Fähigkeit, auf diese Universelle Energie einzuwirken, und was wir denken, wird in der objektiven Welt produziert oder erschaffen.

205. **Was ist das Ergebnis dieser Entdeckung?**
Das Ergebnis ist nicht weniger als bewundernswert; es öffnet unvorhergesehene und uneingeschränkte Möglichkeiten.

206. **Wie können wir dann unvollständige Umstände eliminieren?**
Indem wir uns unserer Einheit mit der Quelle aller Macht bewußt werden.

207. **Was ist eines der bestimmenden Merkmale des Meisterdenkers?**
Er denkt großartige Gedanken; er hält Ideen lange genug fest, um allen unsäglichen und nervenden Hindernissen entgegenzustehen und sie zu zerstören.

208. **Wie kommen Erfahrungen zu uns?**
Durch das Gesetz der Anziehung.

209. **Wie wird dieses Gesetz in die Tat umgesetzt?**
Durch unsere vorherrschende Geisteshaltung.

210. **Was ist die Auseinandersetzung zwischen der alten und der neuen Ordnung?**
Eine Angelegenheit der Überzeugung bezüglich der Natur des Universums. Die alte Ordnung versucht, an der fatalistischen Glaubenslehre der göttlichen Vorsehung festzuhalten. Die neue Ordnung erkennt die Göttlichkeit des Individuums an: Die Demokratie der Menschheit.

22

NEUES DENKEN, NEUER MENSCH

In Teil 22 wirst Du finden, daß Gedanken geistiges Saatgut sind, welches, sobald im Unterbewusstsein eingepflanzt, den Hang zum Sprießen und Wachsen hat. Unglücklicherweise gefällt uns aber oft die Ernte nicht.

Die verschiedenen Formen von Entzündung, Lähmung, Nervosität und allgemeinen Krankheitszuständen sind die Darstellung von Angst, Sorge, Vorsicht, Ängstlichkeit, Eifersucht, Haß und ähnlichen Gedanken.

Die Lebensvorgänge werden durch zwei bestimmte Methoden weitergeführt. Erstens: Die Aufnahme und der Gebrauch von nahrhaftem Material, welches für den Aufbau der Zellen notwendig ist. Zweitens: Das Abbauen und Ausscheiden von Abfallmaterial.

Alles Leben basiert auf diesen aufbauenden und abbauenden Aktivitäten. Da Nahrung, Wasser und Luft die einzigen Bedürfnisse zum Aufbau der Zellen sind, scheint das Problem, das Leben uneingeschränkt zu verlängern, kein besonders schwieriges zu sein.

Es mag befremdlich erscheinen, aber es ist mit wenigen Ausnahmen die zweite oder abbauende Aktivität, welche die Ursache aller Krankheiten ist. Das Abfallmaterial sammelt sich im Gewebe an und durchsetzt es, was eine Art von Selbstvergiftung hervorruft. Anfänglich wird die Störung lokal sein; in der Folge wird sie aber den gesamten Organismus beeinträchtigen.

Das Problem, vor dem wir dann bei der Heilung von Krankheiten stehen, besteht darin, den Einfluß und die Verteilung von Lebensenergie ans gesamte System zu erhöhen. Das kann nur durch das

Abschalten von Gedanken der Angst, Sorge, Kummer, Ängstlichkeit, Eifersucht, Haß und jedem anderen zerstörerischen Gedanken geschehen. Diese neigen nämlich dazu, Nerven und Drüsen, welche die Ausscheidung und Eliminierung von giftigem und Abfallmaterial steuern, anzugreifen und zu zerstören.

„Nahrhaftes Essen und stärkendes Elixier" können kein Leben schenken, weil sie nur sekundäre Manifestationen des Leben sind. Die primäre Manifestation des Lebens - und wie man mit ihr in Kontakt treten kann - ist in diesem Teil erklärt, von dem ich die Ehre habe, ihn Dir hiermit zu überreichen.

1. Wissen ist von unschätzbarem Wert, weil wir uns die Zukunft durch die Anwendung von Wissen so gestalten können, wie wir sie uns wünschen. Erst wenn uns klar wird, daß unser gegenwärtiger Charakter, unsere Umwelt, unsere Fähigkeiten und unser gegenwärtiger körperlicher Zustand die Ergebnisse vergangener Denkmethoden sind, beginnen wir uns eine Vorstellung von dem Wert dieses Wissens zu machen.

2. Wenn unser Gesundheitszustand nicht dem entspricht, den wir uns wünschen, laß uns unsere Denkmethode untersuchen. Laß uns daran erinnern, daß jeder Gedanke einen Eindruck im Bewusstsein hinterläßt; daß jeder Eindruck eine Saat ist, die ins Unterbewusstsein einsinkt und dort eine Neigung hervorruft. Die Neigung wird die sein, ähnliche Gedanken anzuziehen, und bevor wir es wissen, haben wir eine Ernte, die eingebracht werden muß.

3. Wenn diese Gedanken Krankheitserreger enthalten, wird die Ernte Krankheit, Zerfall, Schwäche und Versagen sein.

Die Fragen sind: Was denken wir? Was erschaffen wir? Was wird die Ernte sein?

4. Wenn es einen körperlichen Zustand gibt, der geändert werden muß, wird das die Visualisierung regelnde Gesetz hilfreich sein. Schaffe Dir ein geistiges Bild körperlicher Vollkommenheit; halte es im (bewußten) Verstand, bis es vom (Unter-)Bewusstsein aufgenommen wurde. Viele haben durch diese Methode innerhalb weniger Wochen chronische Krankheiten beseitigt; Tausende haben innerhalb weniger Tage durch diese Methode alle Arten gewöhnlicher körperlicher Störungen überwunden und zerstört, manchmal sogar innerhalb weniger Minuten.

5. Es ist durch das Gesetz der Schwingung, daß der Verstand Kontrolle über den Körper ausübt. Wir wissen, daß jede geistige Tat eine Schwingung ist, und wir wissen, daß alle Formen lediglich Bewegungsmodi, also Schwingungsraten sind. Somit verändert eine gegebene Schwingung umgehend jedes Atom im Körper. Jede Zelle ist davon betroffen, und es findet eine vollständige chemische Veränderung in jeder Ansammlung von lebendigen Zellen statt.

6. Alles im Universum wird durch seine Schwingungsrate bestimmt. Ändere die Schwingungsrate, und Du änderst die Natur, Qualität und Form. Das breite Panorama der Natur, sowohl sichtbar als auch unsichtbar, wird durch einen Wechsel in der Schwingungsrate kontinuierlich verändert, und da das Denken auch eine Schwingung ist, können auch wir selbst diese Macht ausüben. Wir ändern die Schwingung und produzieren somit jegliche Umstände, von denen wir wünschen, daß sie sich in unserem Körper verwirklichen.

7. Wir alle benutzen diese Kraft zu jeder Minute. Das Gefährliche dabei ist, daß die meisten von uns sie unbewußt benutzen und somit unerwünschte Ergebnisse produzieren. Die Aufgabe besteht darin, sie intelligent zu benutzen und nur wünschenswerte Ergebnisse herbeizuführen. Das sollte nicht schwierig sein, weil wir alle ausreichend Erfahrung gesammelt haben, um zu wissen, was angenehme Schwingungen im Körper hervorruft; ebenso kennen wir auch die Ursachen, die unangenehme und nicht übereinstimmende Empfindungen hervorrufen.

8. Es ist lediglich notwendig, auf seine eigene Erfahrung zurückzugreifen. Wenn unser Gedanke ermutigend, fortschrittlich, aufbauend, nobel, freundlich und auf jede andere Weise wünschenswert war, haben wir Schwingungen in Bewegung gesetzt, die zu gewissen Ergebnissen geführt haben. Wenn unser Gedanke mit Neid, Haß, Eifersucht, Kritik oder jeder anderen der 1001 Formen der Unstimmigkeit geschwängert war, wurden Schwingungen in Bewegung gesetzt, die zu anderen Ergebnissen einer unterschiedlichen Natur geführt haben. Jede dieser Schwingungsraten – wenn aufrechterhalten – hat sich dann in Form ausgedrückt. Im ersten Fall war das Ergebnis geistige, moralische und körperliche Gesundheit, im zweiten Fall Unstimmigkeit, Dissonanz und Krankheit.

9. Wir können also etwas von der Macht verstehen, die der Verstand über den Körper besitzt.

10. Das objektive Bewusstsein hat bestimmte Wirkungen auf den Körper, welche umgehend ersichtlich werden. Jemand erzählt Dir etwas, was Du als albern empfindest, und Du lachst, vielleicht bis sich Dein ganzer Körper schüttelt, was

bedeutet, daß Gedanken Kontrolle über die Muskeln Deines Körpers haben; oder jemand erzählt Dir etwas, was Dein Mitgefühl erregt und Deine Augen mit Tränen füllt, was bedeutet, daß Gedanken die Drüsen Deines Körpers kontrollieren; oder jemand erzählt Dir etwas, was Dich verärgert und Dir das Blut in die Wangen steigen läßt, was bedeutet, daß Gedanken den Blutkreislauf kontrollieren. Da diese Erfahrungen aber Ergebnisse der Auswirkungen des Objektiven Bewusstseins auf Deinen Körper sind, sind diese Ergebnisse nicht von dauerhafter Natur. Sie vergehen schnell wieder und hinterlassen die Situation so, wie sie vorher war.

11. Laß uns sehen, wie sich die körperlichen Auswirkungen des Unterbewusstseins vom eben genannten unterscheiden. Du hast z.B. eine Wunde; Tausende von Zellen beginnen unverzüglich mit der Heilung; in einigen Tagen oder einigen Wochen ist die Arbeit verrichtet. Du magst Dir selbst einen Knochen brechen; kein Chirurg der Welt kann die Teile zusammenschweißen (ich verweise nicht auf das Einsetzen von Nägeln oder Platten oder anderen Geräten, welche die Knochen stärken oder ersetzen). Er kann den Knochen für Dich richten, und das Subjektive Bewusstsein wird sofort mit dem Vorgang beginnen, die Teile zusammenzuschweißen, und in kurzer Zeit wird der Knochen wieder so fest sein wie zuvor. Du magst Gift geschluckt haben; das Subjektive Bewusstsein wird sofort die Gefahr erkennen und heftige Anstrengungen unternehmen, dieses zu entfernen. Du magst mit einem gefährlichen Erreger infiziert worden sein; das Subjektive Bewusstsein wird sofort damit anfangen, eine Wand um die infizierte Stelle zu ziehen und die Entzündung dadurch zerstören, daß es die Erreger in die

weißen Blutkörperchen absorbiert, die zu diesem Zweck zur Verfügung stehen.

12. Die Vorgänge des Unterbewusstseins gehen gewöhnlich ohne unser persönliches Wissen oder unsere Anleitung voran, und solange wir nicht einschreiten, wird das Ergebnis perfekt sein. Da die Millionen von Reparaturzellen aber intelligent sind und auf unsere Gedanken ansprechen, werden sie oft durch Furcht, Zweifel und Ängstlichkeit gelähmt oder wirkungslos. Sie sind wie eine Armee von Arbeitern, die bereit sind, mit einem wichtigen Stück Arbeit zu beginnen, aber jedes Mal, wenn sie loslegen wollen, wird ein Streik ausgerufen oder der Plan geändert, bis sie schließlich entmutigt aufgeben.

13. Der Weg zur Gesundheit basiert auf dem Gesetz der Schwingung, welches die Basis aller Wissenschaften ist, und dieses Gesetz wird durch das Bewusstsein – die innere Welt – funktionstüchtig gemacht. Es ist eine Angelegenheit von individueller Anstrengung und Übung. Unsere Welt der Macht und Kraft liegt in uns. Wenn wir weise sind, werden wir weder Zeit noch Aufwand verschwenden, uns mit den Wirkungen zu befassen, die wir in der äußeren Welt vorfinden; die nur extern sind; die nur ein Abbild sind.

14. Wir werden die Ursache jederzeit in der „inneren Welt“ finden. Indem wir die Ursache ändern, ändern wir die Wirkung.

15. Jede Zelle unseres Körper ist intelligent und wird auf Deine Anweisung reagieren. Die Zellen sind Schöpfer und werden genau das Muster schaffen, welches Du ihnen vorgibst.

16. Werden dem Unterbewusstsein perfekte Bilder vorgelegt, bilden die schöpferischen Energien einen perfekten Körper.

17. Gehirnzellen sind auf gleiche Art aufgebaut. Die Qualität des Gehirns wird vom Geisteszustand – oder der Geisteshaltung – geregelt, so daß – wenn unerwünschte Geisteshaltungen an das Unterbewusstsein übertragen werden – sie wiederum an den Körper weitergeleitet werden. Wir erkennen also, daß wir für einen gesunden, starken und lebenskräftigen Körper eine entsprechende Denkweise (Geisteshaltung) benötigen.

18. Daraus erkennen wir, daß jedes Element im menschlichen Körper das Ergebnis einer Schwingungsrate ist.

19. Wir wissen, daß geistige Handlung eine Schwingungsrate ist.

20. Wir wissen, daß eine höhere Schwingungsrate eine niedrigere regelt, ändert, kontrolliert oder zerstört.

21. Wir wissen, daß die Schwingungsrate durch den Charakter der Gehirnzellen bestimmt wird, und schließlich …

22. …wissen wir, wie wir diese Gehirnzellen erschaffen können, demnach …

23. …wissen wir, wie wir jede von uns erwünschte, körperliche Veränderung hervorbringen können. Nun, wo wir uns in diesem Ausmaß ein praktisches Wissen der Macht des Bewusstseins gesichert haben, ist uns klar geworden, daß es praktisch keinerlei Einschränkung gibt, die unserer Fähigkeit auferlegt werden kann, uns mit dem allmächtigen Natürlichen Gesetz in Harmonie zu bringen.

24. Der Einfluß oder die Kontrolle des Bewusstseins über den Körper wird allgemein mehr und mehr verstanden, und viele Ärzte schenken dieser Angelegenheit nun ernsthafte Aufmerksamkeit. Dr. Albert T. Schofield, der zahlreiche bedeutsame Bücher zu dem Thema geschrieben hat, sagte einst: „Das Thema der Heilung durch Gedanken wird im Bereich der Medizin allgemein ignoriert. In unseren Büchern gibt es keinen Verweis auf die zentrale, kontrollierende Macht, die den Körper zu seinem Guten beherrscht, und die Macht des Bewusstseins über den Körper wird selten angesprochen."

25. Es besteht kein Zweifel daran, daß viele Ärzte Nervenkrankheiten weise und wohl behandeln; wir bemängeln lediglich, daß ihr dargestelltes Wissen an keiner Schule gelehrt wurde, in keinem Buch auftaucht, es aber intuitiv und empirisch ist.

26. So soll es aber nicht sein. Die Kraft der Heilung durch Gedanken sollte in jeder Schule der Medizin das Thema gründlicher, aufmerksamer und wissenschaftlicher Lehre sein. Wir könnten das Thema der Fehlbehandlung oder einer mangelhaften Behandlung weiter im Detail verfolgen und die verheerenden Resultate vernachlässigter Fälle beschreiben; die Aufgabe ist jedoch keine beneidenswerte.

27. Es besteht kein Zweifel daran, daß sich nur wenige Patienten bewußt sind, wie viel sie für sich selbst tun können. Was der Patient für sich selbst tun kann, die Kräfte, die er in Bewegung setzen kann, sie sind bislang unbekannt. Wir neigen dazu, zu glauben, daß sie viel größer sind, als die meisten sich vorstellen können, und daß sie zweifelsohne mehr und mehr eingesetzt werden. Heilung durch Gedanken kann von dem Patienten selbst angeleitet werden,

indem er das rastlose Bewusstsein zur Ruhe bringt; indem er Gefühle von Freude, Hoffnung, Glaube und Liebe erweckt; indem er sich anstrengt, Beweggründe vorzuschlagen; durch regelmäßige Bewusstseinsarbeit; durch das Ablenken der Gedanken von der Krankheit.

28. Als Übung dieser Woche konzentriere Dich auf Tennysons wunderschöne Worte: „Sprich zu Ihm, Du, da Er Dich hört, auf daß Sein Geist und Dein Geist zusammenkommen können. Näher ist Er als der Atem, und näher als Hände und Füße". Versuche Dir vorzustellen, daß Du in Verbindung mit der Allmacht selbst bist, wenn Du ‚mit Ihm sprichst'.

29. Die Wahrnehmung und Anerkennung dieser allgegenwärtigen Macht wird umgehend jede Form von Krankheit und Leid zerstören und sie durch Harmonie und Perfektion ersetzen. Dann erinnere Dich daran, daß es die gibt, die glauben, daß Krankheit und Leid von Gott gesandt wurden. Sollte dem so sein, widersetzte sich jeder Arzt, jeder Chirurg und jede Rot-Kreuz-Schwester dem Willen Gottes, und Krankenhäuser und Sanatorien wären Plätze der Rebellion anstatt Häuser der Barmherzigkeit. Natürlich wird das schnell als Absurdität erkannt, aber es gibt viele, die diese Idee immer noch aufrechterhalten.

30. Lasse den Gedanken anschließend auf der Tatsache weilen, daß die Theologie bis vor kurzem versucht hat, einen unmöglichen Schöpfer zu vermitteln, einer, der Wesen erschafft, die der Sünde fähig wären und es diesen dann vergönnt war, auf ewig für ihre Sünden bestraft zu werden. Natürlich war der Ausgang dieser außergewöhnlichen Ignoranz das Schaffen von Angst anstatt von Liebe, und so ist die Theologie

nach 2000 Jahren dieser Art von Propaganda nun mehr als damit beschäftigt, Abbitte für das Christentum zu leisten.

31. Du wirst somit leichter den Idealmenschen zu schätzen wissen, den Menschen, der im Abbild und der Ähnlichkeit Gottes erschaffen wurde, und Du wirst ebenso einfach das alles hervorrufende Bewusstsein wertschätzen, das formt, aufrechterhält, nährt, verursacht und alles erschafft.

FRAGEN UND ANTWORTEN

211. **Wie kann Krankheit beseitigt werden?**
Dadurch, daß wir uns in Einklang mit Natürlichem Gesetz einfinden, welches allmächtig ist.

212. **Woraus besteht der Vorgang?**
Aus der Erkenntnis, daß der Mensch ein bewußtes Wesen ist und daß dieses Bewusstsein notwendigerweise perfekt sein muß.

213. **Was ist das Ergebnis?**
Eine bewußte Anerkennung der Perfektion – zunächst intellektuell, dann emotional – erwirkt ihre Darstellung.

214. **Warum ist das so?**
Weil Denken geistig und dadurch schöpferisch ist, mit seinem Objekt in Beziehung steht und es somit zur Darstellung bringt.

215. **Welches Natürliche Gesetz wird angewandt?**
Das Gesetz der Schwingung.

216. **Warum kommt es zur Anwendung?**
Weil eine höhere Schwingungsrate eine niedrigere regelt, modifiziert, steuert, ändert oder zerstört.

217. **Ist das System der Heilung durch Gedanken allgemein anerkannt?**
Ja, und es gibt Millionen von Menschen in diesem Land (den USA, Anm. d. Ü.), die von ihm in der einen oder anderen Form Gebrauch machen (und natürlich gibt es weltweit viele mehr).

218. **Was ist das Ergebnis dieses Gedankensystems?**
Zum ersten Mal in der Weltgeschichte kann des Menschen höchste Beurteilungsfähigkeit durch eine darstellbare Wahrheit befriedigt werden, welche nun schnell die ganze Welt erreicht.

219. **Ist dieses System auf andere Formen von Bedürfnissen anwendbar?**
Es wird jedes menschliche Bedürfnis oder jede Notwendigkeit befriedigen.

220. **Ist dieses System wissenschaftlich oder religiös?**
Beides. Wahre Wissenschaft und wahre Religion sind Zwillingsgeschwister; wo die eine hingeht, folgt die andere.

23

DAS GELDBEWUSSTSEIN IM DIENSTE DER MENSCHHEIT

In dem Teil, von dem ich die Ehre habe, ihn Dir hiermit zu überreichen, findest Du, daß sich das Geld durch das gesamte Muster unserer Existenz webt; daß das Gesetz des Erfolges Dienst ist; daß wir das erhalten, was wir geben, und es aus diesem Grund als großes Privileg anzusehen ist, in der Lage zu sein, zu geben.

Wir haben herausgefunden, daß das Denken die schöpferische Tätigkeit hinter jedem konstruktiven Unterfangen ist. Wir können somit nichts von praktischerem Wert geben, als unsere Gedanken.

Schöpferisches Denken erfordert Aufmerksamkeit. Wie wir herausgefunden haben, ist die Macht der Aufmerksamkeit das Werkzeug des spirituell entwickelten Menschen. Aufmerksamkeit entwickelt Konzentration; Konzentration entwickelt geistige Kraft, und geistige Kraft ist die mächtigste Kraft, die es gibt.

Es ist die Wissenschaft, die alle Wissenschaften umschließt. Es ist die Kunst, die über alle Künste hinweg für das menschliche Leben von Bedeutung ist. Im Meistern dieser Wissenschaft und dieser Kunst gibt es eine Möglichkeit unendlichen Fortschritts. Perfektion darin wird nicht in sechs Tagen, auch nicht in sechs Wochen oder sechs Monaten erlangt. Es ist die Arbeit des Lebens. Nicht vorwärts zu schreiten bedeutet, zurückzufallen.

Es ist unabdingbar, daß das Hegen positiver, aufbauender und selbstloser Gedanken weitreichende Auswirkungen auf das Gute hat. Ausgleich ist das Leitmotiv des Universums. Die Natur neigt stets dazu, ein Gleichgewicht zu halten. Wo etwas ausgesendet wird, muß etwas erhalten werden; andernfalls würde sich ein Vakuum bilden.

Durch das Beachten dieses Grundsatzes wirst Du in entsprechendem Maße profitieren, was wiederum Deine Anstrengungen entlang dieser Linie mehr als rechtfertigt.

1. Das Geldbewusstsein ist eine Geisteshaltung; es ist die offene Tür zu den Arterien des Handels; es ist die aufgeschlossene Einstellung. Der Wunsch ist die anziehende Kraft, die den Strom in Bewegung setzt, und Angst ist das große Hindernis, durch den der Strom zum Erliegen gebracht oder vollständig umgekehrt und von uns abgewendet wird.

2. Angst ist das Gegenteil von Geldbewusstsein. Es ist ein Armutsbewusstsein. Da das Gesetz unveränderbar ist, erhalten wir genau das, was wir geben. Wenn wir Angst haben, erhalten wir das, wovor wir Angst haben. Geld webt sich in das gesamte Muster unserer Existenz; es verpflichtet die besten Gedanken der besten Denker.

3. Wir erhalten Geld, indem wir Freunde machen, und wir vergrößern unseren Freundeskreis, indem wir Geld für sie machen; indem wir ihnen helfen; indem wir ihnen zu Diensten stehen. Das erste Gesetz des Erfolges liegt somit im Dienst, und dieser wiederum baut auf Integrität und Gerechtigkeit auf. Der Mensch, der nicht zumindest in seiner Absicht fair ist, ist schlicht und ergreifend unwissend. Er hat das grundlegende Gesetz allen Austauschs verpaßt. Er ist unfähig. Er wird mit Gewißheit verlieren. Er mag es nicht wissen; er mag annehmen, daß er gewinnt, aber er ist zu einer bestimmten Niederlage verurteilt. Er kann das Unendliche nicht betrügen. Das Gesetz des Ausgleichs wird von ihm ein Auge für ein Auge und einen Zahn für einen Zahn verlangen.

4. Die Kräfte des Lebens sind vergänglich; sie bestehen aus unseren Gedanken und Idealen, und diesen wird wiederum Form gegeben. Unsere Aufgabe ist es, eine offene Einstellung zu bewahren, kontinuierlich dem Neuen entgegenzustreben, Gelegenheiten zu erkennen, mehr am Wettbewerb als am Ziel interessiert zu sein, denn das wahre Vergnügen liegt im Bestreben und nicht im Besitz.

5. Du kannst aus Dir einen Geldmagneten formen, aber um das zu tun, mußt Du zunächst überlegen, wie Du für andere Menschen Geld schöpfen kannst. Wenn Du die notwendige Erkenntnis erlangt hast, sowohl Gelegenheiten und günstige Umstände wahrzunehmen und auszunutzen als auch Werte zu erkennen, kannst Du Dich in eine Position bringen, in der Du einen Vorteil daraus ziehen kannst. Der größte Erfolg wird aber dann kommen, wenn Du in der Lage bist, anderen zu helfen. Was einem nutzt, muß allen nutzen.

6. Ein großzügiger Gedanke ist gefüllt mit Stärke und Lebenskraft. Ein eigennütziger Gedanke enthält den Keim der Niederlage; er wird zusammenfallen und sich auflösen. Große Finanziers sind Vertriebskanäle für Wohlstand. Enorme Summen kommen und gehen, aber es wäre gefährlich, sowohl den Einlaß als auch den Auslaß zu blockieren. Beide Enden müssen offen bleiben, und somit wird unser größter Erfolg dann kommen, wenn wir erkennen, daß es genau so wichtig ist zu geben, wie zu empfangen.

7. Wenn wir die allmächtige Kraft erkennen, welche die Quelle allen Angebots ist, werden wir unser Bewusstsein diesem Angebot auf solch eine Art und Weise anpassen, daß es andauernd all das anzieht, was es benötigt. Wir werden sehen, daß je mehr wir geben, um so mehr wir erhalten

werden. Der Bankier gibt sein Geld; der Händler gibt seine Ware; der Autor gibt seine Gedanken; der Arbeiter gibt seine Geschicke. Alle haben etwas zu geben, aber je mehr Geld sie geben, desto mehr erhalten sie, und je mehr sie erhalten, um so mehr sind sie in der Lage, zu geben.

8. Der Finanzier erhält viel, weil er viel gibt. Er denkt. Er ist kaum ein Mensch, der anderen sein Denken überläßt. Er will wissen, wie Resultate gesichert werden. Du mußt es ihm zeigen. Wenn Du das kannst, wird er Dir die Mittel zur Verfügung stellen, durch die Hunderte oder Tausende profitieren können. Im Verhältnis zu dem, wie erfolgreich sie sind, wird er erfolgreich sein. Morgan, Rockefeller, Carnegie und andere wurden nicht dadurch reich, daß sie für andere Geld verloren haben. Im Gegenteil, sie sind zu den reichsten Männern in dem reichsten Land der Welt geworden, weil sie für andere Leute Geld geschöpft haben.

9. Die durchschnittliche Person ist sich tiefen Denkens völlig unbewußt. Sie akzeptiert die Ideen anderer und wiederholt sie so ziemlich auf die gleiche Art und Weise wie ein Papagei. Das kann man problemlos erkennen, wenn man die Methoden versteht, die benutzt werden, um die öffentliche Meinung zu bilden. Die fügsame Einstellung seitens der großen Mehrheit, die vollkommen willens scheint, einigen wenigen das Denken zu überlassen, hat es einer kleinen Anzahl von Menschen in vielen Ländern ermöglicht, all die Kanäle der Macht an sich zu reißen und Millionen in Knechtschaft zu halten. Schöpferisches Denken bedarf Aufmerksamkeit.

10. Die Kraft der Aufmerksamkeit heißt Konzentration. Diese Kraft wird durch den Willen geleitet. Aus diesem Grund

müssen wir es ablehnen, uns auf irgendwas zu konzentrieren oder an irgendetwas zu denken, es sei denn, es sind Dinge, die wir uns wünschen. Viele konzentrieren sich andauernd auf Leid, Verlust und Unstimmigkeit jeglicher Art. Weil Denken schöpferisch ist, folgt daraus, daß diese Konzentration unweigerlich zu mehr Verlust, mehr Sorge und mehr Unstimmigkeit führt. Wie könnte es auch anders sein? Wenn wir hingegen auf Erfolg, Zugewinn oder jeden anderen wünschenswerten Umstand treffen, konzentrieren wir uns natürlich auf die Wirkungen dieser Dinge und schaffen dadurch mehr. Daraus folgt, daß viel zu noch mehr führt.

11. Wie ein Verständnis des Prinzips in der Geschäftswelt angewendet werden kann, wird durch einen Kollegen von mir, Mr. Atkinson, in der Zeitschrift Zukunftsweisendes Denken gut aufgezeigt:

12. „Der Verstand, was immer er sein mag oder auch nicht, muß als die Essenz des Bewusstseins angesehen werden; als Substanz des Verstandes; als die Wirklichkeit, die dem Denken unterliegt. Da alle Ideen Phasen der Aktivität des Bewusstseins, Verstandes oder Denkens sind, folgt daraus, daß im Geist – und nur in ihm allein – die ultimative Tatsache, die wahre Sache oder Idee gefunden wird.“

13. Wenn wir das akzeptieren, scheint es da nicht angemessen, daß ein wahres Verständnis vom Geist und seiner Gesetze der Manifestation so ziemlich die ‚praktischste‘ Sache ist, die eine ‚praktische‘ Person zu finden hoffen kann? Scheint es da nicht gewiß, daß, wenn die ‚praktischsten‘ Menschen dieser Welt diese Tatsache erkennen würden, übereinander herfallen würden, nur um an den Ort zu gelangen, an dem sie das Wissen dieser geistigen Dinge und Gesetze erlangen

können? Die Menschen sind keine Dummköpfe; sie müssen nur diese grundlegende Tatsache begreifen, um sich in die neue Richtung dessen zu bewegen, was die Essenz allen Erlangens ist.

14. Laß mich Dir ein konkretes Beispiel schildern: Ich kenne einen Mann in Chicago, den ich immer als recht materialistisch angesehen habe. Er hatte mehrere Erfolge im Leben und auch mehrere Mißerfolge. Das letzte Mal, als ich mit ihm gesprochen habe, war er, verglichen mit seiner vorherigen Geschäftslage, so ziemlich am Ende, denn er war schon im fortgeschrittenen Lebensalter, und neue Ideen kamen langsamer und nicht mehr so oft wie in früheren Jahren.

15. Er sagte zu mir: „Ich weiß, daß all die Dinge, die im Geschäftsleben funktionieren, das Ergebnis des Denkens sind; jeder Dummkopf weiß das. Gerade eben scheint es mir an Gedanken und guten Ideen zu mangeln. Wenn aber diese „Alles ist Bewusstsein" Lehre richtig ist, sollte es dem Einzelnen möglich sein, eine direkte Verbindung zu dem Unendlichen Bewusstsein herzustellen. Im Unendlichen Bewusstsein muß es dann die Möglichkeit für alle Arten von guten Ideen geben, die ein Mensch mit meinem Mut und meiner Erfahrung zum praktischen Nutzen in die Geschäftswelt einbringen und daraus einen großen Erfolg machen kann. Sie (die Lehre) schaut gut aus; ich werde mich damit beschäftigen."

16. Das war vor einigen Jahren. Vor einigen Tagen habe ich von diesem Mann wieder gehört. Ich sprach mit einem Freund, und fragte: „Was ist aus unserem guten alten Freund X geworden? Ist er jemals wieder auf die Beine gekommen?" Der Freund schaute mich erstaunt an. „Warum", fragte er,

„hast Du nichts von dem großem Erfolg von X gehört? Er ist der große Mann in der ‚__________ Company' (einen Konzern nennend, der in den letzten 18 Monaten einen phänomenalen Erfolg hatte und jetzt aufgrund ihrer Werbung, die von einem Ende des Landes zum anderen und auch in Übersee gezeigt wird, sehr bekannt ist). Er ist der Mann, der dieser Firma die große Idee geliefert hat. Warum, er ist eine halbe Million im Gewinn und bewegt sich schnell auf die Millionenmarke zu, und all das innerhalb von nur 18 Monaten." Ich hatte den Mann nicht mit der erwähnten Firma in Verbindung gebracht, obwohl ich um den wunderbaren Erfolg dieser Konzerns wußte. Eine Nachforschung hat gezeigt, daß die Geschichte wahr ist und daß die oben genannten Tatsachen nicht im geringsten übertrieben sind.

17. Nun, was hältst Du davon? Für mich bedeutet das, daß dieser Mann die ‚direkte Verbindung' mit dem Unendlichen Bewusstsein eingegangen ist, und nachdem er es gefunden hat, hat er es für sich arbeiten lassen. Er hat es ‚für sein Geschäft benutzt'.

18. Klingt das frevelhaft oder gar gotteslästerlich? Ich hoffe nicht; ich habe es nicht so gemeint. Nimm das Element der Persönlichkeit oder der ‚vergrößerten menschlichen Natur' aus dem Konzept des Unbegrenzten heraus; was übrig bleibt, ist das Konzept einer unendlichen Allgegenwartsmacht, dessen Quintessenz Bewusstsein ist – in der Tat ist es in letzter Konsequenz ausschließlich Geist. Da dieser Mann letzten Endes auch als Darstellung des Bewusstseins angesehen werden muß, ist in der Idee kein Frevel zu finden, daß er, der Bewusstsein ist, sich auf diese Weise mit seinem Ursprung und seiner Quelle im Einklang bringt, daß er wenigstens einen kleinen Grad seiner Macht darstellen

kann. Alle von uns tun das mehr oder weniger, wenn wir unseren Verstand in Richtung des schöpferischen Denkens benutzen. Dieser Mann tat mehr; er ging es auf eine verstärkt ‚praktische' Art und Weise an.

19. Ich habe ihn über seine Methode noch nicht konsultiert, obwohl ich beabsichtige, es bei nächster Gelegenheit zu tun. Dennoch hat er nicht nur von dem unendlichen Angebot Gebrauch gemacht, das er für die Ideen benötigte (und das die Saat für seinen Erfolg bildete), sondern er hat auch die schöpferische Kraft des Denkens benutzt, um sich ein idealistisches Muster aufzubauen, von dem er hoffte, daß es sich in materieller Form zeigen würde, indem er hinzufügte, veränderte und seine Einzelaspekte verbesserte. Somit ist er über die Zeit hinweg vom groben Umriß zum abgeschlossenen Detail vorangeschritten. Ich gehe davon aus, daß es sich dabei um Tatsachen handelt, nicht nur aufgrund meiner Erinnerung an die Unterhaltung von vor einigen Jahren, sondern auch, weil ich dasselbe in den Fällen anderer prominenter Menschen gefunden habe, die ähnliche Manifestationen des schöpferischen Denkens aufgezeigt haben.

20. Diejenigen, die vor der Idee zurückschrecken, die Unendliche Macht bei ihrer Arbeit in der materiellen Welt einzusetzen, sollten sich daran erinnern, daß, wenn das Unendliche auch nur irgendeinen Einwand gegen diesen Vorgang hätte, die Sache nie passieren könnte. Das Unendliche ist durchaus fähig, auf sich selbst aufzupassen.

21. ‚Spiritualität' ist recht ‚praktisch', sehr ‚praktisch', verstärkt ‚praktisch' sogar. Sie lehrt uns, daß Bewusstsein die großartige, wahre Sache ist – die ganze Sache. Die Materie ist lediglich formbarer Stoff, den das Bewusstsein in der Lage

ist zu erschaffen, zu formen, zu verändern und dem Willen entsprechend zu gestalten. Spiritualität ist die ‚praktischste' Sache in der Welt – die einzig wirklich und absolut ‚praktische' Sache, die es gibt!

22. Diese Woche konzentriere Dich auf die Tatsache, daß der Mensch kein Körper mit einem Bewusstsein ist, sondern ein Bewusstsein mit einem Körper, und daß aus diesem Grund seine Wünsche keine dauerhafte Zufriedenheit in dem finden, was nicht spirituell ist. Geld hat somit keinen Wert, außer die von uns erwünschten Umstände herbeizuführen, und diese Umstände sind notwendigerweise harmonisch. Harmonische Umstände bedürfen eines ausreichenden Angebots, so daß, wenn ein Mangel aufzutauchen scheint, uns klar werden sollte, daß die Idee oder Seele des Geldes Dienst ist, und sobald dieser Gedanke Form annimmt, sich Versorgungskanäle öffnen und Du die Zufriedenheit des Wissens erlangst, daß spirituelle Methoden vollkommen praktikabel sind.

FRAGEN UND ANTWORTEN

221. **Was ist das erste Gesetz des Erfolges?**
Der Dienst.

222. **Wie können wir am besten dienen?**
Habe eine offene Einstellung, sei am Wettbewerb und nicht am Ziel interessiert. Widme Dein Interesse dem Bestreben und nicht dem Besitz.

223. **Was ist das Ergebnis eigensinnigen Denkens?**
Es enthält die Keime der Niederlage.

224. **Wie wird unser größter Erfolg erreicht?**
Durch eine Anerkennung der Tatsache, daß es ebenso wichtig ist zu geben wie zu empfangen.

225. **Warum haben Finanziers oft so großen Erfolg?**
Weil sie selbständig denken.

226. **Warum bleibt die große Mehrheit in jedem Land das fügsame und scheinbar willige Werkzeug der Wenigen?**
Weil sie es einigen wenigen überläßt, für sie zu denken.

227. **Was ist das Ergebnis der Konzentration auf Sorgen und Verlust?**
Mehr Sorgen und mehr Verlust.

228. **Was ist das Ergebnis der Konzentration auf Gewinn?**
Mehr Gewinn.

229. **Wird dieses Prinzip in der Geschäftswelt benutzt?**
Es ist das einzige Prinzip, daß jemals benutzt wurde oder jemals benutzt werden kann; es gibt kein anderes Prinzip. Die Tatsache, daß es unterbewußt benutzt werden kann, ändert nichts an der Situation.

230. **Was ist die praktische Anwendung dieses Prinzips?**
Die Tatsache, daß Erfolg eine Wirkung und keine Ursache ist. Wenn wir uns wünschen, die Wirkung zu sichern, müssen wir uns der Ursache, der Idee oder des Gedankens vergewissern, durch den die Wirkung erzeugt wird.

24

DIE WAHRHEIT, DIE DICH FREI MACHT

Hier findest Du nun Teil 24, die abschließende Lektion dieses Lehrgangs.

Wenn Du wie angeraten jede der Übungen jeden Tag für einige Minuten praktiziert hast, wirst Du festgestellt haben, daß Du vom Leben genau das bekommen kannst, was Du Dir wünschst, indem Du dem Leben zuerst das gibst, was Du Dir wünschst. Du würdest wohl auch dem Schüler zustimmen, der sagte: „Der Gedanke ist geradezu überwältigend, so großartig, so greifbar, so eindeutig, so einleuchtend und so brauchbar."

Die Früchte dieses Wissens sind in gewisser Hinsicht ein Geschenk Gottes. Es ist die ‚Wahrheit', die den Menschen frei macht, nicht nur frei von jeglichem Mangel und Beschränkung, sondern auch frei von Trauer, Sorge und Kummer.

Ist es nicht wunderbar festzustellen, daß dieses Gesetz keinen Menschen bevorzugt; daß es keinen Unterschied macht, was die Gewohnheit Deiner Gedanken auch sein mögen; daß Dir der Weg vorbereitet wurde?

Solltest Du einen Hang zur Religiosität haben: der größte religiöse Lehrer, den die Welt jemals gekannt hat, macht den Weg so einfach, daß alle folgen können. Wenn Deine geistige Einstellung den Naturwissenschaften zugeneigt ist: das Gesetz funktioniert mit mathematischer Gewißheit. Wenn Du einen Hang zur Philosophie hast, könnten Plato oder Emerson Deine Lehrer sein, aber in jedem Fall kannst Du einen Grad von Macht erreichen, dem man unmöglich eine Beschränkung zuweisen kann.

Ich glaube, daß ein Verständnis dieses Prinzips das Geheimnis ist, das die alten Alchimisten vergeblich suchten, weil es erklärt, wie Gold im Verstand zu Gold im Herzen und schließlich in der Hand verwandelt werden kann.

1. Als die Wissenschaftler zum ersten Mal die Sonne ins Zentrum des Sonnensystems gerückt haben und die Erde um sie wandern ließen, führte das zu einer großen Überraschung und Bestürzung. Die ganze Idee war natürlich falsch; nichts war gewisser als die Bewegung der Sonne am Himmel entlang, und jeder konnte sie hinter den westlichen Hügeln untergehen oder ins Meer sinken sehen. Gelehrte waren rasend, und Wissenschaftler lehnten die Idee als absurd ab, doch der Beweis hat schließlich die Überzeugung in die Köpfe aller tragen lassen.

2. Wir sprechen von einer Glocke als ‚Klangkörper'. Dennoch wissen wir, daß eine Glocke lediglich Schwingungen in der Luft erzeugen kann. Wenn diese Schwingungen mit einer Rate von 16 Hz (16 Schwingungen pro Sekunde) kommen, verursachen sie einen Ton, der vom Bewusstsein wahrgenommen werden kann. Es ist dem Bewusstsein auch möglich, Schwingungen bis zu 38.000 Hz zu hören. Wenn die Anzahl darüber hinausgeht, ist alles wieder still. Somit wissen wir, daß der Ton nicht in der Glocke, sondern in unserem eigenen Bewusstsein entsteht.

3. Wir sprechen und denken von der Sonne als ‚Licht gebend'. Dennoch wissen wir, daß sie lediglich Energie abstrahlt, die Schwingungen im Äther von 405 bis 790 Billionen Hertz erzeugt und sogenannte Lichtwellen verursacht, so daß das, was wir Licht nennen, lediglich eine Form der Energie ist, und daß das einzige Licht, was es gibt, das Gefühl im

Bewusstsein ist, welches durch die Bewegung dieser Wellen verursacht wird. Wenn sich die Anzahl erhöht, ändert das Licht die Farbe; jeder Farbwechsel wird durch kürzere und schnellere Schwingungen verursacht. Wenn wir somit die Rose als rot, das Gras als grün oder den Himmel als blau bezeichnen, wissen wir, daß die Farben nur in unserem Bewusstsein existieren und daß die von uns erfahrenen Gefühle das Ergebnis der Schwingungen von Lichtwellen sind. Wenn die Schwingungen unter 405 Billionen pro Sekunde sinken, empfinden wir sie nicht mehr als Licht, sondern als Wärme. Es ist somit offensichtlich, daß wir uns – was die Informationen bezüglich der Realität der Dinge anbelangt – nicht auf die Hinweise unserer Sinne verlassen können. Wenn wir es dennoch tun, sollten wir auch glauben, daß sich die Sonne bewegt, daß die Erde flach und nicht rund ist und daß die Sterne kleine Lichtpunkte anstatt riesiger Sonnensysteme sind.

4. Die gesamte Bandbreite der Theorie und Praxis eines jeden Systems der Metaphysik besteht aus dem Wissen um die Wahrheit bezüglich Dir selbst und der Welt, in der Du lebst; aus dem Wissen, daß man Harmonie denken muß, wenn man Harmonie ausdrücken will; daß man Gesundheit denken muß, wenn man Gesundheit ausdrücken will; und daß man Fülle denken muß, wenn man Fülle ausdrücken will. Um dies zu tun, mußt Du die Bekundungen Deiner Sinne umkehren.

5. Wenn Du verstehst, daß jede Form von Krankheit, Mangel und Beschränkung lediglich das Ergebnis falschen Denkens ist, wirst Du Dir ‚der Wahrheit, die Dich frei macht', bewußt werden. Du wirst sehen, wie Berge versetzt werden. Wenn diese Berge nur aus Zweifel, Angst, Misstrauen oder ande-

ren Formen der Entmutigung bestehen, sind sie nichtsdestotrotz wirklich, und sie müssen nicht nur versetzt, sondern entfernt werden.

6. Die wahre Arbeit besteht darin, sich von der Wahrheit dieser Aussagen zu überzeugen. Wenn Du darin erfolgreich bist, wirst Du keine Schwierigkeiten haben, die Wahrheit zu denken. Wie aufgezeigt wurde, enthält die Wahrheit ein lebensnotwendiges Prinzip und wird sich somit zur Darstellung bringen.

7. Diejenigen, die Kranke durch geistige Methoden heilen, sind sich dieser Wahrheit bewußt. Sie zeigen es täglich in ihrem Leben und dem Leben anderer. Sie wissen, daß Leben, Gesundheit und Fülle allgegenwärtig sind – jeglichen Raum ausfüllen. Sie wissen auch, daß diejenigen, die es Krankheit und Mangel jeglicher Art erlauben, sich darzustellen, bisher noch nicht zu einem Verständnis dieses großartigen Gesetzes gekommen sind.

8. Da alle Umstände bloße Gedankenschöpfungen und somit vollkommen geistig sind, sind Krankheit und Mangel durchweg geistige Umstände, in denen die Person nicht die Wahrheit wahrnehmen kann. Sobald der Fehler behoben wurde, ist auch der Umstand entfernt.

9. Die Methode, diesen Fehler zu entfernen, besteht darin, in die Stille zu gehen und die Wahrheit kennenzulernen. Da alles Bewusstsein eins ist, kannst Du das für Dich selbst oder auch alle anderen tun. Wenn Du gelernt hast, geistige Bilder der erwünschten Umstände zu formen, wird dieses der schnellste und einfachste Weg sein, Ergebnisse zu erzielen. Wenn nicht, können Ergebnisse durch Argumenta-

tion erreicht werden, durch den Vorgang, Dich selbst vollkommen von der Wahrheit Deiner Aussagen zu überzeugen.

10. Erinnere Dich – und das ist sowohl eine der schwierigsten als auch wunderbarsten Aussagen, die es zu verstehen gilt; erinnere Dich, daß ganz gleich, wie schwierig es ist, ganz gleich, wo es ist, ganz gleich, wer davon berührt ist, Du keinen Patienten außer Dir selbst hast. Du hast nichts zu tun, außer Dich selbst von der Wahrheit zu überzeugen, die Du verwirklicht und somit zu erleben wünschst.

11. Das ist eine genaue wissenschaftliche Aussage in Übereinstimmung mit jedem bestehenden System der Metaphysik. Keine dauerhaften Ergebnisse können jemals auf eine andere Weise erzielt werden.

12. Jede Form von Konzentration, dem Formen geistiger Bilder, der Argumentation und der Autosuggestion sind Methoden, durch die Du befähigt wirst, die Wahrheit zu erkennen.

13. Wenn Du wünschst, jemand anderem zu helfen oder eine Form von Mangel, Beschränkung oder Fehler zu zerstören, dann ist die richtige Methode nicht die, Dir über die Person, der Du helfen möchtest, Gedanken zu machen. Die Absicht, ihr zu helfen, ist vollkommen ausreichend, weil Dich dieses in geistige Verbindung mit der Person bringt. Dann entferne aus Deinem eigenen Bewusstsein jeglichen Glauben an Mangel, Beschränkung, Krankheit, Gefahr, Schwierigkeiten oder was auch immer das Problem sein mag. Sobald Du damit erfolgreich warst, wird das Ergebnis erreicht und die Person befreit sein.

14. Erinnere Dich aber daran, daß Denken schöpferisch ist und daß jedes Mal, wenn Du Deinem Gedanken erlaubst, auf einem unharmonischen Umstand zu ruhen, Du verstehen mußt, daß solche Umstände nur scheinbar bestehen; daß sie keine Wirklichkeit haben; daß Bewusstsein die einzige Wirklichkeit ist und somit niemals weniger als vollkommen sein kann.

15. Jeder Gedanke ist eine Form von Energie – eine Schwingungsrate – aber ein Gedanke der Wahrheit ist die höchste bekannte Schwingungsrate und zerstört somit jegliche Form von Fehler auf dieselbe Art und Weise wie Licht Dunkelheit zerstört. Keine Form von Fehler kann in der Gegenwart von Wahrheit bestehen, so daß Deine gesamte geistige Arbeit darin liegt, zu einem Verständnis der Wahrheit zu kommen. Das wird Dich befähigen, jegliche Form von Mangel, Beschränkung oder Krankheit irgendeiner Art zu überwinden.

16. Wir können von der ‚äußeren Welt' kein Verständnis der Wahrheit erlangen; die äußere Welt ist relativ; Wahrheit ist absolut. Wir müssen sie somit in der ‚inneren Welt' finden.

17. Um den Verstand darin zu trainieren, nur Wahrheit zu erkennen, dürfen nur wahre Umstände ausgedrückt werden. Unsere Fähigkeit, dies zu tun, wird ein Anzeichen für den von uns gemachten Fortschritt sein.

18. Die absolute Wahrheit ist die, daß das ‚Ich' perfekt und vollständig ist. Das wahre ‚Ich' ist geistig und kann somit nicht weniger als perfekt sein. Es kann niemals auch nur irgendeinen Mangel, eine Beschränkung oder Krankheit haben. Der Gedankenblitz des Genies hat seinen Ursprung nicht in der

Molekularbewegung des Gehirns. Es wird durch das Ego inspiriert, dem spirituellen ‚Ich', welches eins ist mit dem Universellen Bewusstsein. Es ist unsere Fähigkeit, diese Einheit zu erkennen, welche die Ursache aller Eingebung und aller Genialitäten ist. Die Folgen sind weitreichend und haben Auswirkungen auf kommende Generationen. Sie sind die Feuersäulen, die den Weg aufzeigen, dem Millionen folgen werden.

19. Wahrheit ist nicht das Produkt logischen Trainings oder von Experimenten, nicht einmal von Beobachtung. Es ist das Produkt eines entwickelten Bewusstseins. Die Wahrheit in Caesar zeigt sich in Caesars Verhalten, in seinem Leben und seinen Taten – seinem Einfluß auf soziale Formen und Fortschritt. Dein Leben, Deine Taten und Dein Einfluß in der Welt hängen vom Grad der Wahrheit ab, den Du in der Lage bist wahrzunehmen, da sich Wahrheit nicht in Glaubensbekenntnissen, sondern im Verhalten äußert.

20. Wahrheit äußert sich im Charakter, und der Charakter eines Menschen sollte die Interpretation seiner Religion sein, oder was immer Wahrheit für ihn bedeutet. Dieses wiederum wird sich im Charakter seiner Besitztümer zeigen. Wenn sich ein Mensch über den Verlust seines Vermögens beklagt, tut er sich nicht nur selbst Unrecht, sondern verleugnet auch die rationale Wahrheit, mag sie auch offenkundig und unwiderlegbar sein.

21. Unsere Umwelt und die unzähligen Umstände und Zufälle unseres Lebens bestehen bereits in der unterbewußten Persönlichkeit, welche das geistige und körperliche Material anzieht, das mit seiner Natur verwandt ist. Somit wird unsere Zukunft durch unsere Gegenwart bestimmt, und

sollte es eine scheinbare Ungerechtigkeit in einem Bereich oder einer Phase unseres persönlichen Lebens geben, müssen wir die Ursache in uns suchen und die geistige Tatsache entdecken, die sich für die äußere Darstellung verantwortlich zeichnen.

22. Es ist diese Wahrheit, die Dich frei machen wird, und es ist das bewußte Wissen dieser Wahrheit, das Dich befähigen wird, jegliche Schwierigkeiten zu überwinden.

23. Die Umstände, auf die Du in der äußeren Welt triffst, sind unweigerlich die Ergebnisse der in der inneren Welt erlangten Umstände. Somit folgt mit wissenschaftlicher Genauigkeit, daß Du durch das Festhalten eines perfekten Ideals im Verstand die idealen Umstände in Deiner Umgebung herbeibringen kannst.

24. Wenn Du nur das Unvollständige, das Unvollkommene, Relative und Beschränkte siehst, werden sich diese Umstände in Deinem Leben darstellen. Wenn Du Dein Bewusstsein darauf hin trainiert hast, das geistige Ego oder „ewige Ich" zu sehen und zu verwirklichen, das für immer vollkommen und vollständig ist, werden sich ausschließlich harmonische, ganzheitliche und gesunde Umstände einstellen.

25. Da Denken schöpferisch und die Wahrheit der höchste und vollkommenste Gedanke ist, den man denken kann, ist es offensichtlich, daß die Wahrheit zu denken bedeutet, das zu erschaffen, was wahr ist, und es ist abermals offensichtlich, daß das Falsche nicht mehr bestehen kann, wenn sich die Wahrheit verwirklicht.

26. Das Universelle Bewusstsein ist die Gesamtheit allen bestehenden Bewusstseins. Bewusstsein ist Verstand (im Englischen „Mind"), weil Bewusstsein intelligent ist. Die Worte sind somit übereinstimmend.

27. Die Herausforderung, mit der Du Dich zu befassen hast, ist zu begreifen, daß Bewusstsein nicht individuell ist. Es ist allgegenwärtig. Es besteht überall. In anderen Worten: Es gibt keinen Ort, wo es nicht vorhanden ist. Es ist somit universell.

28. Die Menschen haben allgemein das Wort „Gott" dazu benutzt, das Universelle, das schöpferische Prinzip zu beschreiben, aber das Wort Gott überträgt nicht die wahre Bedeutung. Die meisten Menschen verstehen unter diesem Wort etwas, was außerhalb von ihnen liegt, während das genaue Gegenteil der Fall ist. Es ist unser gesamtes Leben. Ohne dieses wären wir tot; wir würden aufhören zu bestehen. In der Minute, in der das Bewusstsein den Körper verläßt, werden wir zu nichts. Demnach ist das Bewusstsein wirklich alles, aus dem wir bestehen.

29. Nun, die einzige Tätigkeit, die das Bewusstsein besitzt, ist die Kraft zu denken. Demnach muß Denken schöpferisch sein, denn Bewusstsein ist schöpferisch. Diese schöpferische Kraft ist unpersönlich, und Deine Fähigkeit, zu denken, ist Deine Fähigkeit, sie zu kontrollieren und sie zu Deinem Wohl und dem anderer einzusetzen.

30. Wenn die Wahrheit dieser Aussage klar, verstanden und geschätzt wird, wirst Du in den Besitz des Master Key gekommen sein, aber bedenke, daß nur diejenigen, die weise genug sind zu verstehen, offen genug, den Beweis

abzuwägen, beständig genug, ihrem eigenen Urteilsvermögen zu folgen, und stark genug, die verlangten Opfer zu erbringen, eintreten und daran teilhaben dürfen.

31. Versuche Dir diese Woche klar zu machen, daß es wirklich eine wundervolle Welt ist, in der wir leben; daß Du ein wundervolles Wesen bist; daß viele zu dem Wissen der Wahrheit erwachen, und je schneller sie erwachen und zu einem Verständnis *„der Dinge, die für sie vorbereitet wurden“*, kommen, auch sie begreifen werden, daß *„das Auge sie nicht gesehen, das Ohr sie nicht gehört, noch sie ins Herz des Menschen vorgedrungen ist“*, jene Pracht, die für diejenigen bestimmt ist, die sich im versprochenen Land einfinden. Sie haben den Fluß des Urteilens überquert und sind an einem Punkt der Trennung zwischen dem Wahren und dem Falschen angelangt; sie haben herausgefunden, daß all das, was sie jemals gewollt oder geträumt haben, lediglich eine blasse Vorstellung einer viel überwältigenderen Wirklichkeit war.

FRAGEN UND ANTWORTEN

231. **Von welchem Prinzip hängt die Theorie und Praxis eines jeden bestehenden Systems der Metaphysik ab?**
Von einem Wissen der „Wahrheit“ bezüglich Dir selbst und der Welt, in der Du lebst.

232. **Was ist die „Wahrheit“ bezüglich Dir selbst?**
Das wahre ‚Ich‘ oder Ego ist geistig und kann somit niemals weniger als perfekt sein.

233. **Was ist die Methode des Zerstörens jeglicher Form von Fehler?**
Dich vollkommen von der Wahrheit bezüglich der Umstände, die Du für Dich dargestellt zu sehen wünschst, zu überzeugen.

234. **Können wir das für andere tun?**
Das Universelle Bewusstsein, in dem „wir leben, uns bewegen und unser Wesen haben“, ist eins und unteilbar. Es ist somit genauso möglich, anderen zu helfen wie uns selbst.

235. **Was ist das Universelle Bewusstsein?**
Die Gesamtheit aller bestehenden Bewusstseinseinheiten.

236. **Wo ist das Universelle Bewusstsein?**
Das Universelle Bewusstsein ist allgegenwärtig; es existiert überall. Es gibt keinen Ort, an dem es nicht ist. Es ist somit in uns. Es ist die „innere Welt“. Es ist unser Geist – unser Leben.

237. **Was ist die Natur des Universellen Bewusstseins?**
Sie ist geistig und somit schöpferisch. Sie ist bestrebt, sich in Form auszudrücken.

238. **Wie können wir auf das Universelle Bewusstsein einwirken?**
Unsere Fähigkeit, zu denken, ist unsere Fähigkeit, auf das Universelle Bewusstsein einzuwirken und es zu unserem Wohlwollen und dem Wohlwollen anderer zur Darstellung zu bringen.

239. **Was ist mit Denken gemeint?**
Klarer, entschiedener, ruhiger, besonnener und nachhaltiger Gedanke mit einem bestimmten Ende in Sicht.

240. **Was wird das Ergebnis sein?**
Auch Du wirst in der Lage sein zu sagen: „Nicht ich bin es, der die Arbeit verrichtet, sondern der Vater, der in mir weilt. Er verrichtet die Arbeit.“ Du wirst zu dem Verständnis kommen, daß der ‚Vater‘ das Universelle Bewusstsein ist und daß Er wirklich und wahrhaftig in Dir weilt. Mit anderen Worten: Du wirst zu dem Verständnis kommen, daß die wunderbaren Versprechungen der Bibel Tatsache sind und nicht Fiktion und von jedem aufgezeigt werden können, der ein ausreichendes Verständnis davon erlangt hat.

WEITERE ANGEBOTE

DER MASTER KEY (SPECIAL EDITION)

Das Master Key System ist eine praktische Hülle für die sieben hermetischen Prinzipien, die unser gesamtes Leben bestimmen. In 24 Kapiteln lernst Du das Wichtigste über den schöpferischen Prozess, d.h. wie Du auf nachvollziehbare Weise vom Wunsch zur Erfüllung kommst. Zusätzlich wurde das Lehrgangsmaterial von mir durch Checklisten, Anmerkungen sowie eine vollständige Kommentierung ergänzt. Darüber hinaus erhältst Du mit dem Kauf 30% Rabatt auf meinen Online Kurs, der über 200 Videos beinhaltet und von Kunden hoch gelobt wird.

Derzeit gibt es im Bereich der bewussten Lebensgestaltung nichts Vergleichbares, was Effektivität, Effizienz und persönliche Unterstützung anbelangt. Wer für ein neues Leben bereit ist, eines, das vor Gesundheit, Freude, Fülle und Liebe nur so strotzt, der ist hier genau richtig. Ein einmaliges Werk in einem passenden Format, mit dem das Lernen Spaß macht und man schnell konkrete Fortschritte erzielt.

ISBN:	978-3-945688-22-9
Umfang:	668 Seiten, Gebunden
Format:	24,0 x 20,0 x 5,1 cm
Preis:	79,00 Euro

DAS MASTER KEY SYSTEM (TASCHENBUCH)

Wer möchte sein Master Key System Buch nicht immer dabei haben? Die große Ausgabe ist dafür nicht wirklich geeignet – und auch nicht gedacht. Nur was tun, wenn man unterwegs oder etwas Handlicheres einfach passender wäre? Dafür gibt es diese Taschenbuchausgabe. Sie begleitet Dich und gibt Dir die Möglichkeit, die Weisheiten des Master Key Systems auch außer Haus aufzunehmen.

Dieses Buch beinhaltet das reine Master Key System, ohne die Kommentare und Checklisten des großen Buches. Es ist auch ein prima Geschenk oder idealer Einstieg für diejenigen, die neu beim Thema sind und noch genau nicht wissen, ob es auch was für sie ist.

ISBN:	978-3-945688-19-9
Umfang:	399 Seiten, Softcover
Format:	20,0 x 14,8 x 2,5 cm
Preis:	29,00 Euro

DAS MASTER KEY SYSTEM (HÖRBUCH)

Wer der Hausarbeit verschrieben, viel unterwegs oder mehr auditiv veranlagt ist, dem sei dieses Produkt ans Herz gelegt. Es ist zweifelsohne eines der besten deutschen Hörbücher, die es zu kaufen gibt.

Von dem aus Funk und Fernsehen bekannten Sprecher Wolf Frass einfühlsam aufgenommen, ist das Master Key System Hörbuch ein ganz besonderer Genuß. Es vermittelt das Wissen um den Master Key auf effektive Weise und trägt somit zum besseren Verständnis bei.

Die Einleitungen zu jedem Kapitel wurden mit eigens dafür komponierter Musik unterlegt und bilden einen wunderschönen akustischen Rahmen zur der mächtigen und durchdringenden Sprache von Wolf Frass.

ISBN:	978-3-945688-24-3
Umfang:	8 CDs
Format:	CD Digipak (umweltfreundlich)
Preis:	79,00 Euro

ALLES. EINFACH. JETZT.

Die Einführung schlechthin zum Thema Erfolg! Alles ist einfach und jetzt vorhanden – es muß nur in Anspruch genommen werden. Wie das geht, das zeige ich Dir mit diesem wunderbar praktischen Buch. Ich schreibe klar und deutlich und ohne Umschweife, hebe Wörter hervor und trenne sie nach Silben, um ihren tieferen Sinn zu verdeutlichen.

Darüber hinaus gebe ich ahlreiche praktische Tips zur bewußten Lebensgestaltung, zur Gesundheit und zum Wohlbefinden, zum finanziellen als auch zum partnerschaftlichen Erfolg.

Auch erhältlich als eBook, Kindle Version und auf Russisch.

ISBN:	978-3-945688-20-5
Umfang:	174 Seiten, Softcover
Format:	20,0 x 14,8 x 1,0 cm
Preis:	19,00 Euro

EIN BUCH ÜBER DICH

‚Ein Buch über Dich' hat es in sich. Von mir gleich im Anschluß an das Master Key System übersetzt, ist es ist eine hervorragende Ergänzung dazu, da es die Thematik der Schwingungen nur am Rande behandelt, während sich dieses Buch intensiv damit befaßt und dem interessierten Leser Eintritt auch in diese Welt gewährt.

Es liefert eine wissenschaftliche Einführung in sowohl Astrologie als auch Astronomie. Es taucht auch in den Ursprung des Lebens ein, erklärt Magnetismus, beleuchtet die Vorsehung und geht auf das wichtige Thema der Emotionen ein. Es ist im wahrsten Sinne des Wortes „Ein Buch über Dich"!

Auch erhältlich als eBook und Kindle Version.

ISBN:	978-3-945688-17-5
Umfang:	279 Seiten, Softcover
Format:	20,0 x 14,8 x 1,7 cm
Preis:	19,00 Euro

DIE ERSTAUNLICHEN GEHEIMNISSE DER YOGIS

Lerne von den Meistern des fernen Ostens und werde zum Herrscher über Deinen Atem und somit Dein Leben. Charles Haanels letztes Werk, wie gewohnt mit tiefen Einsichten und praktischen Anleitungen. Hier wird aufgezeigt, welche Möglichkeiten uns mit der Anwendung der richtigen Atemtechnik gegeben sind und wie wir dadurch genug Prana speichern können, um Leben auszudrücken.

Wenn wir den Atem im physischen Körper anhalten, strömen die Gedanken nicht mehr in den mentalen Körper hinein. Dieses Prinzip machen sich Pranayama und die Yoga-Philosophie zunutze. Somit sind diese Anleitungen der bewußten Atemtechnik ein prächtiges Juwel im Zepter der Macht des sich selbst gestaltenden Menschen.

Auch erhältlich als eBook und Kindle Version.

ISBN:	978-3-945688-10-2
Umfang:	202 Seiten, Softcover
Format:	20,0 x 14,8 x 1,2 cm
Preis:	19,00 Euro

DIE MASTER KEY QUINTESSENZ

Erfasse die Essenz des Master Key Systems in weniger als einer Stunde – und das in völliger Entspannung. Ein Produkt sowohl für Anfänger als auch für fortgeschrittene Studenten.

Diese Audio CD wurde von mir selbst aufgenommen und mit einem Alpha-Gehirnwellen-Musikstück von Jandy Rainbow (Unisonic Ascension) unterlegt. Dabei wurden die Kernaussagen mit zusätzlichen Anmerkungen versehen, damit sich das Verständnis um den Master Key noch schneller und einprägsamer einstellt.

Die CD benutzt eine besondere Technik zur Synchronisation der Gehirnhälften; es ist daher empfohlen, sie mit hochwertigen Kopfhörern zu genießen. Das erleichtert und unterstützt das reguläre Studium auf vielfältige Weise.

ISBN:	978-3-945688-23-6
Umfang:	46 Minuten
Format:	CD im Jewel Pack – Auch im MP3 Format
Preis:	19,00 Euro

CLOUDWALK

Mit „Cloudwalk“ gibt es zum ersten Mal überhaupt es eine musikalische Interpretation eines geisteswissenschaftlichen Lehrbuches. Mir war es bereits seit langem ein Anliegen, das Wissen um den Master Key auch musikalisch zu vermitteln. Es sollte ein Produkt entstehen, das an keine besondere Sprache gebunden ist, sondern von jedermann in entspannter Atmosphäre genutzt werden kann.

Anfang 2012 stieß ich auf den lettischen Komponisten und Musiker Andrei Gulaikin („Gulan“). Daraus entstand diese Kompilation von 11 Titeln, die den Hörer in zwei Wellen vom Anbeginn der Schöpfung bis hin zur schlußendlichen Erkenntnis und Erleuchtung trägt.

ISBN:	978-3-945688-21-2
Umfang:	78 Minuten
Format:	CD im Jewel Pack – Auch im MP3 Format
Preis:	19,00 Euro

DAS WISSEN DES SEINS

Eine wunderbare Erweiterung zum Master Key System ist Eugene Fersens „The Science of Being". Auch dieses Buch ist ein Lehrgang und genau so aufgebaut wie da Master Key System: Text, Übungen, Fragen und Antworten.

In 27 Wochenlektionen weiht Fersen den Leser in den Gebrauch der Universellen Lebensenergie ein und wie sich diese wohlwollend auf den geistigen, seelischen und körperlichen Organismus auswirkt.

Wenn Dir das Master Key System gefallen hat, wirst Du an diesem Buch große Freude haben. Während Haanel trocken und auf den Punkt gebracht schreibt, ist Fersen wortreicher und ausführlicher. Mir hat es auf Englisch so gut gefallen, dass ich es ins Deutsche übersetzt habe und Dir hier exklusiv anbiete.

Auch als Taschenbuch verfügbar.

ISBN:	978-3-945688-26-7 / 978-3-945688-25-0
Umfang:	438 Seiten, gebunden
Format:	24,0 x 20,0 x 3,4 cm
Preis:	59,00 Euro / 29,00 Euro (TB)

SVETA UND DIE MACHT DES MEISTERSCHLÜSSELS

Das erste Master Key System Kinderbuch überhaupt! In diesem Buch für Jugendliche ab ca 11 Jahren vermischen sich auf natürliche Art die Weisheiten des Master Key Systems mit den Angelegenheiten des täglichen Lebens.

„Sveta und die Macht des Meisterschlüssels" ist eine tolle Geschichte – frisch aus dem Leben gegriffen, in der Fiktion und meine eigenen Erlebnisse Hand in Hand gehen.

Das Buch vermittelt wertvolles Wissen auf eine kompakte und effektive Art und macht dabei nicht nur Jugendlichen, sondern auch Erwachsenen Spaß. Jedes Kapitel schließt mit einer Übung ab, so daß das neu erlernte Wissen von den jungen LeserInnen sogleich praktisch angewandt werden kann.

Auch erhältlich als MP3 Hörbuch, eBook und Kindle Version.

ISBN:	978-3-945688-27-4
Umfang:	156 Seiten, Softcover
Format:	20,0 x 14,8 x 0,8 cm
Preis:	15,00 Euro

DER VISUELLE MASTER KEY℠

Das Master Key System zum Anschauen – auf einem ein 360° zylindrischen, frei navigierbaren Panorama. Ein machtvolles Werkzeug zum beschleunigten Lernen, lateralen Denken und zur Blockadenauflösung.

Zum ersten Mal überhaupt gibt es das Master Key System als Online Anwendung. Dazu habe ich über 200 Stichworte ausgewählt und logisch angeordnet, sie mit verwandten Begriffen verknüpft und mit Erklärungen und Affirmationen versehen. Jedes dieser Stichworte ist mit den Passagen im Master Key System verbunden, in denen es Erwähnung findet. So tauchst du noch besser in diese grandiose Lehre ein und verinnerlichst sie auf eine effektive und didaktisch einzigartige Art und Weise.

Darüber hinaus wurden zwei Meditationsmodi und ein Autorotationsmodus integriert. Ebenso verfügbar sind über ein Dutzend Audio-Touren, die Dich einfühlsam durch die Anwendung führen und bestimmte Begriffe und Konzepte beleuchten und erklären.

Format:	Online HTML5 Anwendung
Preis:	119,00 Euro

SACRED SYMBOLS

Die Natur sowie unser gesamtes Leben besteht aus Regelstrukturen. Interessanterweise gibt es ein System, das diese Strukturen auf eine erstaunlich genaue Art abbildet: Die Kartenspiel mit den 52 Spielkarten von Ass bis König. Hinter ihnen verbirgt sich nicht nur ein kompletter Sonnenkalender, sondern auch ein sehr genaues System der Persönlichkeitsbestimmtung und Zukunftsvorhersage. Es beschreibt uns als Person und zeigt uns auf, wann für was der beste Zeitpunkt ist.

Ich habe dieses über 100 Jahre alte System für Dich neu programmiert und in vier digitale Editionen aufgeteilt, die sich primär durch den Umfang an Personen und Jahren voneinander unterscheiden. Du kannst Deine eigene Geburtskarten bestimmen und dazu umfangreiche, erklärende Reports aufrufen. Gleichzeitig kannst Du Dir auch die Karten für das aktuelle Jahr anzeigen lassen und – je nach Edition – mehrere Jahre nach vorne oder zurück blättern und diese analysieren.

Mit etwas Übung erkennst Du auch, wie Du zu anderen Personen stehst, was zu Harmonie und Verständnis in der Partnerschaft, Familie und im Beruf führen kann. Ein einzigartiges Produkt, das es so nur auf Deutsch gibt.

Umfang:	Variabel
Format:	Online Anwendung
Preis:	Von 17,00 bis 350,00 Euro

THE SAYINGS OF THE ANCIENT ONE

In biblischer Prosa verfasste Weisheiten eines weißen Stammes im südlichen Afrika. Aufgezeichnet durch den Iren P.G. Bowen in den 30er Jahren des letzten Jahrhunderts, kann dieses Werk als die einzige schriftliche Überlieferung aus dem schwarzen Afrika bezeichnet werden.

P.G. Bowen war im Nachrichtendienst der South African Mounted Rifles tätig, später bei der Naturschutzbehörde, und verbrachte über 20 Jahre in Südafrika. Dort wurde er von einem Berber Stamm in deren Sprache und Geschichte eingeweiht. Aus diesem Kulturschatz wurde es ihm erlaubt, drei Fragmente zu übersetzen.

The Sayings of the Ancient One ist ein faszinierendes Buch über den *Weg zum Menschsein, der Vision des Tempels und des Teiches* sowie *der Wildnis des menschlichen Verstandes*. Es ist eine tolle, jedoch anspruchsvolle Ergänzung zum Master Key System.

ISBN:	978-3-945688-28-1
Umfang:	160 Seiten, Softcover
Format:	20,0 x 14,8 x 0,9 cm
Preis:	19,00 Euro